EPISTRE.

te marque de la reconnoissance & du profond respect avec lequel j'ai l'honneur d'estre,

MONSEIGNEUR,

Vôtre très-humble & très-obéïssant serviteur,
F. JEAN-BAPTISTE LABAT.

PRÉFACE.

LEs Memoires que je donne au Public, ne sont autre chose que la Relation & le Journal du voyage & du sejour que j'ai fait aux Isles de l'Amerique pendant environ douze années. Les differens emplois que j'y ai eus, ont secondé mon inclination naturelle, & m'ont acquis une connoissance très-étenduë & très-particuliere de tous ces Païs. On le verra par le détail dans lequel je suis entré, tant des Arbres, des Plantes, des Fruits, des Animaux, que des Manufactures qui y sont établies & qu'on y pourroit établir. J'ai traité assez amplement des établissemens des Colonies qui

NOUVEAU VOYAGE AUX ISLES DE L'AMERIQUE,

CONTENANT

L'HISTOIRE NATURELLE DE CES PAYS, l'Origine, les Mœurs, la Religion & le Gouvernement des Habitans anciens & modernes.

Les Guerres & les Evenemens finguliers qui y font arrivez pendant le long féjour que l'Auteur y a fait.

Le Commerce & les Manufactures qui y font établies, & les moyens de les augmenter.

Avec une Defcription exacte & curieufe de toutes ces Ifles.

Ouvrage enrichi de plus de cent Cartes, Plans, & Figures en Tailles - douces.

TOME PREMIER.

A PARIS, RUE S. JACQUES,
Chez GUILLAUME CAVELIER, fils, près la ruë de la Parcheminerie, à la Fleur de Lys.

M. DCC. XXII.
Avec Approbation & Privilege du Roy.

MONSEIGNEUR LE DUC DE MONTMORENCY, GOUVERNEUR DE NORMANDIE.

ONSEIGNEUR,

Quoique le Voyage que j'ai l'honneur de vous presenter, contienne des

ã ij

EPISTRE.

observations curieuses & des descriptions nouvelles & interessantes, je n'oserois me flater que le Public lui fasse un accüeil favorable, s'il ne portoit les marques de la protection dont vous m'honorez, en m'accordant la permission de vous l'offrir. Vôtre Nom seul, MONSEIGNEUR, imposera silence à la critique la plus severe, par le respect qu'a pour lui toute la France, qui conservera toûjours cherement le souvenir des Heros de vôtre Maison. Vous marchez déja sur les pas de ces grands Hommes. Quelles esperances ne nous donnez-vous point de voir réunir en vous les talens pour la Guerre & pour la Cour du Conétable ANNE DE MONTMORENCY, & du Maréchal DE LUXEMBOURG vôtre illustre Ayeul! Vôtre premiere Campagne en Espagne dans un âge aussi tendre, vous a attiré l'admiration & l'estime de toutes les Troupes. Pouvoit-on vous refuser ces sentimens,

EPISTRE.

MONSEIGNEUR, en voyant le sang froid que vous conserviez dans les dangers ; l'envie que vous marquiez de vous instruire de tous les détails de la Guerre, vôtre politesse pour l'Officier, & vôtre bonté pour le Soldat ?

Ces vertus, & vôtre attachement à la personne du Roi vous ont fait regarder de ce jeune Prince avec une distinction si marquée, qu'il n'y a que vôtre modestie qui a pû vous mettre à l'abri de la jalousie des Courtisans.

J'aurai lieu d'estre content de mon Ouvrage, MONSEIGNEUR, s'il peut contribuer à vôtre amusement dans ces momens que vous employez si utilement à la lecture. Destiné à gouverner une des plus grandes Provinces du Royaume, vous y verrez les fruits qu'elle peut tirer pour le Commerce de nos Colonies dont elle a esté la mere ; & j'aurai rempli mon projet, si vous voulez bien recevoir avec bonté cety sont à present, des Guerres qu'elles ont eu à soûtenir contre les Naturels du Païs & contre les Etrangers qui les ont attaquées; de l'origine des Sauvages, de leur Religion & de leurs Coûtumes: & je me flate qu'on sera content de la maniere dont je fais connoître un Païs que bien des personnes ont vû, que peu ont bien connu, & qu'aucun n'a encore décrit parfaitement, quoique bien des gens se soient mêlez de l'entreprendre.

Je ne me flate pourtant pas de n'avoir rien laissé à dire à ceux qui écriront après moi, il y auroit de la temerité; & comme j'ai parlé d'une infinité de choses que ceux qui m'ont precedé, avoient ignorées, ou negligées, on peut esperer que ceux qui me suivront, recuëilleront ce qui m'aura échapé, & acheveront de donner ce qui manque peut-être encore pour avoir une con-

PRÉFACE.

noissance sûre, entiere, & parfaite d'un Païs qui merite beaucoup mieux qu'une infinité d'autres, d'estre bien connu & décrit avec exactitude.

Mon Confrere le P. du Tertre, a été le premier de nos François qui ait fait connoître les Isles de l'Amerique. Son Ouvrage estoit admirable dans le temps qu'il l'a écrit. Mais comme nos Colonies estoient si nouvelles, qu'elles n'étoient pas entierement formées, ni les Païs qu'elles commençoient d'habiter, connus & découverts, il n'a rempli la plus grande partie de ses quatre volumes *in* 4°. imprimez à Paris en 1658. que des differens qu'il y a eu entre les Compagnies qui ont commencé les premiers établissemens, les Seigneurs proprietaires qui leur ont succedé, & les Officiers que le Roi a envoyez pour gouverner les Isles après les avoir retirées des mains des Seigneurs qui en étoient proprietaires. Son exactitude sur ce point ne peut être plus grande : il a ramassé quantité de pieces aussi necessaires à ceux qu'elles regardoient, que peu interessantes aux Lecteurs d'à present, mais il a parlé fort superficiellement des productions de la nature, & de ce qui fait aujourd'hui les richesses du Païs. Il est vrai que la Fabrique du Sucre y étoit encore ignorée, aussi-bien que celle du Rocou : on n'avoit point encore cultivé le Cacao : le Gengembre, le Coton, & l'Indigo ne faisoient que d'y paroître : le Tabac étoit la seule marchandise à laquelle on s'appliquoit. Aussi est-ce celle que le P. du Tertre a décrite plus exactement. Mais comme il s'en faut bien qu'il n'ait tout vû par lui-même, il a écrit bien des choses sur le rapport d'autrui, & s'est trompé dans celles-là.

Le sieur Biet, Prêtre, qui a

PREFACE. xj

pris la peine de nous donner l'Histoire de son Voyage à Cayenne sous le nom d'*Histoire de la France Equinoxiale*, in 4º. imprimé à Paris en 1664. n'a point du tout rempli l'idée qu'on pouvoit avoir de son Ouvrage par le titre qu'il lui a donné. Il fait connoître qu'il n'avoit rien vû à Cayenne, encore moins à la Martinique où il ne mit pas pied à terre, & qu'il n'a employé le peu qu'il a demeuré malade à la Guadeloupe, qu'à écouter les calomnies dont certaines personnes étoient bien aises qu'il remplît l'Ouvrage qu'il méditoit, afin de les faire debiter en France, & qu'on y ajoûtât foi, parce qu'elles venoient d'un homme que son caractere rendoit respectable.

Le Ministre Rochefort, qui n'a jamais vû les Isles de l'Amerique que par les yeux d'autrui, n'a pa laissé d'en écrire l'Histoire *in* 4. imprimée en Hollande en 16... qui seroit assez supportable, puisqu'il a copié le P. du Tertre; mais il a entierement gâté sa narration par ses descriptions tout-à-fait éloignées de la verité, dans la vûë de rendre les choses plus agreables, & de mieux cacher son larcin.

Le Voyage de M. de la Barre Lieutenant General des Isles, imprimé à Paris *in* 12. en 16 est plûtôt un Factum contre M. de Clodoré, Gouverneur de la Martinique, qu'une Relation exacte & sincere de ce qui s'y est passé; & si j'étois d'humeur à prendre parti dans ces viëilles querelles, j'ai entre les mains des Notes que M. de Clodoré a écrites sur le quatriéme Tome du P. du Tertre, par lesquelles il répond très-bien & très-vivement à ce que M. de la Barre avoit avancé dans sa Relation

Nous avons encore quantité de gens qui passant par nos Isles sans presque y mettre pied à terre, n'ont pas laissé d'en donner des descriptions. D'autres ont été plus loin : ils les ont décrités sans les avoir vûes, & ont travaillé sur des Memoires si vieux, si peu exacts, pour ne pas dire quelque chose de pis, qu'ils ont fait autant de chutes que de pas, & debité autant de faussetez qu'ils ont écrit de lignes. C'est ce qu'on remarque dans tous ces Ecrivains qui voyagent sans sortir de leurs maisons, ou qui veulent nous faire connoître à fond un Pays, dont à peine ils ont apperçû de loin quelque petite partie.

Le sieur Durret qui vient de publier un Voyage de Marseille à Lima, imprimé à Paris chez Coignard en 1720. *in* 12. se reconnoîtra aisément dans ce tableau. Comme il est trop connu pour hazarder de dire qu'il a fait le voyage en personne, il se cache sous le nom du nommé Bachelier Chirurgien de Bourg en Bresse, qu'il suppose avoir fait ce voyage en 1707. dans le Vaisseau *le S. Jean-Baptiste* de Marseille, commandé par le Sr Doublet, & à qui il veut qu'on ait l'obligation du fond de la Relation, ne se reservant pour lui que la gloire d'en avoir adouci & poli le stile, & d'y avoir ajoûté des Notes qui doivent la faire regarder comme un Ouvrage tout nouveau, sans pourtant que les Notes & les changemens qu'il y a faits, regardent les faits rapportez par l'Auteur, parce qu'il se feroit un scrupule de toucher au fond de sa Relation.

Préface du Voïage de Marseille à Lima, p. 9.

Il auroit été à souhaiter que lui ou Bachelier eussent eu le scrupule de ne pas toucher à celle du P. Feüillée, Minime, Botaniste & Astronome celebre, qui nous a donné le voyage qu'il a fait de Marseille au Perou dans le même Vaisseau & la même année, ou s'il ne pouvoit point faire autrement, le copier fidelement, & il ne seroit pas tombé dans une infinité de bevûes & de contradictions qu'on trouve à chaque ligne. Il devoit ne quitter jamais un si bon guide, & se contenter de nous donner en abregé le Voyage de ce Pere, dépoüillé de ses Observations Astronomiques, dont bien des gens ne sont pas capables, sans le gâter, comme il a fait, par ce qu'il y a mis du sien. L'Auteur prétendu a trop de bonne foi, & seroit trop aisément convaincu de mensonge, s'il osoit avancer qu'il a penetré dans le Mexique. Son voyage s'est terminé à Lima, & c'est de Lima qu'il est parti & qu'il est revenu en France à droiture, sans avoir touché aux Isles de l'Amerique, & encore moins à Madagascar, dont il ne laisse pas de nous donner une assez longue description (graces à M. de Fla-

Préface, pag. 10.

Deuxiéme Partie, p. 158.

court, qu'il ne cite pas) qui vient à son Ouvrage aussi à propos, que ce qu'il nous dit de l'Inquisition & de l'Acte de Foi que ce Tribunal fit faire à Madrid pour la réjoüissance du Mariage de Charles II. avec Mademoiselle d'Orleans. Mais M. Durret vouloit écrire & faire un gros Volume, & il falloit pour cela qu'il le farcît de tout ce qu'il avoit lû dans Herrera, dans Acosta, dans la Vega, Dom Barthelemi de las Casas, Mariana, Sandoüal, Thomas Gage, Samson, du Val, Robbe, le Maire, sans oublier Antoine de Solis, & son Traducteur; ce qui selon lui n'empêche pas qu'on ne trouve dans son Ouvrage des choses nouvelles qu'on ne trouve point dans les autres : & en cela il a raison, car on ne trouvera dans aucun Auteur de bon sens, comme sont ceux qu'il a citez, ni dans ceux ,, qu'il n'a garde de citer : Que

Deuxième Partie, pag. 27.

Préface pag. 12.

les Cocos pendent aux Arbres " *Pag. 52.*
comme de grosses Perles, dont "
la coque qui n'a pas plus d'un "
pouce d'épaisseur, ne laisse pas "
de fournir de quoi rassasier "
deux personnes : Que les Cale- "
basses de Davien sont peintes & "
fort estimées des Espagnols : " *Pag. 53.*
Que les Indiens ont une racine "
appellée *Cassava*, qui ressem- "
ble assez à des Panais ; mais "
qu'il y en a de deux especes, "
une douce, & l'autre venimeu- "
se ; qu'ils ratissent la douce & la "
mangent de même que les Pota- "
tes ; & qu'à l'égard de la veni- "
meuse, ils la pressent ; & après "
en avoir fait sortir le jus qui "
est fort dangereux, ils rapent " *P. 58. 59.*
une partie de ce qui reste, & "
la reduisent en poudre ; ils "
font une pâte de l'autre, qu'ils "
étendent sur une pierre sous la- "
quelle il y a du feu ; ils jettent "
ensuite de cette poudre sur la "
pierre, qui venant à s'échauf- "

xviij *PREFACE.*

„ fer, cuit la pâte qui est ferme
„ & brune : ils la pendent ensui-
„ te sur les maisons & sur les hayes
„ pour la faire secher. On s'en
„ sert communément au lieu de
„ pain à la Jamaïque & dans les
„ autres Isles Occidentales. Voilà
assûrément une description toute nouvelle du Manioc & de la
maniere de faire la Cassave. Mais
ce n'est encore rien. M. Durret
a bien d'autres choses nouvelles
à nous dire ; par exemple , que
quand on est arrivé aux petites
Isles qui sont tout auprès du Port

Deuxié- de l'Isle de Cayenne qui est par
me Par- les cinq degrez de Latitude Sep-
tie, pag. tentrionale , on est alors au Bre-
us. sil, au lieu que tous les Geographes & tous les Pilotes du monde
s'en étoient toûjours crus alors
éloignez de près de deux cent
lieües vers le Nord , & de plus de
quatre cent cinquante de la Ville de Saint Salvador , qui est par
les treize & demi de Latitude Mé-

PRÉFACE. xix

ridionale. C'est pourtant ce voisinage qui oblige nôtre Relateur d'y faire un tour. Il est vrai qu'il le fait bien plus vîte que le Courier le plus pressé, & que quoiqu'il y séjourne quelque temps, il n'employe neanmoins que six jours dans tout ce voyage, c'est-à-dire, que depuis le 25. Février P. 118. qu'ils partirent des Isles de Caïenne jusqu'au 3. Mars qu'ils y revinrent moüiller, il eut le plaisir de P. 137. voir la Ville de Saint Salvador & ses environs, d'en examiner les Fortifications, les Places, les Maisons, les Eglises & les Couvents, de faire inventaire de leurs meubles, de supputer les sommes qu'on a dépensées pour les bâtir, de s'informer des Mœurs & des Coûtumes des Habitans, de leurs Richesses, de leur Commerce, de leur Gouvernement, de leur Police, de leur maniere de faire la Cuisine, du prix des denrées, jusqu'à celui des Oignons, de connoître les Plantes, les Arbres, les Fruits, les Animaux, les Simples, les Manufactures, les Naturels du Païs, & bien d'autres choses qui dans un autre demanderoient un temps infini pour s'en informer. Mais peut-être croira-t-on que j'exagere : il faut convaincre le Lecteur de ma sincerité, & d'ailleurs il est à propos de lui faire remarquer la délicatesse, la netteté & le tour aisé des descriptions de M. Durret, car en cela & en diligence pour les voyages, on peut dire qu'il est incomparable : je ne connois que le Sr Gemelli C..reri qui en approche. On en jugera par ces échantillons.

P. 119. ,, On voit encore, dit M. Dur-
,, ret, un autre fruit nommé
,, *Margoviasso*, & il y en a une
,, grande abondance. Il est gros
,, comme une poire de Bon-Chré-
,, tien, & plein d'une espece de
,, mortier & de pepins. Les Por-
,, tugais le mangent avec délice,

« mais les François le trouvent «
trop amer. «

« Nous y mangions des noix de « P. 12.
Cocos, & nous en buvions le «
lait avec plaisir. Mais un jour «
quelques-uns de nos gens ayant «
envie de se réjoüir, abattirent «
une grande quantité de ces Ar- «
bres, ils en cuëillirent le fruit, «
& en tirerent plus de quatre- «
vingt pintes de lait. Ensuite «
s'étant assis sur la terre, ils bû- «
rent une si grande quantité de «
cette liqueur, qu'ils en furent «
fort incommodez : ce n'est pas «
qu'elle ènivre, car bien loin de «
leur monter à la tête & de les «
échauffer, elle leur glaça & «
leur engourdit si fort les nerfs, «
qu'ils ne pouvoient marcher, «
ni même se tenir debout. Il fal- «
lut que ceux qui n'avoient pas «
été de la fête, les portassent à «
bord, où cet engourdisse- «
ment leur dura quatre ou «
cinq jours, sans pouvoir agir «

xxij PRÉFACE.

„ en aucune maniere.

Voyage de Voya-fer, p. 286. Qu'on se garde bien de revoquer ce fait en doute ; car la même chose est arrivée à un de nos Avanturiers dont les Voyages sont imprimez bien des années avant celui de Marseille à Lima : & ce qui prouve la verité de l'avanture, c'est qu'ils sont rapportez tous deux d'une maniere si uniforme, qu'il n'y a pas une virgule dans l'un plus que dans l'autre.

„ On voit dans le Bresil quan-
„ tité d'Animaux qu'on y nomme
„ des *Ents*. Ils sont de la hauteur
„ d'un Asne, & ont autant de
„ chair que le plus gros Bœuf.
„ Il y a encore quantité de Co-
p. 121. „ chons privez & sauvages. Enfin
„ il y a une si grande quantité de
„ Bestiaux, que la viande n'y
„ revient qu'à un sol la livre. Ils
„ ont des Rats que l'on rôtit, &
„ que l'on mange à la sauce dou-
„ ce : ils sont roux comme des

Ecureüils, & ont le goût de " Lapin. "

" Il y a quelques mines d'Or, " beaucoup plus d'Argent, du " Safran, de la Lacque, du Ta- " bac, de l'Ambre gris, quelques " mines de Jaspe & de Cristal " blanc & rougeâtre, avec une " très-grande quantité de Sucre: " les machines avec lesquelles on " le prepare, & qu'ils appellent " *Engins*, sont d'un très-grand " poids; & entre les Sucres qu'il " y a, celui de Candi ou Canti, " dont on fait tant d'estime, tire " son nom de Canton, & non " pas de sa candeur ou blancheur, " non plus que de l'Isle de Can- " die, comme on l'a crû. "

P. 225.

C'est dommage que M. Durret ne s'est pas étendu davantage sur la fabrique du Sucre, il nous auroit sans doute appris quelque chose de nouveau, dont nos Insulaires lui auroient obligation, aussi-bien que ceux qui mangent du Sucre Candi sans sçavoir l'étimologie de son nom, que les ignorans, selon M. Durret, croyoient venir de l'Isle de Candie dans la Méditerranée, au lieu qu'il vient de Canton dans la Chine. Je souhaite qu'on n'aille pas croire que M. Durret a pris la Chine pour le Bresil; car jusqu'à present les Portugais n'ont trouvé dans le Bresil ni Lacque, ni mines de Jaspe, ni de Cristal blanc & rougeâtre. Il faut esperer que dans une autre Edition il mettra plus d'ordre à ses collections. Mais avançons.

P. 126. ,, L'Huile de Capahu & le
,, Baume viennent de Spiritu
,, Sancto. On les tire de certains
,, Arbres où les bêtes sauvages
,, vont se guérir de leurs blessu-
,, res à force de se frotter contre
,, l'écorce, car pour peu qu'elles
,, en enlevent, ces liqueurs en
,, sortent, & font un effet d'au-
,, tant plus admirable, qu'elles

ne font point falsifiées comme "
celles que nous avons en Euro- "
pe, & que débitent ces Char- "
latans qui courent de Ville en "
Ville. "

La Charité m'oblige d'avertir M. Durret que Baume & Huile de Capahu sont la même chose, & qu'il y a un autre Arbre que les bêtes, & sur tout les Cochons marons, entament avec leurs défenses lorsqu'ils sont blessez, d'où il sort une liqueur épaisse qui les guérit, qu'on appelle *Baume à Cochon*. Puisque cet Auteur ou ces Auteurs n'ont pas jugé à propos d'en dire davantage sur cet article, quoiqu'il me semble qu'ils y fussent obligez, je me charge de ce soin.

Mais je ne sçai si les Fleuristes P. 127. lui passeront aussi aisément que moi la description qu'il fait des Roses à feüille de Guimauve, & des Roses d'Inde. Ma profession m'engage à passer legerement sur les défauts de mon prochain ; mais qu'il corrige au plûtôt sa description, car tous les Fleuristes ne sont pas si faciles que moi, à moins qu'il ne leur donne un Dictionnaire des soixante differentes Langues qui sont en usage chez les Naturels du Bresil. Je n'ai garde de m'inscrire en faux contre la description abregée qu'il fait de la Ville de Saint Salvador, M. Fraisier, en est un trop bon garant ; mais il ne devoit pas l'abandonner, comme il a fait le P. Feüillée, & sur tout quand il appelle *Palanquin* ce qu'on appelle au Bresil *Hamac* ou *Serpentin*. Il n'a qu'à voir l'Histoire de l'Etablissement de la Compagnie des Indes Orientales, ou celle de Tavernier, pour apprendre ce que c'est qu'un Palanquin, & voir la Relation du Voyage à la Mer du Sud de M. Fraisier *in 4°*. imprimée à Paris en   pag. 273. pour connoître

P. 128.

PRÉFACE. xxvij

soitre un Hamac ou Serpentin du Bresil : il y trouvera une explication & une estampe qui l'en instruiront à fond. Cependant il est bon de rapporter ici ce qu'il en dit, car il faut réjouir le Public en lui apprenant quelque nouveauté.

" Les Esclaves y font le travail des Chevaux, car ils transportent les marchandises d'un lieu à un autre, à cause de la difficulté des chemins qui sont impraticables pour les voitures, & de la fâcheuse situation de la Ville qui est haute & basse. C'est aussi pour cette raison qu'on s'y sert communément de Palanquins. (Et en Apostille.)

" C'est une espece de Fauteüil couvert d'un Dais en broderie, plus ou moins riche, selon la qualité des personnes, & qui est porté par deux Negres avec un long bâton auquel il

P. 132.

é

„ est suspendu par les deux bouts.
„ Les gens de distinction se font
„ porter dans cette machine à l'E-
„ glise, dans leurs visites, & lors-
„ qu'ils vont en campagne.

Hé bien, n'ai-je pas eu raison de dire que M. Durret étoit un homme inimitable dans ses descriptions ? Que peut-on dire de plus intelligible pour signifier un Hamac, que de le comparer à un Fauteüil suspendu par les deux bouts ? On croira peut-être qu'il se trompe, quand il dit que les oiseaux sont si familiers, & en si grande quantité, qu'ils venoient se reposer sur leurs têtes & sur leurs bras ; de sorte que sans se fatiguer, ils les prenoient & les faisoient rôtir.

Page 23.

„ C'est dommage que cet Auteur n'a pas lû Cirano de Bergerac, il n'auroit pas manqué de nous dire qu'on se sert au Bresil tout comme dans l'Empire de la Lune, d'une composition qui tuë plume & rôtit le Gibier tout à la fois.

Quoique M. Durret n'ait demeuré que dix-sept jours à Caïenne, il n'a pas laissé de s'informer exactement du Païs, & il en fait part au Public avec son exactitude ordinaire. En voici une preuve. La Pomme d'Acajou, dit " cet Auteur, est grosse, longue, & d'un rouge jaune, elle " est acre, & on la mange ordi- " nairement cuite. Au bout de " cette Pomme il y a une petite " Noix verte qui a le goût de " l'Aveline & la figure d'un ro- " gnon de Mouton. Ce fruit croît " sur un Arbre haut & rond, qui " ressemble à un Châtaignier. " Sa feüille est de la figure & de " la couleur de celle de Laurier : " le bois est très-beau & propres à " faire des Meubles & des Piro- " gues de quarante à cinquante " pieds de long. "

Je suis fâché de ne pouvoir passer cette bévûë à M. Durret : mais il doit sçavoir que l'Acajou qui porte le fruit dont il parle, n'est pas propre à faire des Meubles, & beaucoup moins à faire des Pirogues de cinquante pieds de long. On se sert pour ces ouvrages d'un Arbre qui porte le même nom, mais qui ne produit point de Pommes, & dont le bois, l'écorce & la feüille sont tout-à-fait differens de celui qui porte du fruit. M. Durret fait les voyages avec tant de diligence & de facilité, qu'il pourra sans peine s'assûrer de la verité de ce que je dis, en allant jusques à Cayenne, ou aux Isles de l'Amerique qui, selon lui, en sont très-voisines. Il pourra en même-temps voir faire la Cassave, & corriger ce qu'il en a dit dans les deux endroits où il en a parlé ; & encore ce qu'il rapporte des Peres Jesuites touchant leurs Missions chez les Sauvages. Car il leur fait dire qu'ils faisoient de petits voyages dans les Isles qu'habitent les Indiens, & qu'un " d'eux étant allé un jour à la " Martinique, il trouva moyen " d'emmener un jeune enfant âgé " de sept ans, qui paroissoit avoir " toutes les envie du monde d'em- " brasser le Christianisme, il l'en- " voya en France dans un de " leurs Convents, où l'on n'épar- " gna rien pour son éducation, " soit par rapport à la Religion, " soit par rapport aux Scien- " ces, &c. "

Ne semble-il pas à entendre parler M. Durret, que la Martinique soit aussi voisine de Cayenne, que l'Isle du Connétable ou de l'Enfant perdu, & qu'on y va en se promenant, comme de Paris à Saint Cloud. Or M. Durret doit sçavoir 1o. Que la Martinique est trop éloignée de Cayenne pour qu'on y vienne faire des Missions, comme on les peut faire aux environs de cette derniere Isle. 2°. Que les Jesuites étoient établis à la Martinique plus de trente ans avant qu'aucun de leur Compagnie songeât à s'établir à Cayenne. 3°. Que le petit Sauvage n'a pas esté conduit en France par les Jesuites, mais par les Jacobins. 4°. Que la Martinique n'a jamais été habitée par les François & les Anglois, c'est Saint Christophle. 5°. Que M. de Phelippeaux n'étoit point Gouverneur de la Martinique, mais Gouverneur General des Isles & Terre-Ferme de l'Amerique Françoise, ayant sous ses ordres les Gouverneurs particuliers de la Martinique, de la Guadeloupe, & autres Isles. 6°. Que l'affaire & l'entreprise du massacre des Sauvages se passa à S. Christophle, & non à la Martinique. 7°. Que le Conseil Souverain qui reside à la Martinique n'a sous sa Jurisdiction que l'Isle de la Gre-

Page 150.

PRÉFACE. xxxiij

nade : les Isles de Saint Christophle, de la Guadeloupe & Saint Domingue ont des Conseils Souverains pour juger les appels de leurs Juges particuliers ; & sont indépendans les uns des autres. 8°. Que les Castors, supposé qu'il s'en trouve dans le Perou, ont du poil, & non pas de la laine. 9°. Que l'on ne mange point l'écorce du Cacao, & que le beure qu'on en peut faire, n'a jamais été employé pour guérir des blessures, mais pour d'autres usages, dont M. de Cailus & moi avons eu soin d'instruire le Public. 10°. Que la premiere Compagnie qui se fit en France pour les Isles de l'Amérique, fut en 1626. & non pas en 1621. En voilà assez pour le présent. Je prie M. Durret d'agréer que je remette le reste des remarques que j'ai faites sur son Livre, à une autre occasion où j'aurai plus de temps à lui faire voir que je l'ai lû avec at-

Page 151.

Premiere Partie, P. 194.

II Partie P. 157.

é iiij.

tention : mais je suis gêné ici dans les bornes d'une Préface qui ne me permet pas de l'avertir, comme j'ai fait, & comme je ferai de tout le reste qui me paroîtra digne d'être remarqué pour être corrigé. Il verra, s'il lit mes Memoires, que j'en ai usé de même façon avec bien d'autres Auteurs. J'ai pris la liberté de leur faire remarquer, & de corriger les erreurs que j'ai trouvées dans leurs Ouvrages, & j'ai tâché en le faisant, de garder toute la moderation d'un homme qui n'a d'autre vûë que de faire connoître la verité, & qui reprend les défauts des Ouvrages, sans toucher aux Auteurs, pour lesquels il a une estime très-sincere ; qui souhaite qu'on reprenne ceux dans lesquels il peut être tombé, promettant de les corriger avec exactitude, & de pardonner même par avance les manieres vives dont on pourroit assaisonner les cor-

PRÉFACE.

rections que l'on lui pourroit faire.

Quelques personnes de consideration avoient souhaité que je gardasse un ordre plus méthodique dans ma narration, & que je rangeasse les choses de maniere que chaque espece se trouvât sous son genre. Elles avoient leurs raisons pour le desirer, & moi j'ai eu les miennes pour ne les pas satisfaire. Outre que cette maniere dogmatique n'est point du tout de mon goût, il auroit fallu interrompre le fil de mon Journal à tous momens, & faire des parenteses assez longues pour ennuyer le Lecteur & moi aussi. J'ai donc mieux aimé suivre mon Journal, & écrire les choses à mesure que je les ai vûës, apprises, ou pratiquées ; & comme entre toutes les choses dont j'ai parlé, il y en a qui demandoient une explication longue & un ample détail, j'ai crû pouvoir m'éloigner un peu de la regle que je m'étois prescrite, & les mettre à la tête ou à la fin des Tomes, afin que le Lecteur pût les passer, s'il vouloit continuer la lecture du Journal, sauf à lui à y retourner, s'il le jugeoit à propos.

J'ai parlé de quelques Familles considerables établies dans nos Isles, & j'aurois rendu la même justice à beaucoup d'autres, si j'avois été informé plus amplement de leur origine, & des services qu'elles ont rendus au Prince & à la Patrie : mais ce que j'en sçavois par moi-même ne m'ayant pas paru suffisant pour leur rendre tout ce qui leur est dû, j'attendrai qu'elles m'envoyent des Memoires que je ne manquerai pas d'employer, si je les trouve conformes à ceux que j'ai déja pardevers moi, & aux lumieres qu'un aussi long séjour que celui que j'ai fait aux Isles, m'a données.

APPROBATION DU R. P. JUMELET, Professeur en Theologie de l'Ordre des FF. Prêcheurs.

J'AY lû par l'ordre du Reverendissime Pere General un Manuscrit qui a pour titre : *Memoires du P. Jean-Baptiste Labat, Missionnaire de l'Ordre des FF. Prêcheurs aux Isles Françoises de l'Amerique, qui contient l'Histoire naturelle du Païs*, & j'ai eu du plaisir en le lisant. Il y a une infinité de choses très-curieuses : il y a même quelques faits très-surprenans. Mais la simplicité de la narration & la probité de l'Auteur sont une preuve de la verité de ce qu'il y raconte. Je n'y ai rien trouvé qui soit contraire à la Foi & aux bonnes mœurs. A Amiens le 19. Aoust 1719.

F. JACQUES JUMELET, Professeur en Theologie, de l'Ordre des FF. Prêcheurs.

APPROBATION DU R. P. JOUIN, Professeur en Theologie, de l'Ordre des FF. Prêcheurs, & Regent.

J'AY lû par l'ordre de nôtre très-Reverend Pere Provincial un Manuscrit qui a pour titre : *Memoires du R. P. Jean-Baptiste Labat, Missionnaire de l'Ordre des FF. Prêcheurs aux Isles Françoises de l'Amerique, contenant l'Histoire naturelle du Païs*, &c. Je l'ai lû avec d'autant plus de plaisir, qu'ayant vû moi-même durant presque huit années la plûpart des choses dont il y est parlé, je les ai trouvé décrites avec une exactitude & avec une netteté qui ne laisse rien à souhaihaiter. L'Auteur entre dans des détails qui instruiront même ceux du Païs, & par son seul Livre on peut apprendre en Europe ce qu'il y a de plus interessant pour nous à l'Amerique. Il sera difficile d'en commencer la lecture sans éprouver cette douce, quoiqu'avide, curiosité qui nous porte à poursuivre. On n'y trouvera rien qui soit contraire à la Foi & aux bonnes mœurs. Donné à Paris dans nôtre Maison de Saint Honoré ce 17. Aoust 1719.

F. NICOLAS JOUIN, *Professeur en Theologie, de l'Ordre des FF. Prêcheurs, & Regent.*

APPROBATION DE M. HENRY BESNIER, *Docteur Regent en Medecine en l'Université de Paris, & ancien Professeur de Botanique aux Ecoles de la Faculté.*

J'AY lû avec une attention singuliere, les Memoires du R. P. Labat, Missionnaire de l'Ordre des FF. Prêcheurs aux Isles Françoises de l'Amerique. Rien à mon avis n'est si utile aux voiageurs, aux Habitans de ce Païs, aux Commerçans, & à ceux qui s'appliquent à l'étude de l'Histoire naturelle. Les remarques judicieuses de l'Auteur sur ce qui concerne cette Partie du Monde, le style simple concis de ces Memoires attireront sans doute l'approbation de ceux qui ont connoissance du Païs, & donneront à d'autres l'envie d'en connoître la verité en faisant le même voyage. Rien n'est donc si necessaire au Public que l'Impression de cet Ouvrage. A Paris ce 4. Octobre 1719.

BESNIER.

APPROBATION DE M. l'Abbé RAGUET.

J'AY lû par l'ordre de Monseigneur le Chancelier *les Memoires des nouveaux Voyages aux Isles de l'Amerique, par le P. Labat, de l'Ordre de S Dominique :* & ils m'ont paru dignes de la curiosité du Public. Fait à Paris le premier Septembre 1721.

RAGUET.

PRIVILEGE DU ROY.

LOUIS par la grace de Dieu Roi de France & de Navarre: A nos amez & feaux Conseillers les Gens tenans nos Cours de Parlemens, Maîtres des Requestes ordinaires de nostre Hôtel, Grand Conseil, Prevost de Paris, Baillifs, Sénéchaux, leurs Lieutenans Civils, & autres nos Justiciers qu'il appartiendra, SALUT. Nostre bien amé le P. Jean-Baptiste Labat, Missionnaire de l'Ordre des FF. Prêcheurs, Nous ayant fait remontrer qu'il souhaiteroit faire imprimer un Ouvrage de sa composition, qui a pour titre : *Memoires faits aux Isles Françoises de l'Amerique*, & qu'il desiroit donner au Public, s'il nous plaisoit lui accorder nos Lettres de Privilege sur ce necessaires ; A CES CAUSES, voulant favorablement traiter l'Exposant, Nous lui avons permis & permettons par ces Presentes de faire imprimer lesdits Memoires ci-dessus expliquez, en tels volumes, forme, marge, caracteres, conjointement ou separément, & autant de fois que bon lui semblera, & de les faire vendre & debiter par tout nostre Royaume pendant le temps de neuf années consecutives, à compter du jour de la date desdites Presentes. Faisons défenses à toutes sortes de personnes, de quelque qualité & condition qu'elles soient, d'en introduire d'impression étrangere dans aucun lieu de nostre Obéïssance : comme aussi à tous Libraires & Imprimeurs, & autres, d'imprimer, faire imprimer, vendre, faire vendre, debiter, ni contrefaire lesdits Memoires ci-dessus specifiez, en tout ni en partie, ni d'en faire aucuns Extraits, sous quelque pretexte que ce soit, d'augmentation, correction, changement de titre, ou autrement, sans la permission expresse & par écrit dudit Exposant, ou de ceux qui auront droit de lui, à peine de confiscation des Exemplaires contrefaits, de quinze cent livres d'amende contre chacun des contrevenans, dont un tiers à Nous, un tiers à l'Hôtel-Dieu de Paris, l'autre tiers audit Exposant, & de tous dépens, dommages & interests ; à la charge que ces Presentes seront enregistrées tout au long sur le Registre de la Communauté des Libraires & Imprimeurs de Paris, & ce dans trois mois de la date d'icelles ; que l'Impression desdits Memoires sera faite dans nostre Royaume, & non ailleurs, en bon papier & en beaux caracteres, conformement aux Reglemens de la Librairie ; & qu'avant que de les exposer en vente, le Manuscrit ou imprimé qui aura servi de copie à l'Impression desdits Memoires, seront remis dans le même état où l'Approbation y aura esté donnée, ès mains de nostre très-cher & féal Chevalier & Garde des Sceaux de France le Sieur de Voyer de Paulmy Marquis d'Argenson, Grand-Croix, Chancelier, & Garde des Sceaux de nostre Ordre Militaire de Saint Loüis, & qu'il en sera ensuite remis deux Exemplaires dans nostre Bibliotheque publique, un dans celle de nostre Château du Louvre, & un dans celle de nostre très-cher & féal Chevalier Garde des Sceaux de France, Grand-Croix, Chancelier & Garde des Sceaux de nostre Ordre Militaire de Saint Loüis, le Sieur de Voyer de Paulmy Marquis d'Argenson, le tout à peine de nullité des Presentes : Du contenu desquelles vous mandons & enjoignons de faire joüir ledit Exposant, ou les ayant cause, pleinement & paisiblement, sans souffrir qu'il leur soit fait aucun trouble ou empêchement. Voulons que la copie desdites Presentes, qui sera imprimées tout au long au commencement ou à la fin desdits Memoires, soit tenuë pour dûement signifiée, & qu'aux copies collationnées par l'un de nos feaux Conseillers & Secretaires, foi soit ajoûtée comme à l'original. Commandons au premier noſtre Huiſſier ou Sergent de faire pour l'execution d'icelles tous Actes requis & neceſſaires, ſans demander autre permiſſion, & nonobſtant clameur de Haro, Charte Normande & Lettres à ce contraire ; CAR TEL EST NOSTRE PLAISIR. Donné à Paris le vingt ſixiéme jour du mois de Janvier l'an de grace mille ſept cent vingt, & de noſtre Regne le cinquiéme.

Par le Roi en ſon Conſeil.
DE S. HILAIRE.

Il eſt ordonné par Edit du Roi du mois d'Aouſt 1686. & Arreſt de ſon Conſeil, que les Livres dont l'impreſſion ſe permet par Privilege de Sa Majeſté, ne pourront eſtre vendus que par un Libraire ou Imprimeurs.

Regiſtré ſur le Regiſtre IV. de la Communauté des Libraires & Imprimeurs de Paris, pag. 557. N. 596. conformement aux Reglemens, & notamment à l'Arreſt du Conſeil du 13. Aouſt 1703. A Paris le 3 Février 1720.

DE LAULNE, Syndic.

Je confeſſe avoir cedé à Mrs Giffart & Cavelier fils, Marchands Libraires à Paris, mon preſent Privilege, pour en joüir par eux & ayans cauſe pour toûjours en mon lieu

lieu & place. Fait à Paris ce 21. Mars 1720.
F. J. B. LABAT, de l'Ordre des FF. Prêcheurs.

Regiſtré ſur le Regiſtre IV. de la Communauté des Libraires & Imprimeurs de Paris, pag. 595. conformement aux Reglemens, & notamment à l'Arreſt du Conſeil du 13. Aouſt 1703. A Paris le 17. Mai 1720.

Leſdits Sieurs Cavelier fils & Giffart ont fait part pour chacun un quart à Mrs Guillaume Cavelier pere & Theodore le Gras.

TABLE

DES CHAPITRES,
contenus en la premiere Partie.

Chap. I. L'Auteur s'engage dans les Missions des Isles Françoises de l'Amerique. Son départ de Paris, son arrivée à la Rochelle, & son embarquement, 1

Chap. II. Départ de la Rochelle. Mort d'un des Missionnaires. La Flotte est separée par une tempête. Baptême du Tropique. Un Vaisseau perd son gouvernail, 22

Chap. III. Combat contre un Anglois. Arrivée à la Martinique, 54

Chap. IV. Description du Fort-Saint Pierre de la Martinique, & d'une partie de la Cabesterre, 66

Chap. V. Description de l'Habitation des Freres Prêcheurs à la Cabesterre de

TABLE DES CHAPITRES.

la Martinique, 118

CHAP. VI. *L'Auteur est envoyé desservir la Paroisse du Macouba. Description de ce Quartier. Des Bêtes rouges, & des Chiques,* 134

CHAP. VII. *L'Auteur va confesser un Negre mordu par un Serpent,* 161

CHAP. VIII. *Voyage de l'Auteur au Fort Royal. Description de la Ville & de la Forteresse,* 193

CHAP. IX. *Prise de deux Vaisseaux Anglois par les Flibustiers. Leur maniere de combattre, & le Traité qu'ils font pour leur course,* 216

CHAP. X. *Etat des Paroisses des Isles, des Curez qui les desservent, & leurs droits.*

CHAP. XI. *Description du Rocou, & de l'Indigo,* 252

CHAP. XII. *Des differentes especes de Tortuës, & manieres de les prendre, de quelques autres Poissons,* 296

CHAP. XIII. *L'Auteur va demeurer dans sa Maison Curiale,* 318

CHAP. XIV. *Description du Bourg de la Trinité, & des fruits appellez l'Abricot de S. Domingue, & l'Avocat,* 329

CHAP. XV. *De la Vigne qui vient aux Isles,* 346

CHAP. XVI. *Du Manioc,* 379

TABLE DES CHAPITRES.

Chap. XVII. *Des Boissons ordinaires des Isles,* 397

Chap. XXVIII. *Des Scorpions, Serpens, Vers de Palmistes; du bois à enniver, des differentes especes de Palmistes, & de leurs Choux,* 413

Chap. XIX. *L'Auteur est attaqué du mal de Siam. Comment il en guérit. Maniere de porter les Orangers en Europe, & de les conserver,* 435

Chap. XX. *Maladies des Negres & des Créolles. Etablissemens d'une Paroisse au Cul-de-sac Robert. Description de la Becune, des Galeres, & de l'arbre de Manchenilier,* 45

Chap. XXI. *Histoires de quelques Negres Sorciers,* 488

Fin de la Table des Chapitres de la premiere Partie.

MEMOIRES
DES
NOUVEAUX VOYAGES
FAITS
AUX ISLES FRANÇOISES
DE L'AMERIQUE.
PREMIERE PARTIE.

CHAPITRE PREMIER.

L'Auteur s'engage dans les Missions des Isles Françoises de l'Amerique. Son départ de Paris. Son arrivée à la Rochelle, & son embarquement.

UNE maladie contagieuse aïant emporté la plûpart des Missionnaires qui étoient aux Isles Françoises de l'Amerique, les Superieurs des Ordres qui y sont établis,

écrivirent des lettres circulaires en France, pour engager leurs Confreres à les venir secourir. Une de ces lettres m'étant tombée entre les mains, me pressa d'executer le dessein que j'avois formé depuis quelque tems de me consacrer aux Missions, comme à un emploi qui convenoit tout à fait bien à ma profession. J'étois âgé de trente ans, dont j'en avois passé onze, partie dans le Couvent que nous avons à Paris dans la ruë S. Honoré duquel je suis Profés, & partie en Province, où j'avois prêché, & enseigné la Philosophie, & les Mathematiques. Je demandai les permissions nécessaires pour passer aux Isles, & on peut croire que je les obtins bien facilement ; de sorte qu'après avoir pris quelque argent d'avance sur une pension que je m'étois reservée en faisant profession, je partis de Paris le cinquiéme Aoust 1693.

1693.
Aoust
le 5.

Je comptois d'avoir pour compagnons de voyage deux Religieux du même Couvent, que je devois défraïer jusqu'à la Rochelle (car le Commissaire des Missions se contentoit alors de donner la permission d'aller aux Isles sans s'embarasser de fournir ce qui est necessaire pour y arriver.) Mais nos Supérieurs & nos amis communs firent tant d'efforts pour nous détourner de nôtre deſſein, que mes deux Compagnons ſe rendirent, & je me trouvai obligé de partir ſans eux, accompagné ſeulement d'un homme qu'on avoit engagé pour trois ans au ſervice de la Miſſion; c'étoit un homme de trente-huit ans fort ſage, & qui me ſervit pendant le voïage avec beaucoup de fidelité; il s'appelloit Guillaume Maſſonier. Je l'appellois ſimplement Maître Guillaume. J'aurai occaſion de parler de lui plus d'une fois dans ces Memoires.

1693. Aouſt le 5.

Nous arrivâmes le ſept à Orleans, nous en partîmes le huit, & arrivâmes le dix à Saumur ſur les onze heures du ſoir.

Le P. Jullienne mon compagnon d'étude & de religion, étoit alors chez un Gentilhomme de ſes parens nommé M. du Tronchay à une lieuë de Saumur, où les Medecins l'avoient envoïé pour ſe remettre d'une aſſez longue maladie. Je l'envoïai avertir de mon arrivée, il vint auſſi-tôt; & ſon parent m'envoïa des chevaux pour me rendre chez lui, où malgré tout ce que je pus dire, il me retint juſqu'au 21. que j'obtins enfin la permiſſion de continuer mon voyage, comblé d'honnêteté de toute ſa famille. Nous arrivâmes à la Rochelle le 24. Août ſur les trois heures aprés midi. Je fus deſcendre au

21.

24.

A ij

Couvent de mon Ordre, où j'appris que le R. P. Imbert que j'avois connu très-particulierement pendant que je demeurois à Nancy, étoit Prieur. Cela me fit un sensible plaisir, parce que c'étoit un homme d'un vrai merite, & de qui je pouvois attendre toutes sortes de civilitez. Les Religieux de sa Communauté étoient de très-honnêtes gens, avec lesquels je n'eus pas de peine à lier une amitié qui dure encore. J'ai receu d'eux une infinité de bons offices, & de marques d'une sincere affection.

On me dit qu'un Marchand de Limoges résidant ordinairement à la Rochelle, étoit Commissionnaire de nos Missions. Je l'allai voir le lendemain, & lui consignai Maître Guillaume, afin qu'il pourvût à sa subsistance jusqu'à l'embarquement.

Je ne trouvai aucun Missionnaire dans le Couvent. J'appris seulement du sieur Boudor qui étoit ce Marchand Limosin, qu'il en attendoit plusieurs, & que le P. Jacques Gassot qui avoit été mon compagnon d'étude, s'étant ennuyé d'attendre l'embarquement, étoit allé faire un pelerinage à la Sainte Baulme; ce qui lui avoit fait perdre l'occasion d'une flotte qui étoit partie le 18. de ce même mois. Je me repentis de m'être arrêté si long-tems chez

M. du Tronchay; car si j'avois continué mon chemin, je serois arrivé assez à tems pour m'y embarquer; mais il fallut prendre patience, & m'y accoûtumer de bonne heure.

Il y avoit au Couvent de la Rochelle un jeune Religieux du Couvent de Bannieres en Gascogne, nommé Hyacinthe Dastez, qui venoit d'être Aumônier d'un vaisseau du Roi; il me pria de lui procurer une Obéïssance pour aller aux Missions. Sur les témoignages que les Religieux du Couvent me rendirent de ses bonnes mœurs, j'écrivis à Paris au P. Commissaire, qui eut l'honnêteté de m'envoyer aussi-tôt la patente que je lui demandois.

Je receus le 29. un ballot, où étoient mes écrits, mes instrumens de mathematique, une partie de mes livres & quelques hardes, avec des lettres que des personnes de consideration écrivoient en ma faveur à M. le Comte de Blenac Gouverneur general des Isles, à M. le Commandeur de Guitaut Lieutenant general, à M. de Gabaret Gouverneur de la Martinique, à M. du Mets de Goimpy Intendant, & quelques-autres. Il y en avoit aussi une pour M. Begon Intendant à Rochefort; mais comme il étoit allé aux Eaux, je pûs la lui préfenter qu'à fon retour, & pour lors je n'en avois plus befoin.

Le 8. de Septembre il arriva quelques vaiffeaux des Ifles, fur l'un defquels étoit le P. Jean Temple du Couvent de Nifmes. C'étoit un ancien Miffionnaire qui s'en retournoit pour tâcher de fe guerir d'une diffenterie qu'il avoit depuis prés de deux ans. Il nous dit bien des nouvelles des Ifles, & fur tout le befoin extrême qu'on y avoit de Religieux. Son mal diminua dès qu'il fut à terre; & il s'en trouva tellement libre au bout de 15. jours, qu'il fe vit en état de retourner chez lui; il me donna fes lettres pour l'Amerique, & quelques avis que j'ai fuivis, & dont je lui fuis obligé.

Le Dimanche 20. le P. Gaffot arriva de fon pelerinage de la Sainte Baulme. Il avoit rencontré à Bordeaux le P. Jean Jacques Romanet du Couvent de Limoges qui avoit une Obéïffance pour les Ifles; ils vinrent enfemble. Ce dernier avoit eu la précaution de fe pourvoir d'un petit garçon pour fervir fa Meffe. Ils étoient tous deux de fort bons fujets.

Le Samedy 26. il arriva deux autres Miffionnaires, le P. Jofeph Martelly du Couvent de Toulon, & le P. Char- du Couvent Saint Maximin. C'étoient des gens de merite, & bons prédicateurs.

Le lendemain il en parut un autre appellé du Homeel du Couvent de Coutances. Ses infirmitez habituelles nous firent connoître qu'il ne demeureroit pas longtems dans les Missions ; en effet il fut renvoyé en France par le même vaisseau qui le porta aux Isles.

Le Mecredy 30. nôtre troupe fut augmentée de deux autres Missionnaires. L'un s'appelloit le P. Seré, & son compagnon le P. Eustache du May. Le premier étoit un homme de cinquante ans & plus, qui avoit déja été aux Isles. Il parut fâché de trouver tant de Missionnaires, & fit tous ses efforts pour nous persuader de retourner dans nos Couvens, en nous assurant que nous ne pouvions pas subsister aux Isles, où la misere étoit très grande, & où il n'y avoit pas assez de Paroisses pour nous occuper, ni de Couvens pour nous entretenir. Je connus d'abord que ce bonhomme avoit peur de manquer de Paroisse, & ce n'étoit pas sans raison ; car la plûpart de ceux qui devoient passer aux Isles paroissoient plus propres que luy à les occuper. Ainsi je pris la liberté de lui répondre pour tous les autres, que nous esperions tous comme lui trouver de quoi travailler, & nous occuper, & que si les miseres qu'il prévoyoit lui faisoient peur, il pouvoit s'en retourner chez lui.

Le premier Octobre il arriva un Frere Convers Flamand appellé Jean du Mortier ; c'étoit un Religieux fort serviable, qui nous fut d'un grand secours dans les maladies dont nous fûmes tous attaquez, aussi-bien que les Religieux du Couvent.

Nous voyant enfin au nombre de dix, & n'en attendant plus d'autres, nous nous assemblâmes afin d'en choisir un, qui se chargeât de tout ce qui concernoit nôtre embarquement, & qui agît au nom de tous. Je fus chargé de cet emploi. Je travallai aussi-tôt à nous faire préparer les hardes qui nous étoient necessaires, & à nous assurer le passage dans les Bâtimens qu'on équippoit pour les Isles à Rochefort & à la Rochelle. J'allai pour cet effet à Rochefort, où M. de Mauclerc Ordonnateur General me dit qu'il avoit ordre de nous faire embarquer dans les Vaisseaux du Roi, ou dans des Bâtimens Marchands ausquels le Roi payeroit nôtre passage ; mais qu'il n'avoit point ordre de nous faire donner de l'argent pour nous équipper. Cette réponse m'obligea d'écrire à M. de Pontchartrain Secretaire d'Etat ayant le département de la Marine, & des Isles pour le supplier de nous faire donner la gratification que le Roi avoit toûjours eu la bonté de nous accorder pour nos embarquemens.

En attendant la réponse, je donnai au sieur Boudor un memoire de ce qui étoit necessaire à chaque Missionnaire, afin qu'il y fît travailler, le payement lui en étant assuré, soit par la gratification que nous esperions du Roi, soit par les remises qui lui seroient faites par la Mission.

L'équipage que je demandois pour chaque Religieux consistoit en un matelas, un traversin, une paire de linceuls, une couverture, un habit blanc, une casaque, ou manteau noir, six chemises, autant de caleçons, douze mouchoirs, autant de coëffes de nuit, de paires de bas de toile, & de chaussons, un chapeau, trois paires de souliers, un coffre, & de deux en deux une petite cannevette pour mettre des liqueurs pour le voyage; & comme quelques-uns me dirent qu'ils auroient besoin de livres, j'ajoûtai qu'ils avoient chacun cinquante francs pour acheter ceux qu'ils jugeoient à propos, pour les frais de leur Baptême, & pour les menuës dépenses qu'ils pourroient faire jusqu'à l'embarquement. Je ne fus pas long-tems à m'appercevoir que ce M. Boudor ne vouloit pas être éclairé de près, & qu'ayant fondé de grandes esperances sur la commission de nos Missions, il vouloit regler toutes choses selon ses interêts. En effet, il persuada à quelques-uns de nos Missionnaires de porter des marchandises pour les negocier aux Isles, & s'offrit de leur faire à chacun un coffre à peu près comme on en fait aux matelots à moitié profit. Je m'opposai de toutes mes forces à ce projet ridicule, & tout à fait indigne de nôtre ministere ; mais je n'en fus pas entierement le maître. Trois ou quatre de nos Peres donnerent dans les idées de cet homme, & se chargerent de boutons, d'épingles, d'aiguilles, & autres marchandises de Limoges dont il étoit bien-aise de se défaire, qu'il leur vendit plus cher qu'au marché, & dont il se fit bien payer dans la suite par la Mission avec les interêts.

Je reçûs le 20. une Lettre de M. de Mauclerc qui me marquoit que je pouvois venir à Rochefort recevoir 450 écus que le Roi avoit accordé pour neuf Missionnaires Prêtres qui devoient passer aux Isles, mais qu'à l'égard du Frere Convers il n'avoit que le passage. Je ne manquai pas d'aller à Rochefort le 22. avec un pouvoir en bonne forme de tous nos Peres pour recevoir cette somme, & pour l'apporter plus fûrement je pris avec moi Mᵉ Guillaume. Nous rencontrâmes environ à deux lieuës de la Rochelle, deux Capucins avec un païfan qui conduifoit deux ânes chargez de bouteilles, & d'autres munitions de bouche. Ils prierent Mᵉ Guillaume de dire aux Capucins qu'il trouveroit de ne fe point ennuyer, & qu'ils faifoient toute la diligence poffible pour les joindre.

Nous arrivâmes au Rocher, c'eft un Cabaret fur le bord de la mer à moitié chemin de la Rochelle à Rochefort. J'y defcendis pour m'y raffraîchir, & laiffer repofer nos chevaux qui étoient venus fort vîte. Je fus furpris de trouver dans la premiere falle quinze ou feize Capucins affis avec beaucoup de modeftie, & en filence. Ils fe leverent pour me faluer. Une cafaque de camelot noir qui couvroit en partie mon habit blanc, avec un homme de fervice à ma fuite, les tromperent. Ils me prirent tout au moins pour quelque Abbé de Premontré. J'entrai dans la feconde falle, où je trouvai un venerable Capucin à barbe longue & blanche, la tête & le cou enveloppez de ferviettes, qui fe promenoit tout feul. Nous nous faluâmes : on apporta du vin, je lui en fis prefenter par Guillaume, il but après quelques ceremonies, & nous liâmes ensemble une conversation latine. Je crûs que c'étoit quelque Provincial étranger, mais je ne m'imaginai jamais que ce fût le General des Capucins. Nous montâmes à cheval après nous être reposez près d'une heure. Nous trouvâmes des Capucins qui venoient de Rochefort; ils m'apprirent que c'étoit leur General que j'avois vû au Rocher; ils alloient au devant de lui, & il devoit faire ce jour-là son entrée dans la ville.

J'allai saluer M. de Mauclerc aussi-tôt que je fus arrivé; il me donna l'ordonnance de 450 écus, & les ordres necessaires pour nous embarquer; sçavoir, le P. Dastez & moi sur le Vaisseau du Roi l'Opiniâtre: les Peres Romanet & Charles sur la Flute du Roi la Loire: les Peres Martelli, Seré & du May sur une autre Flute du Roi appellée la Tranquille, & les Peres Gassot & du Homeel avec le Frere du Mortier sur un Vaisseau marchand. J'allai ensuite chez le Trésorier, qui me remit au lendemain; de-là je fus un peu hors de la porte voir l'entrée du General des Capucins, en voici l'ordre.

Entrée du General des Capucins à Rochefort.

Douze Capucins étoient à la tête, ils marchoient deux à deux le bâton à la main, & le capuchon de campagne au bras; suivoit un gros de sept ou huit Capucins qui entouroient la mule blanche sur laquelle étoit le General, la bride & les étrivieres étoient de corde, avec deux petites planchettes qui servoient d'étriers: cette mule étoit conduite par deux Freres au chapeau, qui furent les premiers que j'eusse vûs de cette espece. Le Provincial marchoit ensuite entre les deux Secretaires de campagne du General, dix Capucins deux à deux les suivoient, & étoient suivis de deux mulets dont les couvertures sembloient avoir servi à des manteaux; ils étoient conduits par deux Freres Capucins: une autre troupe de neuf ou dix Capucins marchans sans ordre, fermoit la marche.

Je me dispensai de suivre ces bons Peres; mais j'appris de Mꝛ Guillaume qui eut la curiosité de les accompagner, que le General étant descendu à la porte de leur Eglise, on lui presenta la Croix & l'Eau-benîte, & qu'après avoir adoré le S. Sacrement, il s'étoit assis sur un fauteüil devant le grand Autel, où tous les Capucins lui vinrent baiser les mains, & après eux quantité de devots & de devotes de son Ordre.

J'allai le lendemain matin à bord de l'Opiniâtre saluer M. de Sainte Marie qui en étoit Capitaine, & le prier d'agréer que je passasse sur son Vaisseau avec mon compagnon. Il me dit que cela lui faisoit plaisir; & que quoiqu'il y eût déja beaucoup de passagers, il feroit son possible afin que nous fussions bien. Je fus ensuite recevoir mon argent; & après avoir remercié M. de Mauclerc, je montai à cheval pour retourner à la Rochelle. J'y arrivai d'assez bonne heure, fort content de mon voyage; mais je trouvai tous nos Missionnaires en desordre: ils avoient eu un different avec les Religieux du Couvent pendant mon absence, dont voici le sujet.

Le Couvent étant pauvre se trouvoit fort incommodé par les Missionnaires qui y venoient attendre leur embarquement. Les Superieurs y firent enfin attention après beaucoup d'années, & on convint que la Mission lui payeroit douze sous par jour pour chaque Missionnaire qui s'y arrêteroit, outre la Messe qu'il devoit dire à la décharge du Couvent. Depuis huit ou dix ans que ce reglement avoit été fait, on avoit toûjours été assez d'accord. Mais les vivres étant devenus si chers cette année que le pain valoit jusqu'à cinq & six sous la livre, le vin & les autres denrées à proportion, la devotion du peuple se trouva tellement refroidie qu'il ne venoit point d'argent à la Sacristie pour les Messes; de sorte qu'il falloit que le Couvent pourvût à la subsistance de dix Religieux étrangers moyennant douze sous par tête, ce qui suffisoit à peine pour leur donner du pain, particulierement à ceux qui étoient de Limoge. Le Syndic du Couvent nous en avoit parlé, & je trouvois qu'il avoit raison ; mais nous n'étions pas parties capables pour faire aucun changement au reglement qui avoit été fait. Enfin le jour que je partis le P. Prieur fit dire à nos Missionnaires qu'il falloit absolument trouver un temperament dans cette affaire, parce que les vivres encherissant tous les jours, il n'étoit plus possible au Couvent de les nourrir avec une si petite somme dont même il ne recevoit rien ; ils furent assez mal-avisez pour se retirer dans la maison du sieur Boudor, où la plûpart coucherent, ce qui auroit causé bien du scandale, si le P. Prieur ne leur avoit envoyé deux de ses Religieux pour leur dire de venir au Couvent, & que quand je serois de retour on chercheroit un expedient pour contenter tout le monde. J'arrivai quelques momens après qu'ils furent revenus ; on m'apprit tout ce qui s'étoit passé, dont j'eus bien du chagrin. Je parlai au Prieur & à tous ses Religieux, qui étant extrêmement raisonnables n'avoient jamais eu intention de chasser nos Missionnaires ; mais seulement de les obliger d'écrire au Commissaire des Missions, afin qu'il leur fît donner de l'argent du moins jusqu'à la concurrence des douze sous pour aider à les nourrir. J'accommodai aisément ce different, malgré l'opposition du Marchand Boudor. Je donnai au Syndic une partie de l'argent que j'avois apporté à compte de nôtre dépense, & je fis signer à tous nos Missionnaires un acte par lequel après avoir certifié l'impossibilité où étoit le Couvent de nous entretenir cette année pour douze sous par tête, nous nous engagions quand nous serions arrivez aux Isles de faire tous nos efforts pour obliger le Superieur General des Missions d'indemniser le Couvent. Cela remit le calme & la paix que la vivacité de quelques-uns de nos Peres avoit fait disparoître : & ce fut un bonheur pour nous, car en moins de cinq ou six jours nous tombâmes presque tous malades, aussi-bien que les Religieux du Couvent. Il n'y eût que le P. Prieur, le P. Dastés & le Frere du Mortier qui conserverent leur santé, qu'ils employerent avec beaucoup de zele & de charité à secourir les autres.

J'employai le reste du mois à préparer tout ce qui étoit necessaire pour nôtre embarquement. Le 2. de Novembre M. de Sainte Marie m'écrivit que depuis qu'il m'avoit parlé, on l'avoit chargé de tant de passagers, qu'il lui étoit impossible de me donner passage dans son vaisseau, qu'il en étoit fâché, mais qu'il m'en avertissoit de bonne heure, afin que je me pourvûsse d'un autre bâtiment. Cependant le tems pressoit, car les bâtimens étoient en rade, & n'attendoient plus que le vent, & les derniers ordres de la Cour; de sorte que je fus obligé d'aller le lendemain à Rochefort pour parler à M. de Mauclerc. Il envoya aussi-tôt chercher M. de Sainte Marie à qui il fit une mercuriale des plus vertes, & malgré toutes ses raisons, il l'obligea de promettre de me recevoir dans son vaisseau puisqu'il avoit déja receu nos rations, & qu'il n'étoit plus tems de chercher un autre embarquement. M. de Sainte Marie promit à la fin de nous recevoir; mais je ne jugeai pas à propos de m'embarquer avec lui; je craignois avec raison qu'il ne me fît payer la mercuriale que je lui avois procurée. Je dis ma pensée à M. de Mauclerc, & le priai de me donner un ordre pour m'embarquer dans la Loire avec mon Compagnon, puisqu'il n'y avoit pas d'apparence que le P. Charles s'y pût embarquer, à cause de sa maladie; il y consentit, & me donna l'ordre que je lui demandois. Je revins le lendemain à la Rochelle; j'allai trouver M. de la Heronniere Capitaine de la Loire, à qui je remis l'ordre de M. de Mauclerc. Il me fit beaucoup d'honnêtetez, & me promit le passage; mais comme il ne vouloit rien avoir à discuter avec M. Sainte Marie pour retirer nos rations, il souhaita que j'écrivisse à M. de Mauclerc, afin qu'il lui permît de les prendre au magazin de la Rochelle. J'écrivis le même jour, j'eus réponse le lendemain avec l'ordre que je demandois, que je portai à M. de la Heronniere qui fut content, & moi encore plus d'être sorti de cet embarras.

Le 6. j'allai avec le P. Martelly voir M. Chevalier qui commandoit la Tranquille; il nous mena à son bord, où nous passâmes la nuit & une partie du jour suivant, où après nous avoir bien regalé, il nous ramena à la Rochelle.

Le 10. on nous avertit de nous tenir prest à nous embarquer, le P. Daftez qui avoit le pied marin, se chargea de faire porter nos coffres & nos matelats à bord des vaisseaux où nous devions nous embarquer. Nous nous y rendîmes sur le soir. Mais le vent ayant changé, nous fûmes obligez de revenir le lendemain à terre; il n'y eut que le P. Gaffot qui restât dans son vaisseau, dont il eut sujet de se bien repentir; car la nuit suivante il y eut une tempête épouvantable. Presque tous les vaisseaux qui étoient en rade, chafferent sur leurs anchres, il y en eut qui s'aborderent, d'autres qui perdirent leurs anchres. Les vaisseaux qui étoient dans le port, furent en danger, & de ceux qui étoient moüillez entre la digue & la chaîne, il y en eut cinq ou six qui furent jettez & brisez contre les murailles de la ville. Le pauvre P. Gaffot fut apporté à terre le 14. plus mort que vif, la fiévre l'avoit repris d'une maniere très-vive. Cependant il en fut quitte pour trois ou quatre accès.

Il arriva ce même jour à la Rochelle un Religieux du Couvent de Toulouse, appellé le P. Jean-Baptiste la Banniere. Il avoit une Obéïssance pour les Isles où il prétendoit être Procureur de nos Missions, l'ayant été pendant quelques années de son Couvent. Mais soit que la mer lui fît peur, soit qu'il eût reçû quel-

que esperance d'être rétabli dans son poste, il s'en retourna quelques jours après
en son pays.

M. de Sainte Marie avoit pour Aumônier un Capucin, qui tomba malade après avoir reçû trois mois d'avance de ses appointemens, & les avoir employez en differentes choses pour son usage. Ce contre-tems embarassa beaucoup ce Capitaine qui se voyoit à la veille de partir sans aumônier, ou de donner les trois mois d'avance à ses dépens à celui qui voudroit s'embarquer avec lui. Il crut se retirer d'embarras en venant m'offrir de me recevoir dans son vaisseau avec mon Compagnon, si je voulois lui servir d'Aumônier jusqu'aux Isles; mais je le remerciai de ses offres, n'étant pas d'avis de m'exposer au ressentiment qu'il pouvoit avoir s'il venoit à se souvenir de ce qui s'étoit passé. Le P. Romanet qui ne sçavoit comment faire passer le petit garçon qu'il vouloit mener aux Isles, accepta le parti moyennant le passage de son clerc. J'ai sçû depuis qu'il avoit bien souffert de la mauvaise humeur de ce Capitaine.

Le 17. je tombai malade d'une grosse fiévre continuë avec des redoublemens si furieux, qu'on crut que j'étois à la veille d'un voyage où je n'aurois pas besoin de vaisseau, ou du moins que je tiendrois compagnie au P. Charles que sa maladie obligeoit d'attendre un autre embarquement. Le Prieur & les Religieux qui se trouverent en état de me pouvoir secourir, le firent avec toute la charité & toute la tendresse possible. Mon mal diminua considerablement le 26. de sorte que le Samedi 28. le P. Daftez m'étant venu dire qu'on devoit sans faute s'embarquer le soir, & que ne me voyant pas en état de faire le voyage, il alloit faire débarquer mon lit & mon coffre; je le priai de n'en rien faire, l'assurant que je me trouvois assez fort pour lui tenir compagnie, & que j'esperois que l'air de la mer me guériroit. En effet malgré tout ce qu'on put me dire, je me levai & me fis porter à bord de la chaloupe sur les quatre heures après midi. J'y trouvai le R. P. Charles Holley Jesuite qui passoit aussi aux Missions des Isles. Nous commençâmes déslors à lier ensemble une amitié aussi étroite que le vulgaire s'imagine qu'elle est extraordinaire entre un Jesuite & un Jacobin. Le frisson me prit dans la chaloupe: ce R. Pere me couvrit de son manteau, & le Lieutenant du sien; il me dura peu; nous arrivâmes au vaisseau sur les sept heures du soir. M. de la Heronniere me voyant fort rouge, parce que j'étois alors dans le chaud de la fiévre, crut que je me portois bien & m'en félicita. Je n'eus garde de lui dire qu'il se trompoit, & j'avois eu soin de prier le Lieutenant & les autres, de ne pas dire que j'avois eu le frisson en venant ; tant j'avois peur qu'on ne me renvoyât à terre attendre ma santé & un autre embarquement. Nous soupâmes bien, je bûs du vin & des liqueurs, après quoi je me fus coucher à la Sainte-Barbe, où on m'avoit préparé mon lit fort commodément entre deux canons.

CHAPITRE II.

Départ de la Rochelle. Mort d'un des Missionnaires. La flotte est séparée par une tempête. Baptême du Tropique. Un vaisseau perd son gouvernail.

Nous mîmes à la voile quelque tems aprés que je me fus retiré à la Sainte-Barbe, où je dormis si bien malgré tout le bruit qui se fait en ces sortes d'occasions, que je ne me réveillai que le lendemain sur les neuf heures. J'appris que nous avions passé le pertuis d'Antioche, & qu'on ne voyoit plus la terre. Je dînai avec appetit, mais deux heures aprés la fiévre me reprit avec des redoublemens si furieux, & qui se suivoient de si prés, que les Chirurgiens jugerent que pour peu que cela continuât, il me faudroit jetter à la mer. M. de la Heronniere en ayant été averti, descendit aussi-tôt pour me voir : Il fit mettre des toiles autour de mon lit; il ordonna à ses Chirurgiens d'avoir un trés-grand soin de moi, & à son Maître-d'hôtel de me faire apporter ponctuellement tout ce que les Chirurgiens ordonneroient. Il me donna un mousse pour me servir, & demeurer jour & nuit auprès de moi, & pendant tout le tems que j'ai été obligé de garder le lit, il venoit quatre ou cinq fois le jour me visiter, & passoit quelquefois les aprèsmidy entieres avec moi. Je n'oublierai jamais les bontez de ce génereux Capitaine; après Dieu je suis redevable de la vie & de la santé à ses soins, qui furent si heureux que la fiévre me quitta le 6. jour de Decembre.

Nôtre Flotte étoit composée de trentesept vaisseaux, & une Corvette. Le vaisseau du Roy, l'Opiniâtre de 44. canons, & de 200. hommes d'équipage avec une trentaine de passagers, étoit nôtre Amiral, & nous servoit de convoi. Il étoit commandé, comme je l'ai déja dit, par M. de Sainte Marie. La Flutte la-Loire où j'étois, étoit commandée par M. de la Heronniere, son Lieutenant s'appelloit Masson: nous n'avions que vingt canons, quoiqu'elle fut percée pour quarante, mais ils étoient de bon calibre, puisque les quatre de la sainte Barbe étoient de dix-huit livres; il y en avoit six autres de douze livres, & le reste de huit livres. Nous avions quatre-vingt hommes d'équipage, trente soldats de recruë pour les Isles, & vingt-cinq passagers, entre lesquels il y avoit quatre Prêtres; sçavoir le R. P. Holley Jesuite, le P. Dastez & moi, & l'Aumônier du Vaisseau qui étoit un bon Prêtre Breton. La Flutte appellée la Souris, autrement la Tranquille, étoit commandée par M. Chevalier; elle avoit environ quatre-vingt hommes tant de son équipage que de passagers, avec dix canons. Les Peres Seré, Martelly & du May y étoient embarquez avec M Guillaume à qui le Capitaine avoit accordé le passage gratis. Ces deux Fluttes étoient au Roi; elles étoient chargées de munitions de guerre & de bouche pour les magazins des Isles, avec une quantité considerable d'armes & d'habits pour les soldats. Il y avoit encore

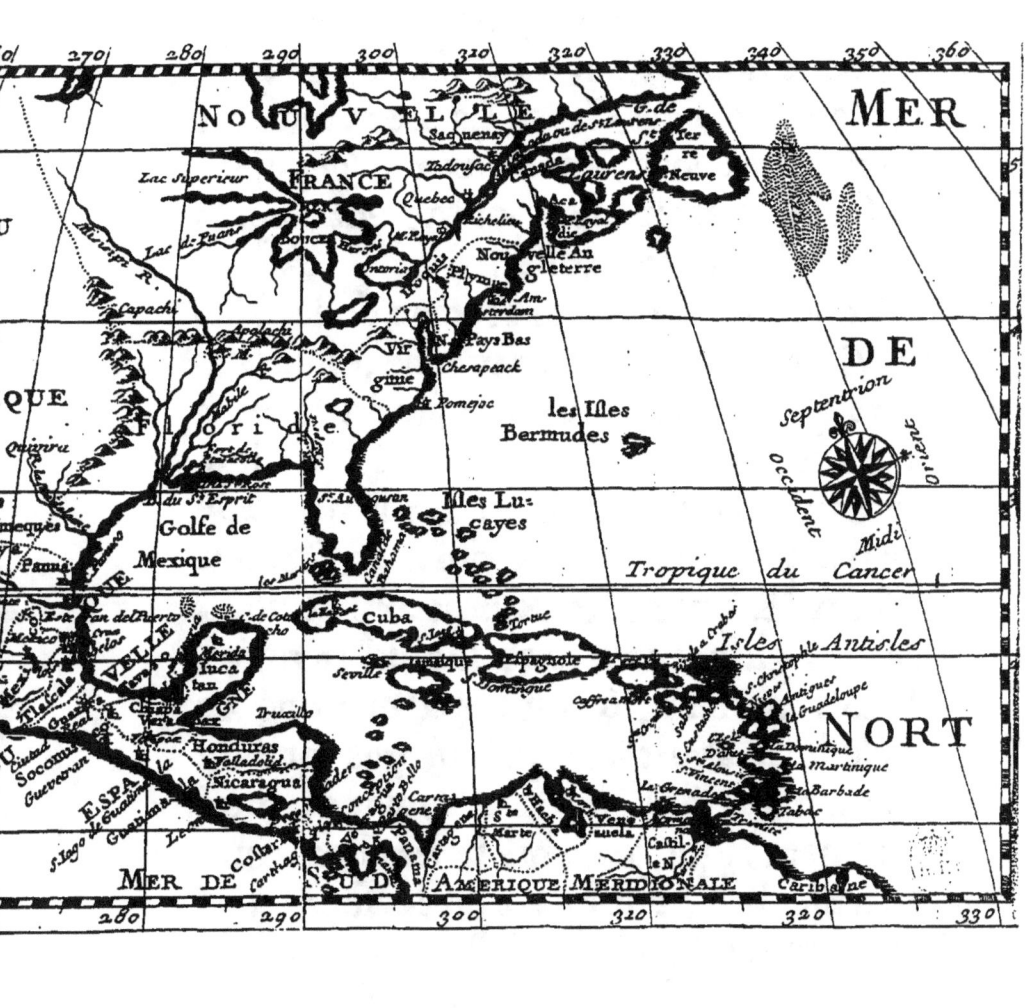

core une autre Flutte du Roi destinée pour Cayenne. Deux Vaisseaux marchands devoient passer le détroit, trois autres alloient en Guinée, & le reste à la Martinique & à la Guadeloupe.

Le 6. de Decembre, nos Pilotes jugerent que nous étions à 60 lieuës au large, par le travers des Caps. La mer étoit fort grosse. Les deux Vaisseaux qui devoient passer le détroit nous quitterent, après avoir salué nôtre Amiral.

Le 8. jour de la Conception de la sainte Vierge, le P. Holley prêcha; il dit d'abord qu'il ne vouloit point perdre le tems à prouver que la Conception de la Vierge avoit été immaculée, étant persuadé qu'il n'y avoit personne qui n'en fût convaincu, & qui ne fût soûmis à la décision que l'Eglise avoit faite sur ce mystere. J'étois present, & on remarqua que ce prélude m'avoit choqué. Après que le Sermon fut fini, on me demanda mon sentiment, que je ne me fis pas beaucoup prier de dire, puisque c'est le sentiment commun de l'Ecole de S. Thomas. Je dis donc au P. Holley qu'il auroit été très à propos qu'il eût prouvé ce qu'il avoit supposé être crû de tout le monde, & qu'il eût rapporté la décision de l'Eglise sur cet article, puisque jusqu'à present

1693. elle n'a rien déterminé sur cette matiere, & qu'elle s'est contentée d'imposer silence à ceux qui disputoient sur cela, & se traitoient réciproquement d'heretiques. J'allois m'étendre sur la matiere malgré ma foiblesse, quand on vint avertir M. de la Heronniere que nôtre Amiral faisoit un signal. Cela sépara la compagnie, & fit remettre la dispute à une autre fois.

Le signal étoit pour ordonner à la Corvette d'aller reconnoître une voile qui paroissoit. Elle étoit très-bonne voiliere, mais le Vaisseau qui étoit à près de quatre lieuës au vent le retint toûjours sans s'approcher de la flotte en chassant la Corvette comme on l'esperoit; ce qui fit que l'Amiral tira un coup de canon pour la rappeller, & remit en route.

Mort d'un Missionnaire.

Le 10. nous approchâmes de la Tranquille à la portée de la voix, nous sçûmes que le P. Seré étoit mort le jour precedent, & que les trois coups de canon qu'on avoit tirez étoient pour ses funerailles. Nos Peres s'informerent de l'état de ma santé. Nos Officiers qui m'avoient empêché de me faire voir, leur dirent que j'étois gueri de tous maux; & par cette réponse équivoque leur firent croire que j'étois mort; il y a apparence qu'ils prierent Dieu pour le repos de mon ame.

Françoises de l'Amerique. 27

1693.

Le même jour nôtre Capitaine fit mettre le canot à la mer, & fut dîner à bord de l'Opiniâtre avec deux de nos passagers. En revenant sur le soir, ils penserent se perdre ; il survint tout à coup une bruine si épaisse qu'ils ne pouvoient découvrir le Vaisseau, ils le trouverent enfin à la faveur des coups de canon que nous tirions de moment à autre. Presqu'aussi tôt qu'ils furent embarquez il s'éleva un vent terrible qui dura toute la nuit, & presque tout le lendemain avec la même bruine, les Vaisseaux furent obligez de mettre des fanaux, & de tirer du canon de peur de s'approcher les uns des autres, & de s'aborder.

Tempête qui sépare la flotte.

Le Samedi 12. le beau tems étant revenu, nôtre flotte dispersée se réünit à la réserve de nôtre Amiral, qui ne se trouva plus. Nous crûmes qu'il étoit allé à Madere dont nous n'étions pas fort éloignez, les vents de sur-Oüest nous y ayant portez ; mais comme nous avions ordre de ne point nous écarter de nôtre route nous la poursuivîmes, & nôtre Capitaine devint l'Amiral de toute la flotte.

Le Dimanche au point du jour nous découvrîmes deux Bâtimens. L'un étoit au vent de toute la flotte, & l'autre un peu sous le vent : on n'eût pas de peine à com-

B ij

noître qu'ils étoient Saltins ; ils pouvoient avoir dix-huit ou vingt canons. On fit le signal à un Vaisseau marchand qui avoit vingt-huit pieces de chasser celui qui étoit sous le vent, pendant que nous chassions l'autre ; mais comme il étoit plus leger que nous & qu'il avoit l'avantage du vent, il le conserva toûjours & nous obligea ainsi de remettre à la route, après avoir rappellé le Vaisseau marchand qui n'avoit pû s'approcher de celui qu'il chassoit. Nous les vîmes ensemble tout le lendemain au vent, ils parurent encore le 15. nous les perdîmes de vûë sur le midi.

Le même jour les trois Vaisseaux de Guinée, & la Flutte qui alloit à Cayenne nous quitterent. Le vent qui devint bon nous fit porter à nôtre veritable route, ce qui mit la joye dans toute la flotte.

Le beau tems dont nous joüissions, & les bons traitemens que je recevois de M. de la Heronniere, me remirent promptement en une santé parfaite ; il ne me restoit plus d'une si grande maladie que la foiblesse. Nôtre équipage & les passagers étoient très-contens du Capitaine. Il aimoit la paix & la joye, & il avoit un soin tout particulier que les sains & les malades fussent bien traitez. Nous étions douze à sa table parfaitement bien servie, & avec beaucoup de propreté. Dès le premier jour il nous marqua nos places, & nous pria de ne les point changer, afin que les domestiques nous rendissent toûjours les mêmes serviettes que l'on changeoit deux fois la semaine. Il avertit tous ceux qui mangeoient à sa table, d'avoir pour les quatre Ecclésiastiques qui étoient dans le vaisseau, tout le respect & toute la déférence possible. Il recommanda très-fort la même chose à l'équipage. Le P. Holley & moi étions assis à l'arriere du vaisseau entre le Capitaine & le Lieutenant. L'Aumônier & mon compagnon vis-à-vis de nous étoient entre l'Ecrivain & le Chirurgien Major, quatre passagers remplissoient les deux bouts de la table ; c'étoient Messieurs Roy Capitaine de Milice de la Martinique, Kercoue Capitaine de Flibustiers, Ravari & Gagni Lieutenans dans les Compagnies Franches de la Marine.

L'on faisoit la priere assez matin, après laquelle les jours ordinaires, l'Aumônier ou mon compagnon disoit la Messe. Les Dimanches & les Fêtes nous la disions tous quatre quand le temps le permettoit. Aussi-tôt que la Messe étoit finie, on se mettoit à table pour déjeuner. On servoit

Repas dans le Vaisseau.

ordinairement un jambon, ou un pâté avec un ragoust, ou une fricassée, du beure & du fromage, & sur tout de très-bon vin, & du pain frais matin & soir. L'on dînoit après que les Pilotes avoient pris hauteur, c'est-à-dire, après qu'ils avoient observé la hauteur du soleil à midi, ce qui fait connoître la hauteur du pole du lieu où l'on est arrivé. Le dîner étoit composé d'un grand potage avec le boüilli qui étoit toûjours d'une volaille, une poitrine de bœuf d'Irlande, du petit salé, & du mouton ou du veau frais, accompagné d'une fricassée de poulets, ou autre chose. On levoit ces trois plats, & on mettoit à leur place un plat de roti, deux ragouts & deux salades ; pour le dessert nous avions du fromage, quelques compotes, des fruits crus, des marrons & des confitures. On sera peut-être surpris que je marque tous les jours des salades, mais on cessera de l'être quand on sçaura que nous avions bonne provision de bete-raves, de pourpier, de cresson, & de cornichons confits, & deux grandes caisses remplies de chicorée sauvage en terre, qui étoient gardées jour & nuit par un sentinelle, de peur que les rats & les matelots n'y fissent du dommage. Quand nous eûmes mangé une de nos caisses, nous y semâmes des graines de laituës & de raves que nous eûmes le plaisir de voir croître & de manger avant d'arriver à la Martinique. Ce fut ainsi que nous eûmes toûjours de la salade, rafraîchissement qui n'est pas indifferent dans les voyages de long cours.

Le souper étoit à peu près comme le diner ; une grande soupe avec une poule dessus, deux plats de roti, deux ragousts, deux salades & le dessert ; & comme nous étions bien pourvûs de liqueurs on ne les égargnoit pas. Nôtre Capitaine en avoit deux caisses de 24. flacons chacune. Il s'apperçût un jour que son Maître d'Hôtel en fermoit une dont on s'étoit servi, & en emportoit la clef, il l'appella, & ayant fait ouvrir ses deux caves, il en jetta les clefs à la mer, en disant qu'il vouloit que ses liqueurs fussent à la discretion de tous ceux qui mangeoient à sa table, & que la précaution de les enfermer étoit inutile, puisque personne qu'eux n'entroit dans la chambre. Un si bel exemple fut aussi tôt suivi de tout le monde, nous ouvrîmes nos caves, & en jettâmes les clefs à la mer : il n'y eut que l'Ecrivain qui s'en exempta sous de mauvais pretextes ; mais outre que son œconomie l'exposa à une raillerie, qui recommençoit à tous les repas, nos jeunes gens trouverent moyen d'ouvrir sa cave, & de remplir ses flacons d'eau de mer, après en avoir distribué les liqueurs à l'équipage. J'avois achepté un Jeu d'échecs à la Rochelle. Monsieur Roy qui y joüoit un peu, me pria d'achever de le lui apprendre, les autres voulurent aussi y joüer ; de sorte que pour contenter tout le monde, le Charpentier fut obligé d'en faire comme il put deux autres jeux, & moi d'en tenir école dans les heures de nos récréations après le repas. Les jeux de cartes étoient bannis de nôtre petite république. Le Chef ne les aimoit pas, & vouloit éviter les disputes qui arrivent ordinairement, & qui auroient pû troubler la paix dont nous joüissions.

Mais le jeu d'échecs ne fut pas la seule école que je fus obligé de tenir. Monsieur de la Heronniere m'ayant trouvé un jour à la Sainte Barbe, où je donnois quelque leçon de Geometrie aux Pilotes, me pria de lui en enseigner les principes : je le fis avec plaisir le reste du voyage, & je le mis en état d'étudier sans maître quand nous nous quittâmes. Messieurs Roy & de Kercoüe étudioient aussi de maniere que la journée étoit toûjours trop courte pour les differentes occupa-

tions qui la partageoient. Car quoique 1593.
je me levaſſe au point du jour, l'heure du
dîner étoit arrivée avant que je m'en fuſſe
apperçû : la Priere, le Bréviaire, la Meſſe,
le déjeuner, un peu de promenade ſur le
gaillard, la lecture, la leçon de Géometrie m'occupoient ſucceſſivement ce
temps-là. On joüoit une heure & quelquefois davantage après dîner, je faiſois
enſuite le Catéchiſme aux Mouſſes & aux
Matelots. L'Aumônier ayant bien voulu
ſe décharger de ce ſoin ſur moi depuis
que j'avois recouvré ma ſanté, l'heure du
Bréviaire, de la leçon de Géometrie, & la
lecture nous entretenoient juſqu'à la
Priére commune. On ſe promenoit pendant le ſouper de l'Equipage, nous ſoupions enſuite, puis on joüoit aux échecs,
ou bien nous allions ſur le gaillard voir
danſer les Matelots. C'étoit ainſi que
nous paſſions le temps juſqu'à la Priére
qu'on fait avant de changer le quart,
après quoi quand nôtre Capitaine n'étoit
point de quart nous allions nous repoſer;
car quand il le faiſoit nous lui tenions
compagnie pendant une couple d'heures
qui n'étoient pas mal employées, & toûjours accompagnées de chocolat ou d'autres choſes ſemblables.

Le Vendrédi jour de Noël, le P. Holley

dit la Messe de Minuit, Monsieur de la Heronniere, tous ceux de la chambre, beaucoup de Matelots & Passagers y communierent, après quoi il y eut un grand déjeuner. Je dis la Messe du point du jour, mon Compagnon la dit après moi, & l'Aumônier fut reservé pour la grande que nous chantâmes avec presque autant de solennité que dans une Cathédrale. Je prêchai après Vêpres. Nous nous étions partagés entre nous trois passagers les Fêtes & les Dimanches afin de prêcher tour à tour pour soulager l'Aumônier, & exercer nôtre ministere.

Nos Pilotes trouverent par leur hauteur que nous étions sous le tropique du Cancer. La solennité du jour fit remettre au lendemain la cérémonie du Baptême.

Baptême sous le Tropique. On la fit le Samedi après midi. Nôtre premier Pilote grotesquement habillé avec une grande épée de bois à la main, & une carte marine devant lui, environné de douze ou quinze de ses Officiers ajustés comme lui, nous envoya sommer de comparoître devant son Tribunal. Après bien des cérémonies, entre le P. Holley & moi, à qui passeroit le premier, le sort décida que ce seroit lui. Il eut pour parain Monsieur de la Heronniere. Après qu'il fut de retour on me vint chercher.

Le Capitaine voulut encore être mon parain. Je trouvai le Pilote avec son cortege assis sur une espece de thrône couvert de peaux de moutons; il avoit ses Officiers à ses côtez, & particulierement son Secretaire qui enregistroit les présens que l'on faisoit après avoir été baptizé. Il y avoit devant lui une grande cuve pleine d'eau de mer avec une pince de fer appuyée sur les bords : ce fut sur cette pince qu'on me fit asseoir ; & après m'avoir fait mettre la main sur la carte marine que le Pilote tenoit, on me fit promettre de faire executer cette cérémonie de tout mon pouvoir à ceux qui passeroient le tropique une autre fois avec moi. Quand j'eus fait la promesse, le Pilote se leva gravement, & demanda à mon parain quel nom il vouloit me donner. Je fus nommé le Prescheur. C'est un rocher qui represente un Prédicateur en chaire, qui en a donné le nom à un quartier considérable de la Martinique. Alors le Pilote s'approcha de moi, il prit de l'eau dans une tasse d'argent, & m'en mit au front avec le bout du doigt, après quoi s'étant remis sur son thrône, il me demanda ce que je donnerois à la compagnie. Je donnai trois écus pour mon compagnon & pour moi, avec un barillet d'environ six pots d'eau-de-vie dont je m'étois pourvû à la Rochelle pour cette occasion. On me ramena en cérémonie sur le gaillard. Mon compagnon fut conduit ensuite, le Lieutenant lui servoit de parain, on le traita comme on m'avoit traité, & on le ramena avec la même civilité.

L'Ecrivain qui devoit passer après nous, faisoit tous ses efforts pour s'en exempter, comme il s'étoit exempté de jetter à la mer les clefs de sa cave ; mais il fallut marcher. Le sieur Kercoue Capitaine Flibustier qui passoit avec nous, fut son parain. Il vit bien qu'il alloit être lavé depuis les pieds jusqu'à la tête ; il voulut composer quand il fut sur la pince, on lui répondit qu'on s'en remettoit à sa générosité. Il fut nommé le Morne aux Bœufs : c'est une montagne de la Martinique avec laquelle il simpatisoit assez par sa grosseur & par sa physionomie bestiale. Le Pilote descendit de son Tribunal, & au lieu de lui jetter l'eau de sa tasse sur la tête, il la lui jetta dans les yeux, ce qui ayant obligé le pauvre Ecrivain à lâcher la main dont il tenoit la pince pour la porter à son visage, la pince fut retirée dans le moment, & lui poussé dans la cuve avec tant de justesse qu'on ne lui voyoit que la tête & les pieds, tout le corps étant sous l'eau. Il en reçut dans cet état un deluge, parceque la grande hune, les haubans, les bords du Vaisseau & la chalouppe contre laquelle la cuve étoit appuyée, étoient remplis de Matelots avec des seaux pleins d'eau dont ils le laverent pendant plus d'un quart d'heure. Il crioit cependant, & juroit comme un desesperé ; plus il juroit, & plus le Pilote ordonnoit de le baptiser ; au bout de tout cela il fallut promettre quatre flacons d'eau-de-vie, sans quoi je pense qu'on l'auroit baptizé jusqu'à la Martinique ; parce que comme il n'étoit aimé de personne, on ne se mettoit point en peine de demander grace pour lui.

Le Chirurgien Major qui vint après lui, fut nommé la Montagne Pelée; nom qui convenoit très-bien à sa tête & à la mauvaise perruque dont elle étoit ornée. Il fut à peu près lavé comme l'Ecrivain. Le second Chirurgien le fut un peu moins, peut-être parce que les Matelots vouloient prendre haleine pour laver comme il falloit le Commis du fond de calle & le maître Valet. Le reste de la journée se passa à ce divertissement, où à la fin tout le monde se trouva lavé, excepté nous autres qui nous retirâmes de bonne heure dans la chambre, de crainte d'attraper nôtre part de l'eau que l'on jettoit de tous côtez.

C'est une pratique très-ancienne sur la mer qui autorise cette cérémonie dont on ne sçait point au vrai l'origine. Pour moi je croi qu'elle a été établie par les Pilotes, moins pour faire souvenir ceux qu'on baptise, du passage de la Ligne ou du Tropique, que pour se procurer quelque gratification. A present que l'usage en est établi il faut s'y soumettre sans resistance, & sans en chercher les raisons, c'est le plus sûr. Quand un Navire passe pour la premiere fois la Ligne ou le Tropique, c'est au Capitaine à payer son baptême, autrement l'équipage a droit de scier l'éperon.

Le Dimanche 27. nous eûmes sur le soir un coup de vent fort violent qui dura jusqu'à minuit. Il dispersa toute nôtre flotte.

Coup de vent qui sépare la flotte. Le Lundi nos bâtimens se réunirent à la reserve de trois Vaisseaux qui ne parurent point, c'étoit deux marchands & la Flutte du Roy la Tranquille. Nous crûmes qu'ils avoient fait servir leurs voiles, & qu'ils avoient pris le devant. Cela se trouva vrai à l'égard des deux marchands, mais nous reconnûmes le lendemain que nous nous étions trompés au sujet de la Tranquille, car nous l'apperçûmes au point du jour fort loin sous le vent, ayant un pavillon rouge au grand mast. Comme c'étoit le signal pour demander du secours, on fit aussi-tôt signal à toute la flotte d'arriver sur elle. Nous la joignîmes sur les neuf heures ; nous sçûmes que pendant le coup de vent du 27. ils avoient reçû un coup de mer si furieux qu'il avoit emporté son gouvernail. On y envoya nos Charpentiers qui virent avec étonnement que la mer avoit emporté non seulement le gouvernail, mais encore toute la ferrure qui le tient attaché au Vaisseau. On regarda comme un miracle que l'arriere du Vaisseau ne se fût pas ouvert par la violence qui avoit été necessaire pour arracher cette ferrure. On fit chercher dans toute la flotte des ferrures pour reparer ce dommage ; mais il fut impossible d'en trouver qui y fussent entierement propres. On passa à la cappe le reste de la journée à faire un gouvernail leger que l'on attacha comme l'on pût, & ce pauvre Vaisseau fut obligé de se servir de son artimon pour aider à la foiblesse de son gouvernail.

La Tranquille perd son gouvernail.

1693.

Le 30. nous eûmes le commencement d'un calme qui dura près de douze jours. Comme il faisoit fort chaud nos Matelots se baignoient. C'étoit une scene continuelle de voir les sauts & les gambades qu'ils faisoient. A la fin Monsieur de la Heronniere fut obligé de deffendre ce divertissement parce qu'on vit un Requien, qui fit conjecturer qu'il n'étoit pas seul dans ce parage, & qu'il pourroit bien en coûter la vie à quelques-uns de nos acteurs.

1694. Janvier.

Le Vendredi premier jour de l'année 1694. nous fûmes dès le matin saluer nôtre Capitaine, & lui souhaiter la bonne année. Les Vaisseaux de nôtre flotte le saluerent de leur artillerie. Il fit tirer quinze coups de canon pour les remercier tous à la fois. La plûpart des Capitaines vinrent à bord, ils y entendirent la Messe, & on les retint à dîner. Nos Matelots avoient pris des Dorades & d'autres poissons que Monsieur de la Heronniere leur payoit toûjours fort genereusement.

Le lendemain nôtre Capitaine nous donna son Canot pour nous porter à bord de la Tranquille ; il est impossible d'exprimer la surprise où le Capitaine & nos Peres se trouverent quand ils me virent; ils me croyoient morts depuis 1694. un mois, la joye de nous revoir fut grande, nous paſsâmes toute la journée fort agréablement ; ſur le ſoir le Canot nous vint chercher, il apporta un billet de Monſieur de la Heronniere qui prioit le Capitaine, & nos Peres de venir diner chez lui le jour ſuivant.

Le Dimanche Monſieur Chevalier & nos Peres ne manquerent pas de venir à nôtre bord, ils y paſſerent la journée, on leur fit grand chere, en s'en retournant Monſieur de la Heronniere les pria de venir faire les Rois avec nous, ſi le temps le permettoit.

Le Mardi 5. veille des Rois, où l'on a accoutumé de couper le gâteau, le Capitaine de la Tranquille ſe rendit à bord avec nos Peres. Il y vint auſſi d'autres Capitaines & des paſſagers que Monſieur de la Heronniere avoit invitez, de ſorte que nous nous trouvâmes vingt-quatre perſonnes. On fit la priere du ſoir de bonne heure, nous nous partageâmes en deux tables ſous la tente qui étoit ſur le gaillard. On tira le gâteau avec les cérémonies ordinaires, la féve échût à nôtre Capitaine. Auſſi-toſt Monſieur Chevalier & les Capitaines Marchands envoyerent une chalouppe

Fête des Rois célebrée ſur la route.

à leurs Vaisseaux pour leur ordonner de saluër cette Royauté quand on leur donneroit le signal ; de sorte qu'un quart d'heure après tous ces Messieurs s'étant levez pour boire à la santé du nouveau Roi, nous fûmes surpris d'entendre un coup de boëte qui partoit d'une des chalouppes qui étoient à l'arriere de nôtre Vaisseau ; ce signal fut suivie des décharges du canon des Vaisseaux qui avoient été avertis, ausquels le nôtre ne manqua pas de répondre.

Le beau temps & la bonne chere invitoient à la joye. Monsieur de la Heronniere fit doubler la ration de vin à tout l'équipage, & fit donner quinze ou vingt pots de son eau-de-vie à ses gens & aux équipages des chaloppes dont les Capitaines étoient à bord ; il fit encore distribuer à ses Officiers Mariniers tout ce qu'on desservoit des deux tables ; de sorte qu'on peut asseurer que jamais Royauté n'a été celebrée sur mer avec plus de joye & plus de pompe. Les canonades accompagnoient les santez ; & comme il s'en buvoit beaucoup, on consomma beaucoup de poudre. Nous nous retirâmes le Pere Holley & moi sur les dix heures afin d'être en état de dire la Messe le lendemain, car l'Aumônier crut qu'il étoit de son devoir de faire les honneurs de la maison de son maître; & comme il étoit Breton, & qu'il se trouva parmi les conviez des gens de son pays, ils burent à l'envi la santé de nôtre Capitaine Roi, & la burent si souvent qu'avant la moitié du repas, ils avoient plus besoin de dormir que de boire.

Nos conviez se retirerent chez eux longtemps après minuit, on leur fit une décharge de canon quand ils partirent, à laquelle ils ne manquerent pas de répondre quand ils furent arrivez à leurs bords, ce qui mit fin à la cérémonie.

Le Mercredi jour des Rois nous dîmes la Messe le Pere Holley & moi assez tard, parce que tout nôtre monde avoit eu besoin de repos après la fatigue de la nuit passée. Nous apprîmes qu'un Soldat de recruë & un Matelot étoient aux fers; le premier pour avoir blessé legerement son camarade d'un coup de coûteau au bras, & le Matelot pour avoir manqué à son quart, & avoir défobéi au quartier-maître. Je voulus demander leur grace, mais Monsieur de la Heronniere m'assura qu'il avoit fait serment de ne pardonner jamais les blasphêmes, &

qu'ils étoient convaincus tous deux d'avoir juré le saint Nom de Dieu ; il me promit cependant qu'il les retireroit des fers dans vingt-quatre heures, mais qu'ils feroient châtiez auparavant.

Le lendemain après la Messe le matelot fut attaché sur un canon, où il reçût quarante-cinq ou cinquante coups de bouts de corde, & le soldat fut condamné à courir la bouline seche.

Comment on fait courir la bouline seche.

On avoit attaché pour cet effet une corde du gaillard d'avant au gaillard d'arriere, on dépoüilla le soldat de son juste-au-corps, & on le lia par le travers du corps avec une corde qui étoit passée dans un anneau de fer qui couloit le long de la corde tenduë ; tout l'équipage étoit des deux côtez de cette corde avec des garsettes à la main : ce sont de petites cordes plattes tressées, dont on se sert pour ferler les voiles ; il devoit courir sept fois de l'avant à l'arriere du Vaisseau, & pendant sa course tous ceux qui étoient armez de garsettes les lui appuyoient sur le corps. Nous demandâmes grace après trois courses, nôtre Capitaine nous l'accorda. Je ne crois pas qu'il eût envie de jurer le reste de la traversée, car ceux qui lui en firent faire pénitence, s'en acquitterent de leur mieux.

Le même jour nos matelots prirent un Requien qui depuis deux ou trois jours ne quittoit point le Vaisseau; on eut assez de peine à le mettre à bord, il avoit plus de dix pieds de long; c'est le même poisson qu'on appelle à la Rochelle un Chien de mer, mais ceux que j'y avois vû n'avoient au plus que deux pieds de longueur; sa peau est rude quand elle est seche, elle ressemble assez au Chagrin; je croi que les Menuisiers s'en servent pour polir leurs ouvrages: il a deux aîsterons à côté, & un autre sur le milieu du dos, sa queuë est large, échancrée en croissant, il a la tête longue, sa gueule est à un bon pied au dessous de l'extremité de son museau, elle est armée de trois rangs de dents fortes, aiguës & tranchantes; c'est un animal vorace, hardi & dangereux, qui dépeupleroit la mer sans la difficulté qu'il a de mordre; car la disposition de sa gueule est cause qu'il faut qu'il se renverse sur le côté pour attraper ce qu'il poursuit, & ce contre-tems donne très souvent le loisir à sa proye de s'échapper. On trouva dans son ventre tout ce qu'on avoit jetté du Vaisseau depuis qu'il nous accompagnoit, jusqu'à un marteau du Charpentier; après avoir bien rodé autour de nous, il s'en approcha à la fin si près, que nos matelots lui jetterent un hameçon gros comme le pouce, attaché à une chaîne de fer & à un bon cordage ; il fut quelque tems à considerer la piece de lard qui couvroit l'hameçon, mais comme il vit qu'on la faisoit remuer comme si on eût voulu la retirer, il se lança dessus & avala l'hameçon avec tant d'avidité, qu'il engloutit en même-tems une partie de la chaîne ; on tira aussi-tôt la corde afin que la pointe de l'hameçon s'acrochât, & ce fut pour lors que nous eûmes bien du plaisir à voir les élans & les efforts qu'il faisoit pour se délivrer ; quand il fut presque hors de l'eau on lui jetta une corde avec un nœud coulant qui le serra à la naissance de la queuë, & avec l'aide des palans on le mit sur le pont, où un matelot lui donna un grand coup de hache sur les vertebres pour l'empêcher de battre aussi furieusement qu'il faisoit sur le pont. On salla quelques morceaux du ventre pour le Vendredi suivant, mais nous ne le trouvâmes pas bon ; je croi que les Dorades, les Germons & les autres poissons que nous avions en abondance nous dégoûterent de celui-là. A nôtre deffaut les matelots s'en accommoderent.

Le Dimanche dixiéme le vent de Nord-est commença à se faire sentir, & comme il y avoit lieu d'esperer qu'il deviendroit plus fort, & qu'il seroit de durée, puisqu'il commençoit avec la pleine Lune, & que nous étions dans les parages, où il se trouve ordinairement, les Capitaines des Vaisseaux marchands vinrent prier M. de la Heronniere de leur permettre de suivre leur route, sans attendre la Tranquille que nous étions obligez de convoyer, alléguant qu'ils commençoient à manquer d'eau, & que le retardement que ce Vaisseau apporteroit à leur voyage, leur seroit d'un grand préjudice. On leur permit de faire ce qu'ils jugeroient à propos ; ils commencerent aussi-tôt à s'éloigner de nous après avoir salué de leur canon.

Avant que nôtre flotte nous quittât il y eut un petit Vaisseau de Nantes qui s'approcha de nous. Le Capitaine étant venu à bord fit present au nôtre d'une Dorade qui avoit plus de sept pieds de long, & le pria en même tems de lui donner un peu d'eau & de bois, son équipage ayant consommé toute la provision qu'il en avoit faite. M. de la Heronniere lui fit donner deux grosses futailles d'eau avec la moitié d'un mou-

48 *Nouveaux Voyages aux Isles*

1694. ton, & lui conseilla de mettre le feu à quatre pieces de canon de bois qu'il avoit, & de ne garder que les deux de fer qui pouvoient être d'une livre de balle. Il falloit que leurs provisions de bois & d'eau fussent bien médiocres, puisqu'ils les avoient consommées en si peu de tems, n'étant que onze personnes. Ce Bâtiment appartenoit à un Marchand nommé Viau.

Figure de la Dorade.

La Dorade est sans contredit le plus beau poisson de la mer; quand il est dans l'eau il paroît couvert d'or sur un fond verd; il a de grands yeux rouges & pleins de feu, il est vif & très-gourmand ; sa chair est blanche, ferme, un peu seche à la verité, mais d'un très-bon goût, elle est meilleure quand elle a été soupoudrée de gros sel pendant cinq ou six heures, que quand on la mange toute fraîche. La Dorade est l'ennemie mortelle des poissons volants, elle les chasse avec une vivacité sans pareille, elle se laisse prendre souvent à leur apparence, car il n'y a qu'à lier deux plumes de poule ou de pigeon à l'hameçon

Poissons volants.

qu'on laisse traîner à l'arriere du Navire. La Dorade qui voit ces deux aîles, croit que c'est un poisson volant, & engloutit l'hameçon qui est couvert d'un

peu

Maniere de Varer les Tortües

Dorade et poissons volans

peu de toile blanche, & se prend ainsi en voulant prendre les autres.

Nous perdîmes de vûë pendant la nuit tous nos Bâtimens, de sorte que nous nous trouvâmes seuls avec nôtre Tranquille, qui ne pouvant gouverner faisoit des chapelles très-souvent, & nous obligeoit d'avoir nos basses voiles ferlées & d'aller seulement avec nos huniers sur le ton. On appelle faire Chapelle quand le Vaisseau vire malgré soi, cela peut arriver ou par l'imprudence du Timonier qui laisse venir le Vaisseau trop au vent, ou parce que le vent saute tout à coup d'un rhumb à un autre, ou parce que le gouvernail est trop foible pour tenir le Vaisseau en sujettion; de quelque maniere que cela arrive, on cargue l'artimon, on manœuvre sur le grand hunier, & ensuite on évante l'artimon pour aider au gouvernail. Quoique cette voile soit la plus petite, elle n'est pas la moins necessaire; son usage est très-ancien, comme nous le voyons dans les Actes des Apôtres chapitre 27. verset 40. & sans elle un Vaisseau qui a un mauvais gouvernail ne pouroit manquer de se perdre.

La Flute la Tranquille étoit très-bonne voiliere. Quand on la prit sur les

Ce que c'est que faire Chapelle.

Hollandois, il y avoit environ deux ans, on avoit crû la rendre excellente en augmentant ses mats & sa voilure ; on se trompa, on en fit une charette qui nous donna bien de l'exercice & retarda beaucoup nôtre arrivée à la Martinique. J'ai vû en 1701. cette pauvre Tranquille échouée & abandonnée au Cap François de Saint Domingue.

Depuis ce jour jusqu'au 26. il ne se passa rien de considerable ; tout nôtre soin étoit de conserver nôtre compagne, de l'attendre, ou de courir après elle tous les matins quand les marées ou les chapelles l'avoient effloté de nous.

Quoique ce retardement augmentât beaucoup la dépense de nôtre Capitaine, il ne diminua rien de son ordinaire ; & quand nous le lui conseillions, il répondoit, qu'il lui suffisoit d'avoir une poule de reste quand il arriveroit aux Isles. Il avoit été autrefois Commissaire en Canada ; une affaire qu'il eut avec quelques Ecclesiastiques de ce pays-là, lui fit perdre son emploi. Le crédit de sa parente Madame de Fromont, mere de Madame la Maréchale de Lorge, lui procura le Commandement de la Loire pour le faire rentrer dans le service de la marine, où son inclination le portoit plus qu'à celui de terre.

J'ai dit cy-devant que nous avions quatre passagers, Messieurs Roy, Kercoue, Ravari, & Gagni. Ce dernier étoit un Gentil-homme Picard, brave & bien né, que la pauvreté avoit réduit à servir dans les Compagnies de la Marine en qualité de Capitaine d'Armes. Une de ses sœurs Religieuse à saint Cir lui avoit enfin procuré une Lieutenance aux Isles, où il étoit venu avec le Marquis de Ragni Gouverneur Général. Quelques difficultez qu'il eut avec M. le Comte de Blemac successeur de M. de Ragni l'obligerent de partir sans congé pour venir porter ses plaintes en Cour ; il fut heureux d'y trouver de la protection, car sans cela il auroit été cassé, & peut-être puni. On accommoda son affaire, il s'en retournoit avec promesse d'être avancé, comme en effet il le fut l'année suivante ; on le fit Capitaine, il est mort au commencement de 1708. étant pour lors Commandant au Port Paix de Saint Domingue.

M. Ravari étoit Creolle de l'Isle Saint Christophle, c'est à-dire, né dans cette Isle ; il étoit entré dans les Compagnies détachées de la marine, aprés que les Anglois eurent chassé les François de cette Isle en 1691. M. de Ragni l'avoit fait Lieutenant sans brevet, sous le bon plaisir de la Cour : il étoit venu en France avec le sieur de Gagni & pour les mêmes raisons ; il s'en retournoit avec un Brevet, & promesse d'être avancé ; on le fit Capitaine deux ans après. Sa Compagnie étoit à S. Christophle en 1702. quand les Anglois nous en chasserent, & lui avoit été arrêté prisonnier contre le droit des gens à Antigues, où le Comte de Gennes Commandant de saint Christophle l'avoit envoyé pour quelque négociation.

Le sieur Kercoue étoit né à Paris, son pere étoit un fameux Teinturier des Gobelins, & sa mere étoit Hollandoise. Il s'étoit échappé de la maison paternelle à l'âge de quinze ans : étant arrivé à Dieppe, il s'engagea pour passer à saint Domingue, où il fut vendu à un Boucanier avec lequel il passa le tems de son engagement. Il fit dans la suite le métier de Boucanier, & puis il alla en course. Il avoit roulé la mer du Sud, & tout le Golphe de Mexique, dont il connoissoit tous les recoins ; il s'étoit trouvé dans les plus fameuses entreprises des Flibustiers François & Anglois qu'il avoit commandez en qualité de Capitaine : enfin s'étant trouvé à la Martinique, il s'étoit amouraché de la fille d'un Confiturier nommé Loüis, & l'avoit épousée. Cet établissement l'avoit engagé à faire un voyage à Paris pour y voir sa famille & s'y faire reconnoître, car il y avoit plus de vingt ans qu'il n'avoit donné de ses nouvelles : il revenoit aux Isles avec des marchandises & des projets pour faire la course. C'étoit un très-brave homme, fort sage, fort sobre, & qui auroit pû passer pour être sans défaut, s'il n'eut point aimé le jeu jusqu'à la fureur.

M. Roy Capitaine de Milice, Creolle de la Martinique, étoit fils de M. Jean Roy premier Capitaine & Doyen du Conseil de la même Isle ; c'étoit un jeune homme plein de cœur, qui avoit fait des merveilles quand les Anglois avoient attaqué la Martinique en 1692. il étoit aimé de tout l'équipage, excepté des mousses qu'il avoit soin de faire fouetter presque tous les jours.

Le Mardi 24. nous eûmes sur le soir un coup de vent qui nous efflota de nôtre chere compagne la Tranquille : la nuit obscure & la grosse mer nous la firent si bien perdre, que le lendemain nous ne la pûmes découvrir. Nous passâmes toute la journée à faire des bordées pour tâcher de la trouver, nous fûmes pendant la nuit à la cappe, tout fut inutile.

CHAPITRE III.

Combat contre un Anglois. Arrivée à la Martinique.

LE Jeudi 28. à la pointe du jour on découvrit un Vaisseau, nous crûmes que c'étoit celui que nous cherchions : grande joie, nous portons sur lui à toutes voiles, nous découvrons la terre en même tems, & on reconnut que c'étoit la Martinique. Nos Pilotes sur tout furent ravis de cette découverte, il y avoit huit jours qu'ils se faisoient à terre, ce qui faisoit penser à bien des gens que nous avions depassé les Isles pendant la nuit. Il est vrai qu'il est très-difficile que cela arrive, mais il n'est pas absolument impossible. J'en dis une fois ma pensée au contre-maître qui étoit un très-bon marinier ; je sçavois qu'il faisoit son journal en secret pour ne pas donner de jalousie aux Pilotes : il m'assura que nous étions en route, mais que les differens bords que nous avions faits pour rejoindre la Tranquille avoient causé du desordre dans l'estime de nos pilotes: il me promit de m'avertir la veille que nous devions découvrir la terre: il n'y avoit pas manqué, car le jour précédent, il m'avoit assuré qu'on la verroit sur le soir ou le lendemain de grand matin, ce qui étoit arrivé.

Nous ne fûmes pas long-tems à reconnoître que nous nous étions trompez au sujet du Bâtiment sur lequel nous chassions: nous vîmes que c'étoit un Vaisseau pour le moins aussi gros que le nôtre, bien frégaté, qui tâchoit de nous gagner le vent; on fit aussi-tôt branfle bas, c'est-à-dire, qu'on fit détendre les lits de l'équipage, qui consistent en des pieces de grosse toile de six pieds de long, sur trois & demi de large, attachez par les quatre coins sous le pont. On prépara le canon, on apporta sur le gaillard plusieurs caisses de fusils que nous portions aux magazins des Isles afin de les joindre aux menuës armes du Vaisseau, & quand tout fut prêt on fit la Priere, & on donna à déjeûner & à dîner tout ensemble à l'équipage, pendant qu'avec toutes nos voiles dehors nous portions sur la terre.

Ce que c'est que faire branfle bas.

1694. Environ à midi, ce Vaisseau nous approcha à la portée du canon : nous connûmes distinctement qu'il étoit de cinquante-quatre pieces, nous crûmes qu'il nous attaqueroit dans le moment ; mais comme il vit du canon entre les ponts & des sabords fermez, il crut que c'étoit une feinte pour l'attirer, & que nôtre Vaisseau étoit un Vaisseau de guerre avec lequel il n'y avoit que des coups à gagner : il vira enfin & fit une grande bordée pour s'éloigner de nous, & voir si nous le chasserions & faire un jugement plus assûré de ce que nous étions, mais nous continuâmes nôtre route avec toutes nos voiles dehors. Il revira sur nous vers les trois heures après midi, & une heure après il se trouva dans nos eaux environ une lieuë à nôtre arriere ; la manœuvre que nous faisions en portant à toutes voiles sur la terre, lui fit connoître que nous avions plus envie de nous sauver que de l'attaquer, ce qui le fit enfin resoudre de nous tâter ; il le pouvoit sur l'heure, cependant il attendit jusqu'à la nuit. Je ne sçai quel fut son motif.

Combat contre un Vaisseau Anglois.

Sur les six heures nous eûmes un grain de pluye qui obligea de serrer les armes sous le gaillard. On fit la Priere & on donna à souper à l'équipage ; nous soupâmes ensuite. Comme nous avions remarqué que depuis près de trois heures ce Vaisseau ne nous avoit point haussé, c'est-à-dire, qu'il ne s'étoit pas plus approché de nous, ce qu'on connoît à la hauteur du Bâtiment qui paroît plus ou moins hors de l'eau, selon qu'il est plus prêt ou plus loin, nous jugeâmes qu'il n'alloit pas mieux que nous, & que conservant toute la nuit nôtre même voilure, nous arriverions au point du jour en lieu de seureté.

Après souper on se mit à joüer aux échecs, la Lune qui n'avoit que trois ou quatre jours ne pouvant nous éclairer beaucoup, avec le tems qui étoit à la pluye, de sorte que nous eûmes bientôt une nuit bien noire. Déja l'équipage commençoit à racommoder ses branles, quand les sentinelles qui étoient à l'arriere crierent, Voile, voile à bord de nous. Le jeu fut abandonné, nous sortîmes de la chambre, & fûmes surpris de voir ce Vaisseau à un quart de portée de canon de nous. On se remit en ordre, & comme nous vîmes qu'il falloit necessairement se battre, on serla les perroquets, & on ne fit servir que les quatre voiles majeures avec l'arti-

1694.

mon. Quelques momens après il nous tira un coup de canon, & crut nous épouvanter en mettant des fanaux à tous ses sabords; il nous en tira trois autres quand il fut presque à nôtre arriere, & toute sa bordée quand il fut par nôtre travers; nous commençâmes alors à faire feu, nos premiers coups furent accompagnez de plusieurs Vive le Roi, pour répondre aux Houra des Anglois. Comme nous portions sur la terre, & qu'il tâchoit de nous la couper, nous fûmes bien-tôt bord à bord. Il reçût dans ce tems là trois coups de canon à l'eau, comme nous le sçûmes depuis de quelques François de la Guadeloupe qu'il avoit pris dans une barque peu de jours auparavant, qui lui avoient appris qu'on nous attendoit, & que le Vaisseau du Roi l'Opiniâtre étoit allé au devant de nous; il nous avoit pris d'abord pour le Vaisseau de guerre, & n'avoit pas jugé à propos de nous attaquer, mais s'étant détrompé par la manœuvre que nous avions faite, il avoit crû pouvoir gagner quelque chose en nous attaquant.

Nous avions quarante-cinq à cinquante hommes à la mousqueterie qui avoient devant eux des piles de fusils tous

Cri des Anglois qui répond à nôtre Vive le Roi.

chargez qui firent un feu si vif & si continuel, qu'en moins de trois quarts-d'heures, ils lui tuerent ou blesserent près de soixante hommes ; cette perte jointe aux trois voyes d'eau qu'il avoit, ralentit beaucoup sa vivacité : il broüilla ses voiles pour nous laisser passer devant lui, nous y passâmes en effet, & si près, que nos grenadiers qui étoient dans les hunes lui tuerent du monde à coups de grenade ; & si nos pieces de dix-huit qui étoient à la sainte Barbe avoient tiré dans ce temps-là, je croi que nous aurions été obligez de pêcher son équipage ; mais nôtre Lieutenant qui commandoit entre les ponts ne sçavoit point son métier, ou s'il le sçavoit, il ne le vouloit pas faire ; car au lieu de faire servir les pieces de la sainte Barbe, & les quatre autres qui étoient entre les ponts, il s'étoit gabionné contre le mât d'artimon, & en avoit laissé faire autant aux matelots qui devoient servir ses canons. M. de la Heronniere surpris qu'on ne faisoit point feu de sa batterie basse, y envoya M. Kercoue qui pensa couper le visage au Lieutenant, l'ayant pris pour un matelot qui s'étoit caché ; il fit joüer nos grosses pieces à stribord, quand l'Anglois après s'être racommo-

C vj

dé, nous voulut tâter de ce côté-là, mais n'y trouvant pas mieux son compte, il éventa ses voiles & se mit de l'avant de nous. Comme nous n'avions point de canon à nôtre avant, nous ne pouvions lui faire du mal, & d'ailleurs nous voulions porter à route, mais il fit une petite bordée & se remit encore entre la terre & nous, jugeant peut-être du mal qu'il nous faisoit par celui qu'il recevoit de nous ; il fut beaucoup mieux reçû qu'il ne l'avoit encore été. Nos gens étoient échauffez par le feu, par le vin qu'on distribuoit, & parce que depuis plus d'une heure & demie qu'on se battoit nous n'avions eu que trois blessez de quelques éclats, si legerement, qu'après le premier appareil ils étoient remontez sur le pont. Nos batteries joüerent par merveilles ; le feu de la mousqueterie ne pouvoit être ni plus vif ni plus continuel. Nous nous batîmes de cette maniere une grosse demie-heure, presque bord à bord ; nous eûmes dans ce temps-là trois autres blessez, beaucoup de boulets en bois ; un de nos canons eut sa volée emportée, nos voiles furent criblées de balles de mousquet & de mitraille, parce que les Anglois voyant le dommage que leur causoit nôtre mousqueterie, nous tiroient des sacs de balles & des paquets de mitraille pour éclaircir nôtre monde; nôtre mât d'artimon fut percé de deux boulets, dont l'un y demeura enchassé. Enfin nous fûmes surpris que le Vaisseau Anglois cessa de tirer : nous crûmes qu'il se préparoit à nous aborder, nous nous préparâmes de nôtre côté à le recevoir. Après quelques momens de relâche toûjours bord à bord, nous recommençâmes nôtre feu plus vivement que jamais; le Capitaine des matelots qu'on appelle Maître dans les Vaisseaux Marchands, qui s'appelloit Beliveau, s'avisa de mettre des pinces de fer dessus les boulets, cela fit un effet admirable en moins de rien ; nôtre ennemi fut entierement desamparé, & si nous avions pû voir l'état où nous l'avions réduit, il est hors de doute que nous l'eussions enlevé si nous l'eussions abordé. C'étoit le desir de tout l'équipage qui crioit sans cesse; Aborde, aborde, mais nôtre Capitaine étoit trop prudent pour risquer un coup de cette importance dans une nuit obscure, où il auroit trop hazardé.

Cependant comme nos voiles ne portoient point, parce qu'elles étoient toutes criblées ; l'Anglois gagna le devant, nous nous apperçûmes un peu trop tard de la raison qui nous rendoit presque immobiles ; pendant qu'on y remedioit, nous presentâmes le côté, & le batîmes à coup de canon dans son arriere pendant un fort long-temps, à la fin il se mit hors de portée, & finit ainsi le combat par une retraite honteuse à un Vaisseau de cinquante-quatre canons, contre une Flute qui n'en avoit que vingt.

Nous avions commencé à nous battre devant le quartier du Macouba, environ à deux lieuës au large, & nous finîmes à la pointe du Prêcheur. Nous étions si proche de terre la derniere fois que l'Anglois se mit entr'elle & nous, que nos boulets y portoient. Il étoit neuf heures quand on tira le premier coup, & nous n'achevâmes de tirer qu'à plus d'une heure après minuit.

Ce Vaisseau comme nous le sçûmes depuis s'appelloit le Chester, il avoit cinquante-quatre canons & deux cens cinquante hommes d'équipage ; il eut trente-sept hommes tuez, & plus de quatre-vingt blessez ; son petit hunier, sa grande vergue & une partie de son gouvernail furent emportez. Il eut comme j'ai dit ci-dessus trois coups de canon à l'eau, toute son arcasse, tous ses hauts, sa chaloupe & son canot furent brisez, de sorte qu'après s'être rajusté comme il pût sous le vent de la Dominique, il eut bien de la peine à retourner à la Barbade, où il porta la nouvelle du combat qu'il avoit soûtenu, comme il disoit, contre un Vaisseau de soixante & douze canons ; on peut juger quel effet produisit dans l'esprit des Anglois la verité de ce combat, qu'ils apprirent peu de jours après par le retour d'un nombre considerable de leurs gens qui avoient été pris par nos corsaires, & qu'on leur renvoya.

Les habitans de la côte avoient pris les armes au bruit de nôtre combat, tout le monde craignoit avec raison que nous ne fussions enlevez, n'étant gueres possible qu'une Flute pût resister à un Vaisseau de guerre de cette force. Peu de tems après que nous eûmes cessé de tirer, on découvrit un canot qui nous hêla, c'est-à-dire, nous appella, & qui vint à bord après qu'il se fut assuré qui nous étions. M. Roy avoit reconnu la voix de celui qui le commandoit, & ceux du canot avoient reconnu la sienne. C'étoit le sieur Louis Coquet Lieutenant de la Compagnie du Prêcheur, qui s'étoit hazardé avec quatre hommes pour découvrir lequel des deux combatans étoit la Loire. Il monta à bord où il fut très-bien reçû ; il renvoya sur le champ son canot à terre qui revint une demie-heure après chargé d'oranges de la Chine & d'autres fruits, accompagné de trois grands canots qui nous apporterent près de soixante habitans bien armez pour aider à nous défendre, si l'Anglois vouloit recommencer le combat. Mais il étoit si content de la réception que nous lui avions faite, qu'il ne voulut plus nous engager à de nouvelles dépenses.

Quelques parens & amis de M. Roy vinrent à bord & nous apporterent des fruits & des poissons. M. Roy le pere nous envoya un grand dîner de poisson, du pain frais & des fruits en quantité, se doutant bien qu'après un combat de quatre heures nous serions occupez à d'autres choses qu'à faire la cuisine. Il avoit raison, la cuisine avoit été brisée de quelques coups de canon, & j'en pouvois parler comme sçavant, puisque descendant dans la fosse aux Lions pour assister un blessé que l'on conduisoit au Chirurgien, l'échelle par laquelle je descendois fut coupée sous mes pieds, & la cuisine qui fut brisée en même-tems me couvrit de ses débris.

A mesure que le jour venoit & que nous nous approchions de la terre, je ne pouvois assez admirer comment on s'étoit venu loger dans cette Isle ; elle ne me paroissoit que comme une montagne affreuse, entre-coupée de précipices : rien ne m'y plaisoit que la verdure qu'on voyoit de toutes parts, ce qui me paroissoit nouveau & agréable, vû la saison où nous étions. Nous découvrîmes peu à peu les maisons, les moulins à sucre, & enfin le Fort Saint Pierre qui ne me parut d'abord que comme une longue file de maisons appliquées au pied de la montagne, parce que je ne distinguois pas encore la distance qui étoit entre la montagne & le bord de la mer.

Il vint beaucoup de Negres à bord, ils n'avoient pour tout habillement qu'un simple caleçon de toile, quelques-uns un bonnet ou un méchant chapeau, beaucoup portoient sur leur dos les marques des coups de foüet qu'ils avoient reçûs : cela excitoit la compassion de ceux qui n'y étoient pas accoûtumez ; mais on s'y fait bien-tôt.

1694.

vûë de la Martinique.

Nous dinâmes de bonne heure, après quoi je me fis razer; je pris un habit neuf avec une chappe noire. Je fis mes petites liberalitez aux Chirurgiens, au Maître d'Hôtel, au Cuisinier, aux Patrons de Chaloupes, & aux Mousses qui m'avoient servis. Je remerciai Monsieur de la Heronniere des bontez qu'il avoit eües pour moi pendant le voyage, & je pris congé de lui.

CHAPITRE IV.

Description du Fort Saint Pierre de la Martinique, & d'une partie de la Cabesterre.

JE descendis à terre le Vendredi 29. Janvier 1694. sur les trois heures après midi, le soixante-troisiéme jour de nôtre embarquement, Monsieur Roi avec quelques passagers & autres gens qui étoient venus à bord, nous accompagnerent. Nous trouvâmes au bord de la mer trois ou quatre de nos compagnons qui étoient arrivez avant nous, nous allâmes tous ensemble à l'Eglise rendre graces à Dieu de nôtre heureux voyage, & ensuite au Couvent, qui en ce temps-là étoit éloigné de l'Eglise d'environ deux cens pas. Le Pere Ignace Cabasson qui étoit Superieur particulier de l'Isle nous reçût avec beaucoup de bonté, il fit faire collation à ces Messieurs qui nous avoient accompagnés, & après quelques momens de conversation, il nous fit ôter nos chappes, dont on ne se sert en ces pays-là que pour prêcher, & nous mena saluer Monsieur du Mets de Goimpy Intendant, Monsieur le Commandeur de Guitaut Lieutenant au Gouvernement general des Isles, & Monsieur de Gabaret Gouverneur particulier de la Martinique. Je fus très-bien receu de ces Messieurs, je leur rendis les lettres que j'avois pour eux, dont la plûpart étoient de leurs parens qui les prioient de me faire plaisir quand l'occasion se présenteroit. Ils me le promirent avec beaucoup de bonté, & m'ont tenu parole, particulierement les deux premiers.

Après ces trois visites, nous allâmes aux Jesuites. Leur maison est hors le Bourg, à l'extrêmité opposée à la nôtre. Nous trouvâmes le Pere Gombault Superieur de leur Mission de la Martinique, qui sortoit avec le R. P. Holley nôtre compagnon de voyage, pour nous venir voir. Nous entrâmes chez eux, & fîmes nos complimens à tous les Jesuites qui s'y trouverent; c'étoit le Pere Moreau leur Superieur general, qui étoit convalescent d'une maladie contagieuse qui regnoit dans le pays, le Pere Farganel Curé de la Paroisse, le Pere Lavaur Curé du Prescheur, le Pere le Breton Missionnaire des Sauvages de S. Vincent, le Pere Lageneste qui avoit soin des Negres de leur Paroisse, qu'on appelloit pour cela le Pere des Négres, & un autre Pere qui mourut peu de jours après. Tous ces Peres nous reçûrent avec une amitié & une cordialité extraordinaire; ils nous firent rafraichir, nous vîmes leur jardin qui étoit beau & bien entretenû, leur maison, leur Chapelle domestique. En revenant nous entrâmes dans l'Eglise Paroissiale de Saint Pierre qu'ils desservent.

Le Pere Dastés s'étant joint à un autre de nos Peres que nous trouvâmes en chemin, je demeurai seul avec le Pere Cabasson. Il me dit que le Pere Martelli qui étoit son parent, lui avoit parlé de moi fort avantageusement, qu'il vouloit être mon ami, & me retenir à la Martinique, où il prieroit nôtre Supérieur

general de me donner une Paroiſſe commode en attendant que je fuſſe accoûtumé à l'air, & qu'on pût faire autre
choſe pour moi ; il me dit auſſi quelque
choſe de l'état de nôtre Miſſion, & des
Religieux qui la compoſoient, & me
donna des avis qu'il jugea neceſſaires
que je fuiviſſe, ſur tout dans un commencement. Nous paſſâmes chez les
Religieux de la Charité qui ſont nos proches voiſins. Leur Superieur general, ou
comme ils diſent, leur Vicaire Provincial,
venoit de mourir. Nous faluâmes le
Frere Médard Larcher, Superieur de leur
Maiſon. Nous eûmes bientoſt fait connoiſſance; il étoit Pariſien, bon Religieux,
& fort actif ; il y avoit quatre autres
Religieux, entre leſquels il y avoit un
Prêtre appellé le Pere Gallican, & deux
très-habiles Chirurgiens, qui ſe nom-
moient les Freres Damien & Coſme
Viard.

En ſortant de chez les Freres de la Charité nous entrâmes chez la veuve du
ſieur le Merle. C'étoit une des plus
anciennes habitantes des Iſles, elle avoit
près de quatre-vingt ans. Elle avoit un
fils Conſeiller au Conſeil Souverain de
l'Iſle, qui étoit marié, & deux ou trois
autres enfans qui paſſoient déja l'âge de

l'être : ses filles nous firent de la limonade avec de petits citrons qui ont l'écorce extrêmement fine, & des oranges de la Chine.

Nous fûmes encore avant de rentrer au Couvent chez Monsieur Pinel, c'étoit un des Capitaines de Milice de l'Isle S. Christophle, qui après la déroute de cette Isle s'étoit retiré avec sa famille, & quelques Esclaves qu'il avoit sauvez à la Martinique. Il avoit pris à rente une portion de nôtre terrain, où il avoit fait bâtir une maison de bois fort propre & fort bien meublée. Car en ce temps-là toutes les maisons étoient de bois, il n'y avoit que celle des Jesuites, & les deux raffineries qui fussent de maçonnerie. Monsieur Pinel étoit pour lors en course, il commandoit une Corvette appellée la Volante, ou communement la Maloüine qui étoit la meilleure voiliere qui fut encore venuë à l'Amerique, où elle a fait un nombre prodigieux de prises. Mademoiselle Pinel, ses enfans & une niéce de son mari, nommée Mademoiselle de Menegault, fille de beaucoup de mérite & de vertu, nous reçûrent parfaitement bien. Monsieur Pinel étoit ami intime de nos Missions, & toute sa famille nous étoit fort attachée.

Je trouvai au Couvent le Pere Charles Chavagnac du Couvent de Limoges, je ne l'avois pas encore vû parce qu'il étoit allé confesser un malade hors du Bourg quand nous étions arrivez. C'étoit un jeune Religieux fort sage & bon Prédicateur, il avoit soin de la Paroisse avec le Pere Cabasson. Il y avoit encore dans le Couvent un autre Religieux de Bretagne appellé le Pere Godefroy Loyer. Nos Superieurs l'avoient envoyé desservir l'Isle de la Grenade que les Capucins avoient abandonnée faute de Religieux ; cette Mission nous appartenoit. Monsieur le Comte de Cerillac qui en étoit proprietaire nous y avoit établis, & quand il fut obligé de vendre cette Isle à la Compagnie de 1664. il nous donna une Terre considerable qu'il s'étoit reservée par son Contrat, appellée le fonds du Grand-pauvre. Nous y avons exercé les fonctions Curiales jusqu'en 1677. que le Gouverneur obligea nos Peres de se retirer, & appella les Capucins en leur place. Comme cette violence ne pouvoit pas aneantir nôtre droit, on y avoit envoyé ce Religieux pour en prendre possession ; mais le Comte de Blenac Gouverneur general des Isles, qui ne nous aimoit pas, obligea le Pere Loyer de se retirer dès que les Capucins furent en état d'y envoyer de leurs Peres. Le Pere Loyer avoit gagné la maladie contagieuse en arrivant de la Grenade, depuis seize ou dix-sept jours il étoit abandonné du Medecin, on l'avoit crû mort quatre ou cinq fois, on avoit creusé sa fosse : cependant il en est revenu, & il a été depuis dans les Missions de Guinée, où il a eu lieu d'exercer son zele, sa charité & sa patience. Le Pere Cabasson nous deffendit d'entrer dans sa chambre, de crainte que nous ne prissions son mal. On appelloit cette maladie le mal de Siam, parce qu'il avoit été apporté à la Martinique par le Vaisseau du Roi l'Oriflamme, qui revenant de Siam avec les débris des établissemens que l'on avoit faits à Merguy & à Bancok avoit touché au Bresil, où il avoit gagné cette maladie qui y faisoit de grands ravages depuis sept ou huit ans. Ce Vaisseau périt en retournant en France. Les symptômes de cette maladie étoient autant differens que l'étoient les tempéramens de ceux qui en étoient attaquez, ou les causes qui la pouvoient produire. Ordinairement elle commençoit par un grand mal de tête

&

& de reins, qui étoit suivie tantôt d'une 1694. grosse fiévre, & tantôt d'une fiévre interne qui ne se manifestoit point au dehors.

Souvent il survenoit un débordement de sang par tous les conduits du corps, même par les pores, quelquefois on rendoit des paquets de vers de differentes grandeurs & couleurs, par haut & par bas; il paroissoit à quelques-uns des bubons sous les aisselles & aux aisnes, les uns pleins de sang caillé noir & puant, & les autres pleins de vers. Ce que cette maladie avoit de commode, c'est qu'elle emportoit les gens en fort peu de temps; six ou sept jours tout au plus terminoient l'affaire. Le Pere Loyer est le seul de ma connoissance qui l'ait porté jusqu'à trente-deux jours, & qui en soit gueri, & je n'ai connu que deux personnes qui en soient mortes après l'avoir soufferte pendant quinze jours.

Il est arrivé à quelques personnes qui ne se sentoient qu'un peu de mal de tête de tomber mortes dans les ruës, où elles se promenoient pour prendre l'air, & presque tous avoient la chair aussi noire & aussi pourrie un quart d'heure après qu'ils étoient expirés

Accidens du mal de Siam.

que s'ils eussent été morts depuis quatre ou cinq jours. Les Anglois que nos Flibustiers prenoient tous les jours, porterent cette maladie dans leurs Isles, elle se communiqua de la même façon chez les Espagnols & chez les Hollandois : elle faisoit encore de grands ravages lors que je partis des Isles en 1705. J'en ai été attaqué deux fois, j'en fus quitte la premiere fois après quatre jours de fiévre & de vomissement de sang, mais la seconde fois je fus pendant six ou sept jours en danger.

Le Bourg ou Ville de saint Pierre prend son nom de celui d'un Fort qui fut bâti en 1665. par M. de Clodoré, Gouverneur de la Martinique pour le Roi, sous l'autorité de la seconde Compagnie qui étoit proprietaire de toutes les Antilles. On le fit plûtôt pour réprimer les frequentes séditions que les habitans faisoient contre la Compagnie, que pour resister aux efforts d'une armée ennemie. C'est un quarré long, dont un des longs côtez est sur le bord de la mer ; il est percé de plusieurs embrazures pour le canon, il défend la rade. Le côté opposé est sur la place d'armes, il est flanqué de deux tours rondes avec des embrazures pour mettre quatre canons à

Plan du Bourg de S. Pierre comme il étoit en 1660.

Plan comme il est à present.

chacune, la muraille qui joint ces tours est toute percée de meurtrieres, sans fossé, chemin couvert ni pallissades ; un des petits côtez qui regarde l'Ouest, est lavé par la riviere de Roxelane, qu'on appelle à present la riviere de saint Pierre, ou la riviere du Fort ; il y a quelques canons sur ce côté-là qui battent dans la rade. La porte du Fort est dans le côté qui regarde l'Est, elle est couverte par une longue cour murée du côté de la mer avec des meurtrieres, & pallissadée du côté de la place ; le côté de la cour opposé à la porte du Fort est occupé par un Corps de garde, une Chapelle, & un petit logement pour le Chapelain, s'il y en avoit un, mais il n'y en a jamais eu. Ce Fort est commandé de tous les côtez, excepté de celui de la mer. L'ouragan qui arriva en 1695. avec la grosse mer qui l'accompagna, emporterent la moitié du côté qui regarde la mer avec la batterie de l'angle à côté de la riviere. On s'est contenté de relever le mur, & de faire une plateforme sur l'angle au lieu des bâtimens qui y étoient, qui servoient en partie de logement au Gouverneur général, quand il y venoit demeurer. La place d'armes qui est devant le Fort peut avoir

Plan de la Forteresse.

D ij

cinquante toises en quarré. Le Fort comme je viens de dire, fait un des côtez, les trois autres sont environnez de maisons avec cinq rûës qui y répondent.

Quartier S. Pierre. On peut distinguer ce Bourg en trois quartiers, celui du milieu est proprement celui de S. Pierre, il commence au Fort & à l'Eglise Paroissiale de ce nom, qui est desservie par les Jesuites, & va jusqu'à une côte de la montagne du côté de l'Ouest, où il y a une batterie à barbette de onze canons, qu'on appelle à present la batterie de S. Nicolas, du nom de M. Gabaret Gouverneur de l'Isle, sous le gouvernement duquel elle a été réparée, & augmentée.

Quartier du Moüillage. Depuis cette batterie jusqu'à celle de saint Robert qui est à l'extrêmité du côté de l'Ouest, est le quartier qu'on appelle le Moüillage, parce que tous les vaisseaux moüillent devant ce lieu-là; l'ancrage y est excellent, & les vaisseaux y sont bien plus à couvert & plus en sûreté que devant le Fort saint Pierre. L'Eglise des Jacobins ou Freres Prêcheurs dédiée à Nôtre Dame de bon Port, sert de Paroisse pour ce quartier & pour les habitans qui demeurent sur les mornes; c'est ainsi qu'on appelle les petites montagnes dans les Isles.

Le troisiéme quartier se nomme la Galere ; c'étoit une longue rûë au bord de la mer, qui commençoit au Fort saint Pierre & qui alloit jusqu'à un fortin ou batterie fermée, qui est à l'embouchûre de la riviere des Peres Jesuites. L'ouragan de 1695. a emporté plus de deux cens maisons de ce quartier, n'en aïant laissé que trois ou quatre avec le magazin de la Compagnie de Guinée qui avoit un bon parapet de maçonnerie qui le garentit de la violence de la mer. On commençoit à le rebâtir quand je suis parti des Isles ; il est de la Paroisse des Jesuites ; il y avoit dans les deux Paroisses qui comprennent ces trois quartiers, environ deux mille quatre cens communians & autant de Negres & d'enfans, comprenant dans le premier nombre les soldats & les Flibustiers.

L'Eglise Paroissiale de saint Pierre est de maçonnerie, son portail de pierre de taille est d'ordre dorique, avec un attique qui sert de second ordre. La pierre est taillée assez proprement, mais l'Architecte a fait des fautes considerables dans le dessein. Cette Eglise a cent vingt pieds de longueur sur trente-six de largeur, avec deux Chapelles qui font la croisée ; les autels, les bancs, la chai-

1694.
Quartier de la Galere.

Nombre des habitans des deux Paroisses.

Eglise de Saint Pierre.

1694.
re du Prédicateur sont très-propres, & le Service s'y fait avec beaucoup d'ordre & de modestie. La maison de l'Intendant, du Gouverneur particulier, le Palais de la Justice, la prison, les fours & les magazins de la munition, le Bureau du Domaine du Roi, le Monastere des Ursulines, la rafinerie de Madame la Marquise de Maintenon d'Angennes, & les Marchands les plus considerables sont dans la Paroisse saint Pierre.

Eglise du Moüillage.

Nôtre Eglise conventuelle qui sert de Paroisse pour le Moüillage est aussi de maçonnerie, son portail est rustique, assez simple; elle a quatre-vingt-dix pieds de longueur sur trente pieds de large, avec deux Chapelles de vingt-quatre pieds en quarré qui font la croisée. On a obligation de sa construction aux Officiers des Vaisseaux du Roi, particulierement à M. le Comte de Grancey & à M. de la Clocheterie : quoique ce dernier fut Calviniste, il avoit tant d'affection pour nos Peres & pour la Fabrique de leur Eglise, qu'il alloit lui-même faire travailler ses gens, & ceux qui étoient commandez des autres vaisseaux pour apporter les pierres de taille, le moilon, la chaux, le bois & les autres matériaux nécessaires pour l'édifice. En reconnoissance nos Peres ont fait placer dans l'endroit le plus honorable de l'Eglise, un banc fort propre & fort commode pour les Officiers de la marine à qui ils ont donné aussi le droit de sépulture. L'Eglise est au milieu du cimetiere qui est environné de murailles, & dont la porte répond à la principale rüe du Moüillage : à côté du cimetiere il y avoit une allée d'orangers qui conduisoit à nôtre couvent, éloigné de la rüe d'environ trois cens pas. Cette allée étoit coupée par deux autres, composées de mêmes arbres, qui avoient cent pas de longueur. Le Pas de mesure à la Martinique est de trois pieds & demi de Paris ; c'étoit en ce temps-là toute la largeur de nôtre terrain ; nous l'avons augmenté d'autant en 1700. par l'achat d'une place contiguë à la nôtre qui appartenoit aux heritiers du sieur Lusignan.

Couvent des Jacobins ou Peres blancs.

Ce que vaut le pas à la Martinique.

Le couvent qui étoit au bout de cette allée consistoit en un corps de logis de bois de trente pieds en quarré, qui comprenoit une salle, trois petites chambres & un escalier ; le haut étoit partagé en trois chambres. Derriere le corps de logis & des deux côtez, il y avoit deux bâtimens détachez, l'un servoit de cuisine & de poulailler, & l'autre de refectoire. Au de-là de ces bâtimens il y avoit un quarré de toute la largeur de nôtre terrain, fermé par de doubles allées d'orangers qui renfermoient le jardin potager, dans lequel il y avoit nombre d'orangers de la Chine ; mais ce jardin ne subsistoit plus depuis deux à trois ans; un déluge d'eau qui tombant de la montagne avoit emporté quantité de pierre & de terre, l'avoit entierement couvert, & avoit même rempli le couvent jusqu'à la hauteur de 4. pieds ; de sorte qu'il n'y avoit plus que les orangers de la Chine qui subsistoient : nous trouvâmes seulement un petit jardin potager à côté du couvent avec un datier, des abricotiers de saint Domingue, des poiriers d'avocat, & d'autres arbres, dont je donnerai la description, la culture, l'usage & les qualitez dans un autre endroit.

On peut juger que nous trouvant neuf Religieux dans un si petit couvent, nous n'y étions pas fort à l'aise pour le coucher ; il fallut donc nous accommoder comme dans les vaisseaux pour cette nuit.

Le lendemain matin le P. Cabasson

envoya à nôtre habitation de la Cabesterre les PP. Dastés, Gassot & du Homel. Nous reçûmes ce même matin la visite des RR. PP. Gombault, Holley & Breton Jesuites, & peu après eux celles de M. l'Intendant du Mets & de Messieurs de Guitaut & Gabaret. Le premier m'emmena dîner chez lui avec le P. Martelly, il étoit bien aise de sçavoir de certaines nouvelles de la Cour & de la Ville, dont je lui avois parû assez instruit ; d'ailleurs il avoit connu le P. Martelly pendant qu'il étoit Commissaire des Galeres à Marseille. M. de Guitaut dîna avec nous, & nous pria à dîner pour le lendemain ; il connoissoit la famille du P. Martelly dès le temps qu'il étoit Lieutenant de Roi aux Isles d'Hieres, pendant que le Comte de Guitaut son frere en étoit Gouverneur. Ces Messieurs nous presserent de nous retirer à la Cabesterre où l'air est meilleur, & où nous serions moins en danger de gagner le mal de Siam ; mais comme le P. Martelly s'étoit engagé à prêcher le jour de la Chandeleur, & qu'il falloit tôt ou tard s'accommoder à l'air & assister les malades, nous nous remîmes entierement à la disposition de nos Superieurs. A côté du jardin de M. l'Intendant il y a un Monastere de Religieuses Ursulines, elles prennent des pensionnaires & instruisent toutes les petites filles du Bourg; elles sont sous la direction de Peres Jesuites.

Monastere des Ursulines; son histoire.

Ce Monastere appartenoit autrefois aux Religieuses de nôtre tiers Ordre, il avoit été bâti, & le terrein où il est, acheté par la Mere Marguerite de saint Joseph, Religieuse Professe du Couvent de Toul en Lorraine, qui autorisée par les Supérieurs de l'Ordre, & munie des Lettres Patentes du Roi, données à Paris au mois de Decembre 1653. étoit passée à la Martinique avec trois Novices, dont la Sœur de Clemy qui étoit la premiere, avoit donné quatre mille francs pour sa dot. Cette somme & quelques aumônes qu'elles avoient reçû de la Cour servirent à l'acquisition du terrein où le Monastere fut bâti, à la dépense des bâtimens reguliers, de la Chapelle; & l'œconomie de ces bonnes filles leur fit trouver le moyen d'acheter une petite sucrerie à trois chaudieres avec dix neuf esclaves. La Sœur de Clemy fit Profession, mais celles des deux autres Novices qui étoient les Sœurs Martel & Sanguin, furent differées si long-tems, par les Peres Jesuites, peu instruits des pratiques de nôtre Ordre, & qui avoient pris la direction de ce Monastere, parce que nos Peres ne s'étoient pas trouvez en état d'en prendre soin, & que la Mere Marguerite & la Sœur de Clemy moururent avant que cette affaire fut terminée ; après quoi on notifia à ces deux Novices que les Professes étant mortes, il n'y avoit plus personne qui fut capable de les recevoir à Profession, & qu'ainsi elles devoient quitter l'habit Religieux & sortir du Monastere ; on interposa même l'autorité de M. du Parquet, Seigneur Proprietaire de la Martinique pour les y contraindre, ce qu'elles furent enfin obligées de faire après avoir fait toutes les protestations qu'elles pouvoient & devoient faire contre la violence qu'on exerçoit contre elles. Leur protestation fut reçûë par Villers Notaire de l'Isle, le 4. Juin 1663. Elles avoient porté l'habit de l'Ordre plus de neuf ans, l'ayant reçû à Paris dans nôtre couvent de la ruë saint Honoré, des mains du R. P. Dominique le Brun au mois de Janvier 1654.

Aussi tôt après l'expulsion des Novices, le R. P. la Forcade Supérieur general de nos Missions, se mit en possession du Monastere & des biens qui y étoient attachez, non-seulement comme de biens appartenans à l'Ordre, mais encore comme Procureur spécial de nos Religieuses de Toul, dont la Mere Marguerite étoit Professe, en attendant qu'il fut arrivé de France des Religieuses pour remplacer celles qui étoient mortes. Mais les Religieuses de Toul ne s'étant pas trouvées en état d'en envoyer, elles firent une cession de tous les biens du Monastere à nos Missions.

Nonobstant la cession & la possession où nous étions de ces biens, les Peres Jesuites firent nommer des Hospitalieres de Dieppe pour venir prendre la place de nos Sœurs. Nous nous y opposâmes, on plaida, & le Procureur qu'elles avoient constitué fut débouté de ses prétentions par Arrêt du Conseil Superieur de l'Isle du 4. Février 1664. Ce qui n'ayant point rallenti les poursuites des Jesuites, ils appellerent de cet Arrêt au Conseil du Roi, où après bien des contestations, la cession de nos Religieuses de Toul fut annullée, & le Monastere avec tous ses biens meubles & immeubles transferé ou donné aux Ursulines de saint Denis en France. C'est ainsi que nôtre Monastere est tombé entre les mains de ces bonnes Religieuses. On trouvera à la fin de cette premiere Partie, la copie des Lettres Patentes du Roi du mois de Decembre 1653. & l'Arrêt du Conseil d'Etat du Roi, si on me l'envoye assez tôt pour le faire imprimer.

Les Ursulines s'occupent comme faisoient nos Religieuses à l'instruction de la jeunesse de leur sexe. Elles ont reçû à l'habit plusieurs Créolles qui leur ont apporté quatre à cinq mille francs de dot ; de sorte qu'il y a apparence que ce Monastere sera un jour bien riche.

J'appris à mon retour au couvent, que M. Houdin mon ancien camarade de College étoit venu pour me voir. Il y avoit plus de quinze ans que je ne l'avois vû, & je n'eusse jamais crû le trouver aux Isles ; je priai le P. Chavagnac de me conduire chez lui ; nous le trouvâmes à la raffinerie du Moüillage chez son beau-frere M. Dubois. Il étoit aux Isles depuis quelques années, où il avoit suivi son frere aîné & une de ses sœurs, mariée à M. Dubois. Leur frere aîné qui étoit Receveur des Domaines du Roi, venoit de mourir & avoit laissé de grands embarras dans ses comptes ; c'étoit pour les terminer que M. Houdin se trouvoit au Fort saint Pierre ; car sa demeure ordinaire étoit au Fort Royal. Il étoit alors Procureur du Roi, depuis il a eu la Charge de Juge Royal, Civil & Criminel de toute l'Isle ; son mérite personnel, son application à l'étude & à ses devoirs, son intégrité & son desinteressement, lui ont acquis une très-juste réputation. Il étoit veuf quand je le vis, & n'avoit eu que deux enfans, un fils qu'il faisoit étudier & une fille qui a pris le voile & fait profession aux Ursulines de la Martinique. Il s'est depuis marié à une fille d'un très riche habitant, nommé le Boucher, dont la posterité s'est tellement multipliée, qu'en 1704. ce bon homme voyoit cinquante-cinq enfans provenus de son mariage ou de ses enfans.

Le Dimanche trente & uniéme Janvier nous assistâmes aux Offices Divins dans nôtre Eglise. Je fus très-édifié de la dévotion & de l'affluence du peuple. Le P. Chavagnac fit le Prône & l'explication de l'Evangile, & la fit très bien. Nous allâmes le P. Martelly & moi dîner chez M. le Commandeur de Guitaut. Après Vêpres nous allâmes à bord de la Loire saluer M. de la Heronnière ; il nous retint à souper, après qu'il en eût envoyé demander la permission à nôtre Superieur, qui l'accorda volontiers.

1694.

Le lundi premier Février le P. Chavagnac me mena prendre le chocolat chez un de nos voisins, appellé M. Braguez, qui eut l'honnêteté de me prêter un cheval pour accompagner le Pere qui alloit confesser des malades sur les mornes. J'eus beaucoup de plaisir de voir la campagne, & les arbres chargez de fruits & de fleurs. Nous dinâmes chez un habitant qui nous fit manger des perdrix du pays, & des ramiers. Les perdrix sont petites, elles perchent, les rouges sont meilleures que les grises; les ramiers qu'on nous servit étoient fort gras, & avoient un goût de gérofle & de muscade très-agréable; j'en demandai la raison, on me dit, que comme nous étions dans la saison des graines de bois-d'Inde, ces oiseaux s'en nourrissoient & en contractoient l'odeur. On nous servit aussi des ananas & des melons d'eau, les premiers me parurent excellens. J'ai eu plus de peine à m'accoûtumer aux melons d'eau; pour les melons ordinaires rouges & verds, qu'on appelle melons d'Espagne, nous en avions mangé tous les jours depuis

1. Février.

Perdrix & Ramiers des isles.

Melons de plusieurs sortes.

que nous étions arrivez. Ils ont cette bonne qualité qui leur manque en France, qu'on en peut manger tant que l'on veut sans craindre d'en être incommodé. Nous allâmes voir une sucrerie; je vis aussi faire de la cassave & de la farine de manioc. Je parlerai amplement de tout cela dans la suite.

Nous retournâmes au couvent sur le soir. Je fus remercier M. Braguez; lui & son épouse me firent bien des honnêtetez & des offres de service; ils ont toûjours eu beaucoup de bonté pour moi. Ce M. Braguez étoit de Beziers; il avoit un frere Religieux de nôtre Ordre, & qui après avoir servi dans nos Missions près de vingt-cinq ans, avoit été obligé de repasser en France; quoique ce fut un Religieux fort sage, fort sçavant, & fort éclairé dans toutes sortes d'affaires, il n'avoit pû éviter de tomber dans la disgrace du Comte de Blenac, qui avoit enfin obtenu une Lettre de Cachet qui l'appelloit à la Cour. Sa goute & les autres infirmitez qu'il avoit contractées dans les Missions, ne lui permettant plus de vivre dans l'abstinence & l'austerité de nos Provinces réformées de France, il passa avec la permission des Superieurs dans le grand

Le Pere Braguez

Ordre de saint Benoît, où il resta quelques années avec beaucoup de pieté ; mais la froidure du pays augmentant sa goute & ses autres maladies, les Medecins lui conseillerent de retourner aux Isles, où ils prétendoient que la chaleur du climat aideroit à diminuer ses douleurs. Il revint en effet à la Martinique dans le mois de Juin 1698. il fut reçu avec joie de son frere & de sa belle-sœur ; les puissances le virent avec plaisir, & nos Peres même, quoiqu'il ne portât plus leur habit, eurent pour lui la même déference qu'autrefois, & faisoient peu de choses sans prendre son avis. Les Jesuites le prierent d'accepter une Cure qu'ils desservoient au quartier du cul-de-sac à vache près le Fort Royal ; il y fut jusqu'à ce que la goute l'obligea de revenir chez son frere, où je le laissai en 1705. honoré & estimé de de tout le monde..... Je reviens à mon sujet que cette digression m'a fait quitter.

Le mardi jour de la Chandeleur j'assistai à l'Office, je confessai beaucoup de personnes, & je fus très édifié du grand nombre de personnes qui firent leurs devotions. Le P. Martelly fit la Prédication, dont il s'aquitta très bien.

Le lendemain le P. Gaſſot & le P. du Homeel revinrent de la Cabeſterre. Le R. P. Caumels nôtre Vicaire General les envoyoit à la Guadeloupe avec le Frere du Mortier ; il écrivoit au Pere Cabaſſon de nous envoyer inceſſamment le P. Martelly & moi à nôtre habitation, où il diſposeroit de nous. Nous allâmes ſur le ſoir prendre congé de Meſſieurs du Mets, de Guitaut, de Gabaret & de quelques autres perſonnes de nôtre connoiſſance.

Départ du Fort S. Pierre. Le jeudi quatriéme Fevrier nous dîmes la Meſſe de grand matin, & après avoir pris le chocolat, nous montâmes ſur deux mauvais chevaux bien fatiguez & mal harnachez, avec deux Negres pour nous conduire, qui étoient chargez de deux matelats & d'autant de couvertures, ſans quoi nous courions riſque de coucher très-mal où nous allions ; puiſque nôtre maiſon de la Cabeſterre étoit auſſi dénuée de meubles que le couvent du Mouillage où il n'y en avoit point. On compte huit grandes lieuës du Fort ſaint Pierre, au fonds ſaint Jacques où eſt nôtre habitation.

A la ſortie du Bourg ſaint Pierre nous entrâmes dans une belle allée d'orangers qui a un bon quart de lieuë de longueur, qui sepáre l'habitation de Madame la Marquise d'Angennes de celle du sieur le Vassor, Conseiller au Conseil de cette Isle. Je parlerai de cè M. le Vassor dans un autre endroit.

Chemin de la Cabesterre.

Pour Madame la Marquise d'Angennes, elle est fille du sieur Girault, Capitaine de Milice de l'Isle saint Christophle; qui s'étant distingué avec quelques autres Officiers quand on chassa les Anglois de cette Isle en 1666. avoit obtenu des Lettres de Noblesse.

Le Marquis de Maintenon-d'Angennes étant venu aux Isles avec la Fregate du Roi la Sorciere, pour donner chasse aux Forbans qui desoloient tout le commerce : il épousa une des filles du sieur Girault qui étoit d'une beauté achevée : il fut fait ensuite Gouverneur de Mariegalante, mais quelques années après il ceda ce Gouvernement à M. Auger, en faveur du mariage de sa sœur avec ledit sieur Auger; & s'étant retiré sur l'habitation qu'il avoit achetée des heritiers de feu M. le General du Parquet, il y est mort en   laissant deux enfans, le Marquis d'Angennes Capitaine au Regiment de la Couronne, & une fille parfaitement belle qui n'étoit pas encore mariée en 1705. Il y a sur cette habitation plus de trois cens esclaves, deux sucreries; une dont le moulin va par le moyen de l'eau, & l'autre avec des chevaux; une raffinerie dans le Bourg, & une très-belle cacoyere. Au bout de cette allée nous trouvâmes le moulin à eau, j'y entrai pour en voir la disposition. Je ferai dans un autre endroit la description de tous les moulins differents dont on se sert aux Isles, ou dont on pourroit se servir.

Nous vîmes à une demie lieuë plus loin la maison & la cacoyere du sieur Bruneau, Juge Royal de l'Isle. Cette cacoyere & les terres où sont les deux sucreries de ce Juge, avoient appartenu cy-devant à un Juif nommé Benjamin d'Acosta, qui faisoit un très-grand commerce avec les Espagnols, Anglois & Hollandois. Il crût se faire un appui considerable en s'associant avec quelques-unes des puissances des Isles, sous le nom desquels il acheta les terres que possede le sieur Bruneau. Il planta la cacoyere qui est une des premieres qu'on ait faites dans les Isles, & fit bâtir les deux sucreries que l'on voit encore à present. Mais la Compagnie de 1664. ayant peur que le commerce des Juifs ne nuisît au sien, obtint un ordre de la

Benjamin d'Acosta Juif.

Cour pour les chaffer des Ifles ; & les affociez de Benjamin ne firent point de difficulté de le dépoüiller pour fe revêtir de fes dépoüilles.

Après la paix de Rifvick les heritiers de Benjamin d'Acofta, & quelques autres repréfentans eurent permiffion du Roi de venir aux Ifles pour demander ce qui leur étoit dû ; mais leur voyage fut auffi inutile que celui d'un Agent des Hollandois, à qui il eft dû des fommes très-confiderables pour les avances qu'ils ont faites aux habitans dans les commencemens de la Colonie.

La cacoyere du fieur Bruneau eft environnée d'une double haye d'orangers, qui forme une allée qui fe termine à un petit morne affez roide, au haut duquel nous trouvâmes un parapet, compofé de paliffades remplies de terre & de fafcines. Ce parapet couvre une porte qui eft percée dans un petit pan de mur, appuyé d'un côté à la montagne qui eft taillée auffi à plomb qu'un mur, & de l'autre il porte par encorbellement fur un précipice très-roide & très profond. Le chemin eft taillé à mi-côté dans la montagne : il eft encore fermé par deux autres portes comme la premiere, avec des meurtrieres : il eft large de quinze

Réduit de la Martinique.

à seize pieds. On appelle cela le Réduit, où en cas d'une attaque on peut mettre en seureté dans les savanes ou prairies du sieur Bruneau, les bestiaux, les femmes, les enfans, & les meubles des habitans qui font facilement des cases couvertes de cannes pour se loger dans ces occasions.

Ce chemin nous conduisit dans une longue allée d'orangers, aux côtez de laquelle étoient les savanes, les cannes & une des sucreries du Juge. Après que nous eûmes monté un autre petit morne, nous trouvâmes la seconde sucrerie, & à quelques cent pas plus loin, nous entrâmes dans le bois qui dure près de trois lieuës.

La croix du Pere Raymõt Breton.

Nous vîmes au commencement du bois une croix qui avoit été plantée par un de nos premiers Missionnaires, appellé Raymond Breton, de la Province de saint Louis. Les Religieux de cette Province dont le couvent principal est dans la ruë saint Honoré à Paris, ont été les Fondateurs des Missions que nous avons aux Isles, & les Supérieurs generaux & autres en étoient toûjours tirez. Ce bon Religieux accompagnoit

Comment les Jacobins ont eu

les habitans qui alloient combattre les Sauvages pour les chasser de la Cabesterre en 1658. Une autre partie des habitans s'étoit embarquée pour la même expedition, & devoit se rencontrer avec ceux qui alloient par terre au quartier principal des sauvages, que l'on a nommé depuis le Fort sainte Marie, afin de les attaquer en même-tems par terre & par mer. Les Jesuites s'étoient joints à ceux qui étoient embarquez, & ne doutoient point d'y arriver les premiers, & d'avoir l'administration du spirituel de la Cabesterre, parce qu'on étoit convenu qu'elle appartiendroit aux premiers Religieux qui y arriveroient ; cependant ils furent trompez, le vent contraire les retarda, & donna le tems à la troupe du P. Raymond Breton d'arriver à sainte Marie, d'y combattre les Sauvages, de les chasser & d'y planter la croix avant que les Jesuites y pussent mettre pied à terre. C'est ainsi que les Paroisses de la Cabesterre nous sont échuës. J'ai connu un habitant de la Paroisse du Macouba, nommé Jean Grouleau, qui s'étoit trouvé à cette expedition, & qui avoit aidé à faire la croix que l'on avoit plantée à sainte Marie.

Il est bon d'expliquer ici ce qu'on entend dans les Isles par les noms de Cabesterre & de Basse-terre. Cabesterre est

1694.
l'administration du spirituel de la partie de l'Isle appellée la Cabesterre.

Ce que c'est que Cabesterre & Basse-terre.

la partie d'une Isle qui regarde le Levant, & qui est toûjours rafraîchie par les vents alisez qui courent depuis le Nord, jusqu'à l'Est Sudest. La Basse-terre est la partie opposée. Dans celle-ci les vents alisez se font moins sentir, elle est par consequent plus chaude, mais en même temps la mer y est plus unie, plus tranquille, & ainsi plus propre pour le mouillage & pour le chargement des vaisseaux. Les côtes y sont aussi pour l'ordinaire plus basses au contraire des Cabesteres, où les côtes sont hautes, composées pour la plûpart de falaises escarpées où la mer roule sans cesse & se brise avec une impétuosité merveilleuse, parce qu'elle y est continuellement poussée par le vent.

La croix que nous trouvâmes au commencement du bois avoit été plantée dans le lieu où la troupe du Pere Breton avoit passée la premiere nuit, & où il avoit celebré le lendemain la Messe, & communié la plûpart de ceux qui l'accompagnoient.

Je ne pouvois assez admirer la hauteur & la grosseur des arbres de ces forêts particulierement de ceux qu'on appelle Gommiers, à cause d'une gomme blanche & de bonne odeur qu'ils jettent en certaine saison de l'année, ou quand on

Arbres appellés Gommiers.

on leur fait quelque entaille. Je croi que c'est la gomme Elemi ; J'avois tout le loisir de les considerer à mon aise, parce que nos deux Negres qui étoient chargez & nos mauvais chevaux, ne pouvoient pas aller fort vîte, particulierement dans les montées que l'on trouve toûjours jusqu'au morne de la Calebasse, qui est le lieu le plus haut, & le milieu du chemin de la Basse terre à la Cabesterre.

Nous vîmes en passant au Morne rouge l'habitation des Religieux de la Charité ; ils y élevoient des bestiaux & commençoient à planter des Cacoyers & des Roucouyers. Les sieurs Carité & de Lorme avoient aussi des commencemens d'habitation auprès de ces Religieux. Depuis ce temps-là beaucoup de personnes s'y sont placées pour faire du cacao & élever du bétail qui sont deux marchandises de bon débit.

Nous arrivâmes au Morne de la Calebasse un peu avant midi. Le temps beau & serain nous donna le plaisir de découvrir une grande partie de la Cabesterre, qui de cette élevation nous parut un païs plat & uni infiniment plus beau que celui que nous quittions, tout rempli de mornes & de montagnes. On a

Morne de la Calebasse.

Tome I. E

taillé un chemin fort étroit dans ce morne qui est l'unique passage de tout ce côté-là pour aller d'une partie de l'Isle à l'autre, que l'on pourroit garder aisément, & empêcher les ennemis de pénetrer d'un côté, s'ils s'étoient rendus maîtres de l'autre.

Après que nous eûmes descendu la partie la plus rude de ce morne, nous nous reposâmes auprès d'une petite fontaine qui est à la gauche du chemin, nos Negres débriderent nos chevaux, & les laisserent paître le long du bois, pendant qu'ils mangerent leur farine de magnoc avec quelques poissons salez que nous leur avions achetez; nous mangeâmes de nôtre côté les petites provisions que nous avions apportées.

J'avois une extrême envie d'interroger nos Negres sur quantité de choses que je voyois, & dont je souhaittois d'être instruit; mais il fallut me priver de ce plaisir, parce que c'étoient des Negres nouveaux qui ne parloient qu'un langage corrompu, que je n'entendois presque point, auquel cependant on est bien-tôt accoûtumé.

La crainte de trouver des serpens & d'en être mordu, m'empêchoit aussi d'entrer dans le bois pour voir les plantes

qui s'y trouvent. Je fus en peu de temps 1694.
délivré de cette apprehension. Après nous
être reposez à cette fontaine une bonne
heure, nous montâmes à cheval, & continuâmes nôtre chemin sans presser
beaucoup nos chevaux ni nos Negres,
parce que nous comptions de coucher
chez un de nos Religieux Curé de la Paroisse de la grande Ance, dont nous n'é-
tions éloignez que de deux lieuës.

Environ à trois quarts de lieuës de la *Croix* fontaine nous trouvâmes une croix. *du Pere* Nous sçûmes par quelques habitans que *Paul.* nous rencontrâmes que c'étoit le Pere Paul un de nos Missionnaires qui l'avoit fait planter depuis quelques années. Un petit terrein défriché autour de la croix, étoit beni, & servoit de cimetiere pour les Negres Chrétiens de quelques ha- bitations que l'on commençoit dans ce quartier-là.

Un peu plus loin nous descendîmes *Riviere* par un chemin étroit taillé dans la pente *Falaize.* d'une morne à la riviere Falaife. Après que nous l'eûmes passé, nous entrâmes dans une allée d'orangers qui sert de clôture à une cacoyere appartenante à un habitant de la Paroisse de la basse pointe, nommé Courtois. Enfin com- me nous étions prêts de sortir du bois,

E ij

1694.

Croix de la basse pointe.

nous trouvâmes une troisiéme croix, appellée la Croix de la basse pointe, parce qu'elle est à côté du chemin qui conduit au quartier & au bourg de ce nom. Nous le laissâmes à main gauche, & suivîmes nôtre chemin jusqu'à la Savanne du sieur Courtois où nous passâmes la riviere Capot.

Riviere Capot.

Toutes ces rivieres sont à proprement parler des torrens qui tombent des montagnes, qui grossissent aux moindres pluyes, & qui n'ont ordinairement que deux ou trois pieds d'eau. La riviere Capot est une des plus considerables de l'Isle, elle a pour l'ordinaire neuf à dix toises de large, deux à trois pieds de profondeur dans son milieu, son eau est très-claire & très-bonne, mais son lit qui est rempli de grosses masses de pierres, & d'une infinité de cailloux, rend son passage dangereux, quand elle est un peu grosse.

De cette riviere à la paroisse de la grande Ance il n'y a qu'une petite lieüe, cela nous obligea à laisser paître nos chevaux pendant une demie heure dans une savanne au travers de laquelle on passe, qui appartient à un habitant de cette Paroisse, appellé Yves le Sade. Depuis cet endroit jusqu'à la grande Ance, le chemin est agreable, bordé presque partout d'allées d'orangers, mais difficile par le grand nombre de montées & de descentes que l'on rencontre, qui furent cause que nous n'arrivâmes à la maison du Curé qu'environ une heure avant le coucher du soleil.

1694.
Paroisse de la grande Ance.

Le Curé, appellé le Pere François Imbert, du Couvent de S. Maximin, étoit Provençal aussi-bien que mon Compagnon, ce qui faisoit que celui ci se flattoit d'en être bien receu, & que nous y coucherions & laisserions reposer nos Negres & nos chevaux qui ne pouvoient presque plus marcher. Il fut trompé, ce bon Curé étoit fatigué des passages de nos confreres qui s'arrêtoient chez lui, & l'incommodoient. Il s'étoit absenté de sa maison, ou à dessein, ou par nécessité. Son Negre qu'il y avoit laissé, nous dit que son maître sçavoit que nous devions arriver, & qu'il lui avoit ordonné de nous presenter à boire & à manger, si nous en avions besoin, & de nous prier en même temps de passer outre, parce qu'il n'avoit plus de commodité pour donner à coucher. Ce compliment me parut un peu extraordinaire, & je dis au Pere Martelli que nous ne devions pas pour cela aller plus loin, mais il ne vou-

E iij

1694.

lut pas y confentir : nous partîmes donc après avoir fait boire un coup d'eau de vie à nos Negres.

De la grande Ance au fond S. Jacques, il y a deux lieües ; nos chevaux acheverent de fe laffer en montant & defcendant deux ou trois mornes fort hauts & fort roides qu'il y a jufqu'à la riviere du Lorain, que nous paffâmes avec peine, auffi-bien que la riviere Macé qui étoient fort groffes. Le cheval du Pere Martelli qui boitoit tout bas ne voulut plus marcher ; de forte qu'il fut contraint de le tirer par la bride plus de mille pas. Pour furcroit de malheur, la nuit nous prit avant que nous fuffions arrivez à la Paroiffe du Marigot, & nous eûmes un grain de pluye qui nous obligea de nous mettre à couvert fous des arbres dans la favane du fieur de Verpré.

Nous nous remîmes en marche dès que la pluye fut ceffée, nos Negres avec leurs charges, & le Pere Martelli & moi tirans nos chevaux par la bride, lui parce que fon cheval ne pouvoit fe foûtenir, & moi pour lui tenir compagnie, & foulager le mien afin qu'il eût la force de nous paffer les rivieres qui fe rencontrent jufqu'à nôtre habitation.

Riviere du Lorain.

Si nos Negres avoient eu de l'esprit, ils 1694. nous auroient conduits chez quelque habitant qui se seroit fait un plaisir de nous recevoir, & de nous bien régaler. Car dans toutes les Isles l'hospitalité s'exerce d'une maniere très-chrétienne & très-civile. Nous arrivâmes à l'Eglise du quartier du Marigot. Comme il n'y avoit point encore de Curé resident, nous ne pûmes recevoir aucun secours. Nous nous consolions cependant, parce qu'il n'y avoit plus qu'une petite lieüe de là à nôtre habitation. Environ à deux cens pas plus loin nous vîmes les fourneaux allumez d'une sucrerie. Je proposai au P. Martelli d'y aller, & d'y demander le couvert, il ne le jugea pas à propos, mais nos Negres nous firent entendre qu'ils alloient y laisser le cheval boiteux avec leurs charges, & qu'ils nous conduiroient plus aisément le reste du chemin. Nous y consentîmes, & les attendîmes. Après leur retour nous continuâmes nôtre voyage montant l'un après l'autre sur le cheval qui nous restoit qu'un de nos Negres conduisoit avec un bout de lianne (c'est-à dire une espece de liére ou d'ozier qui vient autour des arbres) qui étoit attaché au mors du cheval, & l'autre conduisoit presque

Paroisse du Marigot.

1694.

de la même maniere celui qui marchoit à pied; car le Ciel étoit couvert, la nuit fort noire, & la pluye avoit rendu le chemin fort glissant.

Je m'avisai de demander au Negre qui me conduisoit, s'il y avoit des serpens dans le chemin; il me répondit aussi-tôt en son baragoüin: *Tenir mouche*. Je compris qu'il me disoit qu'il y en avoit beaucoup; ce qui augmenta terriblement la peur que j'avois alors de ces animaux. Je me fâchai contre le Pere Martelli de ce qu'il n'avoit pas voulu que nous demandassions le couvert à cette sucrerie, où nos Negres avoient laissé son cheval, & de ce que nous n'étions pas resté à la grande Ance, comme je l'avois proposé. Cependant nous

Riviere du Charpentier.

nous trouvâmes à la riviere du Charpentier. Quoyqu'elle ne soit pas grande, elle ne laisse pas d'être dangereuse parce qu'elle coule sur un sable mouvant dont on a souvent bien de la peine à se tirer. Nos Negres essayerent le passage, & conduisirent ensuite le cheval & le Pere Martelli. Ils vinrent me chercher & me passerent, je demeurai à cheval parce que c'étoit mon tour, & je commençai à me mocquer du Pere Martelli, qui crioit comme un desesperé quand il rencontoit quelques branchages dans le chemin, ou qu'il entendoit remuer quelque chose, s'imaginant que tous les serpens du païs couroient après lui.

Nous montâmes un morne très-haut & très-long, mon cheval faisoit souvent des reverences jusqu'à mettre le nez à terre. Le Pere Martelli qui se piquoit de civilité les lui rendoit au double, & tous deux ne pouvoient pas moins faire ; car la terre de ce quartier est grasse, rouge, & fort glissante, aussi tôt qu'il a plû comme il venoit de faire ; enfin tombant, bronchant, montant & grondant, nous nous trouvâmes au haut de ce morne dans la savanne d'un habitant nommé Gabriel Raffin. Je sentis que mon cheval alloit mieux, d'où je conjecturai que nous n'étions pas loin de nôtre maison ; je le demandai à nos Negres, qui me dirent que cela étoit vrai, mais que le reste du chemin étoit méchant. Je mis pied à terre quand nous eûmes passé la barriere qui ferme cette savanne, un de nos Negres menoit le cheval par la bride, le Pere Martelli marchoit ensuite tenant le même cheval par la queüe, je suivois le Pere Martelli, un Negre me suivoit & fermoit la marche ; à quelques chûtes près, nous arrivâmes assez heureusement à nôtre riviere que nous passâmes l'un après l'autre sur le cheval, & à trois cens pas de là nous trouvâmes nôtre Couvent.

Le Superieur general de nos Missions n'y étoit pas, il étoit allé au cul de sac de la Trinité, d'où il ne devoit revenir que le lendemain. Nos Peres furent surpris de nous voir arriver à cette heure ; car il étoit près de neuf heures du soir, & nous étions moüillez & crottez depuis les pieds jusqu'à la tête. On nous blâma de n'être pas restez chez le Pere Imbert malgré son Negre, comme ceux qui nous avoient precedez, à qui il avoit fait faire le même compliment, ou de n'être pas entrez chez quelque habitant qui nous auroit bien reçû, & nous auroit épargné la fatigue que nous avions essuyée.

On nous prêta des habits & du linge pour changer, après quoi nous nous mîmes à table. Le Pere Raymond Dacier Syndic de la Maison en faisoit les honneurs ; c'étoit un homme de cinquante-six ans & plus, de la Province de Toulouse, qui exerçoit cet office depuis quelques mois, parce qu'il s'étoit trouvé seul entre tous nos Religieux qui sçût assez d'arithmetique pour tenir le compte du poids du sucre qu'on faisoit chez nous. 1694. Le Reverend Pere Romanet y étoit aussi, il avoit eu bien de la peine à sortir d'avec Monsieur de Sainte-Marie, Capitaine de l'Opiniâtre, & à retirer son coffre de son vaisseau, parce que cet Officier prétendoit qu'il lui trouvât un autre Aumônier, bien que le Pere ne s'y fut point engagé comme on l'a vû ci-devant. Le Superieur general lui avoit donné le soin de la Paroisse Sainte Marie, qui est à une petite demie lieüe du fond S. Jacques. Il y avoit encore un autre Religieux du Couvent de Montauban, nommé Louis Rosié, il étoit malade, & c'étoit pour cela qu'il avoit quitté la Paroisse de la Trinité qui étoit trop pénible pour un homme de sa grosseur.

Depuis l'arrivée de nôtre troupe, le Pere Superieur general ne s'étoit pas mis en peine de ménager les anciens Missionnaires; cela les avoit fâchez, & entre autres ce bon Religieux, qui lui avoit demandé son congé pour retourner en France, comme il fit un mois après, dans le vaisseau du Roi, appellé le Triton, armé en flute, commandé par le sieur Chabert.

Le Pere Dastés mon compagnon de voyage attendoit une occasion pour passer à S. Domingue où il étoit destiné, & le Pere du Mai desservoit la Paroisse du Marigot. Je sçavois par la relation de nos Peres, qui étoient revenus au Moüillage, que ce Couvent étoit fort pauvre, mais je ne me fusse jamais imaginé qu'il le fût au point que je le trouvai. A peine y avoit-il du linge pour la table, les serviettes étoient toutes déchirées, & la nappe sur laquelle nous mangeâmes étoit si mauvaise qu'on fut obligé de mettre deux serviettes dessus pour en boucher les trous. Nous ne laissâmes pas de souper de grand appetit, & de bien dormir ensuite, parce que la fatigue que nous avions euë suppleoit aux méchants lits où nous couchâmes après avoir laissé nos matelats en chemin. Nous sçûmes qu'ils étoient demeurés à la sucrerie du sieur le Comte, & nos Peres s'étonnerent comment il n'avoit pas envoyé nous prier de passer la nuit chez lui, car il étoit très-genereux & fort de nos amis.

Le lendemain matin Monsieur le-Comte nous renvoya le cheval boiteux & nos matelats, & écrivit au Pere Dumay son Curé qu'il n'avoit été averti de nôtre passage que deux heures après, qu'il en étoit très-mortifié, qu'il avoit été sur le point de chasser son Commandeur pour ne luy en avoir pas donné avis plûtôt, & qu'il le prioit de nous faire ses excuses. Je chargeai le Pere du Maï de lui faire mes complimens, & de l'assurer que nous irions au premier jour le remercier de son honnêteté.

Je trouvai Guillaume Massonier mon compagnon de voyage de Paris à la Rochelle, fort mécontent du poste que nôtre agent lui avoit procuré ; il avoit appris que la condition des engagez dans les Isles étoit un esclavage fort rude & fort pénible, qui ne differe de celui des Negres que parce qu'il ne dure que trois ans ; & quoiqu'il fut assez doucement chez nous, cette idée l'avoit tellement frappé, qu'il étoit méconnoissable : il avoit soin de faire l'eau-de-vie avec les sirops & les écumes du sucre. Je le consolai du mieux que je pûs, & lui promis de l'aider aussi-tôt que je serois en état de le faire.

CHAPITRE V.

Description de l'habitation des Freres Prêcheurs à la Cabesterre de la Martinique.

VOICI ce que c'est que l'habitation que nôtre Mission possede à la Martinique. Ce terrein s'appelle le fond Saint Jacques; il est situé à la Cabesterre à huit lieuës du Fort Saint Pierre, & à deux lieuës du Bourg de la Trinité, entre deux grands mornes, qui laissent entre eux un plat pays d'environ deux cens cinquante pas de large, à côté duquel coule une petite riviere qui porte le même nom que le terrein.

M. le General du Parquet nous le donna en 1654. à titre de fondation de trois grandes Messes, & de quelques Messes basses par chaque année. Il est large de six cens pas, & il avoit lors de la donation, deux mille pas de hauteur ou de chasse. Depuis ce tems-là nos Peres avoient obtenu deux concessions de deux mille pas chacune, ce qui lui donnoit six mille pas de hauteur, c'est à-dire, en allant du bord de la mer vers

Françoises de l'Amerique. 111

les montagnes qui sont au centre de l'Isle.

Le pas d'arpentage à la Martinique est de trois pieds & demi de la mesure de Paris. A la Guadeloupe & aux autres Isles il n'est que de trois pieds.

Nôtre maison ou couvent est situé sur un petit terrein uni à côté de la riviere, élevé d'environ deux toises & demie au-dessus de la Savanne, & éloigné du bord de la mer de deux cens cinquante à trois cens pas. Il consistoit en trois bâtimens de bois qui enfermoient une cour de dix à onze toises en quarré, toute ouverte du côté de la mer, au bout de laquelle étoit un jardin de dix-huit à vingt toises en quarré.

La Chapelle domestique étoit à la gauche, longue de trente-six pieds, sur dix-huit de large : elle étoit de maçonnerie jusqu'à la hauteur de huit pieds, le reste étoit de bois aussi bien que toute la couverture qui étoit d'essentes ou de bardeau au lieu de tuiles, dont l'usage est presque inconnu dans le pays. Une petite chambre en dedans de la cour, attachée à la Chapelle de six pieds de large sur dix de long, servoit de Sacristie.

Le corps de logis opposé avoit tren-

marginal: 1694. Habitation & couvent du fond S. Jacques.

te-six pieds de long sur vingt-quatre de large; il comprenoit une salle de vingt pieds de longueur sur seize de largeur; les fenêtres étoient du côté de la cour, une petite chambre à côté qui servoit d'office, deux chambres de douze pieds de large sur seize pieds de long, ayant vûë sur la mer avec un escalier. Le haut ne contenoit qu'un corridor avec deux chambres que l'on pouvoit partager chacune en deux; le toit étoit en mansarde & sans lambris.

Ce bâtiment étoit joint à une cuisine de maçonnerie par un magazin de douze pieds de large sur vingt-quatre de long, la cuisine avoit la même longueur sur seize pieds de largeur.

Entre la cuisine & le bâtiment qui étoit au fond de la cour, il y avoit un passage pour aller à la sucrerie.

Ce corps de logis étoit tout de bois partagé en trois ou quatre parties, destiné à differens usages; il étoit joint à la Chapelle par un mur, au milieu duquel étoit la porte qui donnoit entrée dans la cour.

Sucrerie du fond S. Jacques.

Tous ces bâtimens étoient aussi-délabrez par dehors, que mal meublez au dedans.... La sucrerie étoit derriere ce dernier corps de logis, dont elle étoit éloigné d'environ vingt-cinq toises ; un petit ruisseau qu'on passoit sur une planche, couloit au milieu de cet espace. Cette sucrerie & le moulin à eau qui lui étoit joint, avoient nonante-deux pieds de long, sur vingt-quatre pieds de large, le tout de maçonnerie.

C'étoit l'ouvrage que le Pere Jean Temple avoit fait faire quand il étoit Syndic, dans lequel on pouvoit plûtôt admirer son zele que son experience & sa conduite, puisque ayant le terrein & la riviere à sa disposition, il avoit choisi l'endroit le plus innondé, le plus étroit & le plus difficile de l'habitation, & qu'ayant oublié de faire dans la sucrerie un nombre suffisant d'ouvertures pour y donner du jour & de l'air, on n'y voyoit goute en plein midi, & on n'y pouvoit demeurer à cause de la fumée. Il y avoit six chaudieres à sucre montées, & des fourneaux preparez pour en placer deux autres. Les cases où l'on sert les bagaces, c'est-à-dire les cannes, après qu'elles ont passé au moulin, & dont on se sert pour cuire le sucre, étoient à côté du moulin proche la riviere, avec celle où l'on prépare le magnoc, & où on le fait cuire en farine, ou en cassave.

Les cases de nos Negres étoient sur une petite hauteur derriere la sucrerie; le canal du moulin passoit au milieu. Nous avions pour lors trente-cinq Negres travaillans, huit ou dix vieux ou infirmes, & environ quinze enfans tous en si mauvais état faute de nourriture, de vêtemens & de remedes, que cela faisoit pitié. D'ailleurs nôtre maison étoit endettée de près de sept cens mille livres de sucre, & n'avoit plus aucun crédit : ces dettes avoient été contractées par la mauvaise économie des Religieux qui avoient mal gouverné leurs affaires, par les dépenses exhorbitantes des Curez qui prenoient chez les Marchands tout ce qui leur plaisoit, & les payoient avec un billet de sucre, qui étoit en ce temps-là la monnoye courante des Isles à prendre sur l'habitation, par les entreprises ridicules de quelques Syndics, & sur tout par les aumônes que le P. Paul faisoit avec tant de profusion, que les Gouverneurs & l'Intendant furent obligez d'en écrire au P. Carbonniere quand il étoit Supérieur General, afin qu'il y mît ordre. Ce bon Religieux étant Supérieur de la Mission de la Martinique, s'étoit mis en tête de retirer du libertinage plusieurs femmes

Raisons du mauvais état où étoit le bien des Jacobins.

de mauvaise vie qu'on avoit envoyées de France, en leur fournissant de quoi vivre; & pour cet effet, il leur faisoit des billets de sucre à prendre sur l'habitation, sans se mettre en peine si on en pouvoit fabriquer assez pour les acquitter, ni où les Religieux trouveroient à subsister. Il connut à la fin que ces femmes l'avoient trompé, mais ces billets qui étoient en très grand nombre, courroient chez les Marchands qui nous tourmentoient pour en être payez, & nous avoient décriez faute de payement, d'une maniere terrible, parce que tout le monde n'étoit pas obligé de sçavoir de quelle maniere nous avions contracté tant de dettes. Il faut encore ajoûter que la plûpart de nos bestiaux étant morts sans qu'il fut possible d'en acheter d'autres, parce qu'on vouloit de l'argent comptant pour cette marchandise, & nous n'en avions point. Cette perte nous empêchoit de faire la quantité de sucre qu'on auroit pû faire, si nos affaires avoient été en meilleur état. D'ailleurs ce n'étoit que du sucre brut, décrié pour sa mauvaise qualité, & que la guerre avoit réduit à si bas prix, que le cent ne valoit que cinquante ou soixante sols, pendant que les vivres & les autres denrées de France étoient à un prix excessif. Le baril de farine coûtoit quinze cens livres de sucre; le baril de bœuf salé autant; le baril de lard deux mille cinq cens livres; la barique de vin trois mille livres & souvent davantage; tout le sucre qu'on pouvoit fabriquer chez nous alloit à peine à cent trente mille livres, sur quoi il falloit entretenir les Negres, les bestiaux, le moulin, & les autres dépenses d'une habitation & nourrir les Religieux qui y étoient, ce qui ne donnoit pas un petit embarras à ceux qui étoient chargez de ce soin, sans compter les inquietudes qui accompagnent ceux qu'on poursuit pour le payement de très-grosses dettes.

Tel étoit l'état de nos affaires à la Martinique quand j'y arrivai. On en verra la difference quand j'en suis parti en 1705.

Le R. P. Caumels Supérieur General de nos Missions & Préfet Apostolique, revint du Bourg de la Trinité un peu avant midi, il témoigna de la joye de nôtre arrivée, & nous fit beaucoup d'honnêteté. C'étoit un homme de mérite & de naissance; son pere étoit Capitoul de Toulouse, allié à quantité de

Maisons considerables, & entre-autres à celle de M. le Commandeur de Guitaut. Il avoit été Prieur du couvent de Toulouse, quoiqu'il n'eût encore que trente-cinq ans, après quoi il avoit été nommé Vicaire General & Préfet Apostolique de nos Missions; on l'avoit flatté que cette derniere qualité étoit peu differente de celle des Vicaires Apostoliques, & il s'étoit imaginé sur cela que sa jurisdiction s'étendoit non-seulement sur les Religieux de son Ordre, mais encore sur les Jesuites, les Carmes & les Capucins, mais il s'étoit trouvé bien loin de son compte. Les Supérieurs de ces Religieux, à l'exception des Carmes, étoient munis de semblables pouvoirs, & n'eurent garde de le reconnoître. Ce fut le premier chagrin qu'il eût en arrivant, mais ce ne fut pas le moindre, puisque le dérangement de nos affaires temporelles, tant à la Martinique qui étoit accablée de dettes, qu'à la Guadeloupe qui venoit d'être pillée & desolée par les Anglois, qu'à Sainte Croix & à Saint Domingue, lui en fournissoient de bien plus considerables.

Après dîner il me mena dans sa chambre, où après que je lui eus rendu compte de ce que j'avois fait à la Rochelle pour nôtre embarquement; il me fit un ample détail de l'état de nos Missions, & des chagrins que cela lui donnoit, dont le plus grand étoit de n'avoir pas un Religieux de confiance qu'il pût mettre à la tête des affaires. Il me dit que ce qu'on lui avoit écrit, & qu'il avoit appris des Religieux avec lesquels j'étois venu, l'avoit déterminé à se servir de moi, & qu'il le feroit dès ce moment, si j'étois un peu plus instruit des manieres du pays, mais qu'en attendant, il me destinoit une Paroisse qui ne me donneroit pas beaucoup de fatigue, à condition que j'étudierois avec soin, comment les habitans se conduisoient dans le gouvernement de leurs habitations, de leurs Negres, de leurs manufactures, afin d'être bien-tôt en état de faire ce qu'il souhaittoit de moi. Quelque répugnance que j'eusse pour ces sortes d'emplois, qui entraînent avec eux une grande perte de tems, qui me détourneroient de mes études, & du motif principal qui m'avoit appellé aux Missions, je fus obligé de lui promettre ce qu'il voulut, & je puis dire lui avoir tenu parole trop exactement.

Le Dimanche septiéme Février je dis

la Meſſe à nôtre Chapelle domeſtique, & je fis le Catéchiſme à nos Negres ; le Pere Supérieur General qui étoit preſent me témoigna qu'il étoit content, & que ma maniere d'enſeigner lui plaiſoit.

1694.

J'accompagnai enſuite le Pere Dumai à ſa Paroiſſe du Marigot, où il alla dire la Meſſe & prêcher ; après la Meſſe on fit la Proceſſion ordinaire du Roſaire, parce que c'étoit le premier Dimanche du mois qui eſt deſtiné à cette devotion.

Je ne manquai pas de remercier M. le Comte de l'honnêteté qu'il avoit euë de nous renvoyer nos matelats avec une lettre ſi obligeante. Il me dit fort civilement, qu'il ne croiroit pas que nous lui euſſions pardonné la faute de ſes gens, ſi je ne lui en donnois une preuve en venant dîner chez lui. Nous en fîmes difficulté, parce que nous n'en avions pas demandé la permiſſion à nôtre Supérieur, il nous répondit qu'il s'attendoit bien à cette réponſe, mais qu'il y avoit pourvû, ayant envoyé pendant la Meſſe un de ſes Negres avec une lettre pour la demander, & nous preſentant en même-tems celle que lui écrivoit le Supérieur qui nous laiſſoit

Civilité des habitans.

une liberté toute entiere là dessus : nous acceptâmes son offre ; M. de la Chardonniere Capitaine de Milice du quartier avec deux ou trois autres des principaux & leurs femmes furent du dîner, qui fut servi avec toute l'abondance & toute la politesse imaginable.

Ce fut à cette occasion que je fis connoissance avec M. de la Chardonniere ; nous entrâmes chez lui en nous en retournant, & nous commençâmes à lier ensemble une amitié qui a duré jusqu'à sa mort.

Famille de Messieurs le Vassor.

M. de la Chardonniere étoit un des anciens habitans de l'Isle, son nom est le Vassor. Il avoit deux freres établis dans la même Isle. L'aîné étoit ce M. le Vassor Conseiller au Conseil, dont l'habitation est à côté de celle de Madame la Marquise d'Angennes. Il étoit Capitaine de Milice du Fort Saint Pierre. Il étoit venu fort jeune aux Isles, s'étoit trouvé à la guerre contre les Sauvages, & aux entreprises que les François avoient faites sur les Anglois & sur les Espagnols : il avoit toûjours servi avec distinction. Il avoit épousé une veuve riche, & le bonheur l'accompagna tellement, que peu d'années après il se vit en état de faire une sucrerie. Sa femme 1694. en mourant le laissa heritier & sans enfans. Monsieur le Vassor de la Chardonniere Capitaine du Marigot qui étoit son cadet, étoit venu aux Isles quelques années après son aîné qui l'avoit d'abord employé sur une de ses habitations à côté de la nôtre, qu'il vendit ensuite au sieur Birot de la Pomeraye, Notaire & Arpenteur Royal. Il lui fit épouser la veuve d'un nommé Jolly habitant du quartier, appellé le fond du Charpentier, laquelle étant morte quelque temps après leur mariage, elle laissa ses biens à partager par moitié entre son mari & un fils qu'elle avoit eu de son premier lit. Le sieur de la Chardonniere traita avec ce fils, & moyennant certaines conditions, il demeura maître de l'habitation où il étoit encore. J'ai connu le sieur Jolly son beaufils à la Guadeloupe, où il étoit établi au quartier de la pointe noire.

Monsieur de la Chardonniere étoit brave, civil, bon Chrétien, bon ami ; il étoit riche & se faisoit honneur de son bien, ses enfans très-bien é'evés, & sa maison une des mieux reglées de l'Isle. Il avoit montré beaucoup de courage & de prudence dans une infinité d'entre-

Tome I. F

prises sur les ennemis où il s'étoit trouvé. Il est mort Lieutenant Colonel du Regiment de Milice de la Cabesterre.

Monsieur le Vassor se voyant riche, veuf, & Capitaine du Fort S. Pierre, fit un voyage à Paris, où il épousa une des filles du sieur le Quoy, Officier de l'Hôtel de Ville, & emmena en même temps une des sœurs de sa femme pour la marier avec son frere la Chardonniere. Madame le Vassor étoit belle étant jeune, l'âge l'avoit fait grossir extraordinairement, & la lecture de quelques livres lui avoit tellement gâté l'esprit, qu'on disoit qu'elle étoit une copie assez achevée des Précieuses de Moliere. Monsieur le Vassor avoit eu plusieurs enfans de son second mariage, & entre autres une fille qui épousa en 1699. le Marquis de la Rosa, Vice amiral des Gallions d'Espagne. J'en parlerai dans un autre endroit.

Pour Madame de la Chardonniere c'étoit une femme d'un très-bon esprit. Elle se piquoit de regularité & de politesse, & avec raison ; car sa conduite étoit également sage, Chrétienne & civile, son unique défaut étoit de parler beaucoup. Madame ***. & une certaine Madame ***. étoient les seules dans toute l'Isle qui pouvoient parler avec elle. Je me souviens qu'étant allé un jour chez elle avec le Pere Martelli, nous y trouvâmes ces deux femmes; nous eûmes la patience de demeurer près d'une heure à les entendre parler toutes trois sans avoir jamais pû trouver le moment de dire une seule parole. Je sortis enfin avec Monsieur de la Chardonniere pour aller voir sa sucrerie, & quelque temps après le Pere Martelli ayant pris congé nous montâmes à cheval, & nous nous retirâmes: mais comme ce Pere aimoit à parler à peu près autant qu'une femme, il ne pût digerer le chagrin qu'il avoit eu de garder le silence pendant une si longue conversation. Il s'en plaignit dans quelques endroits, & ajoûtant quelque chose de son invention à la verité qu'il pouvoit rapporter, il assura que ces trois Dames pour conserver la paix & l'union qui étoient entre elles, & ne pas s'interrompre, avoient fait apporter une bougie, & y avoient fiché des épingles à des distances égales, & que quand la flâme étoit arrivée à une épingle, celle qui tenoit le bureau le cédoit à une autre, & ainsi de suite jusqu'à la fin de la bougie; mais que

1694.

comme il ne s'étoit point trouvé d'épingles pour lui, il avoit été obligé de faire sa visite sans parler. Cette fable courut toute l'Isle, ce qui irrita étrangement ces trois Dames.

Messieurs le Vassor & la Chardonniere avoient encore un frere appellé François le Vassor de la Touche qui étoit venu aux Isles après ses deux aînez. Son inclination le portant plûtôt à chercher les occasions de se signaler à la guerre, qu'à devenir un bon habitant comme ses freres, il fut un temps considerable sans songer à se faire un établissement. Il fit plusieurs voyages en course où il s'acquit de la réputation, & se trouva à toutes les expeditions qu'on fit contre les Caraïbes lorsqu'on se vit obligé par les massacres frequens qu'ils faisoient des habitans, contre la foi de plusieurs accords qu'on avoit faits avec eux, de les détruire entierement ou de les chasser de l'Isle.

Famille de Monsieur de la Touche.

S'étant à la fin établi & marié il fut fait Capitaine des Milices de son quartier. Ce fut très-peu de temps après qu'il eut été élevé à cette Charge, que neuf cens habitans de la Martinique ne pouvant s'accoûtumer au gouvernement nouveau de la Compagnie de 1664. pritent les armes, & alloient faire foûlever toute l'Isle, si le sieur de la Touche n'eût ramassé en diligence environ cinquante habitans braves & fideles, à la tête desquels il attaqua ces revoltés avec tant de bravoure & de prudence que les ayant défaits & mis en fuite, il les força de rentrer dans leur devoir & d'obéïr ; & dissipa ainsi cet orage qui auroit infailliblement entraîné la perte de la Colonie, & la ruine de la Compagnie. Cette action de valeur qui marquoit en même temps sa fidelité pour son Prince, & sa sagesse, lui acquit l'estime des Gouverneurs generaux & particuliers des Isles : de sorte que l'Isle de S. Christophle étant sur le point d'être attaquée par les Anglois qui avoient réüni toutes leurs forces pour détruire cette florissante Colonie, & ruiner ensuite toutes les autres ; Monsieur de Clodoré Gouverneur de la Martinique, crut qu'il n'y avoit personne dans son Gouvernement plus capable d'être à la tête du secours qu'il y envoyoit, que le sieur de la Touche. Il lui donna donc cent cinquante braves de son Isle qui ne contribuerent pas peu aux avantages que l'on remporta sur les Anglois.

Il se trouva à la prise d'Antigues sous

le même Monsieur de Clodoré, à celles de Saint Eustache & de Corossol ou Curaçao, & à celle de Tabac.

Il fut envoyé par le sieur de Baas Gouverneur general des Isles, pour voir de quelle maniere on pourroit s'emparer de Saintefoy, dans la terre ferme de l'Amerique, place également riche & importante, & il s'acquitta si bien de cette dangereuse commission, que cette conqueste étoit infaillible, selon les mesures qu'il avoit prises, si des raisons de consequence qui ne sont point de ces Memoires n'avoient obligé nos Generaux de se desister de cette entreprise.

Le Comte de Blenac aussi Gouverneur general des Isles, lui donna deux cens hommes pour tenter la conquête de l'Isle de la Trinité; il y fut, fit sa descente avec succès, poussa vivement les Espagnols, & s'empara des postes les plus avantageux pour se rendre bientôt maître de la forteresse ; mais ayant eu le genoüil fracassé d'un coup de mousquet, ses gens perdirent courage, & se rembarquerent.

Le sieur de la Touche s'acquit encore beaucoup de gloire en 1693. lorsque les Anglois attaquerent la Martinique. Il fit des merveilles à la tête des Milices qu'il commandoit.

Quoiqu'il fut agé de soixante dix ans, il vouloit courir au secours de la Guadeloupe quand elle fut attaquée par les Anglois en 1703. & il fallut que le Gouverneur general & l'Intendant employassent toute leur autorité pour le retenir à la Martinique, aussi-bien qu'en 1706. lorsque Messieurs de Chavagnac & d'Iberville allerent prendre les Isles de Nieurs & de S. Christophle. Il avoit dans ces deux expeditions deux enfans & trente-deux neveux.

Le Roi pour recompenser ses longs services & son inviolable fidelité le nomma Colonel d'un des quatre Regimens de Milice qu'on fit à la Martinique en 1705. & Capitaine general Garde Côte du Croisic le 27. Novembre 1706. Il lui donna des Lettres de Noblesse au mois de Decembre de la même année, qui furent enregistrées au Parlement le 25. Janvier suivant, & confirmées par d'autres Lettres du Roi à present regnant, le quinze Octobre 1716.

Il a eu plusieurs enfans de son mariage avec Marie Magdelaine Dorange, fille de ce brave Dorange dont la mémoire sera toûjours très-précieuse aux

F iiij

habitans des Isles, qui fut tué en 1674. lorsque les Hollandois attaquoient le Fort Royal.

L'aisné Charles Lambert le Vassor de la Touche, Ecuyer, Lieutenant general Garde-côte du Croisic, & Lieutenant Colonel du Regiment de Milice de son pere.

Le second, Charles-François le Vassor de Beauregard, Ecuyer. Après avoir été Garde de la Marine, & Lieutenant d'une Compagnie du même Corps; il s'est établi à la Martinique où il est Capitaine de Cavalerie.

Le troisiéme, Alexandre le Vassor de Longpré Ecuyer, est Ayde Garde-côte du Croisic.

L'aînée de ses deux filles, Marie le Vassor a épousé Robert Giraud, Ecuyer, Sieur du Poyet, Chevalier de S. Louis, & Capitaine d'une Compagnie détachée de la Marine.

Et la seconde, Marie Rose, a épousé Louis de Carquerei, Ecuyer, Sieur de Valmeniere, Chevalier de S. Louis, Lieutenant de Roi, Commandant au Fort Royal de la Martinique.

J'aurai occasion de parler de ces deux Messieurs dans d'autres endroits.

Ce que je puis dire à present des enfans

du sieur de la Touche, c'est qu'ils n'ont point dégeneré des vertus de leur pere. Ils se sont trouvez dans toutes les occasions où il y alloit du service du Roi, & de la conservation des Colonies, & où il y avoit de la gloire à acquerir, & ils s'y sont toûjours distinguez. Et les filles imitent de près leur mere que l'on peut regarder comme un modele excellent de toutes les vertus convenables à son sexe.

Puisque je suis sur le chapitre de cette famille, il faut achever d'écrire ce que j'en sçai.

Mesdames le Vassor & la Chardonniere avoient une sœur & deux freres. Cette sœur vint à la Martinique en 1698. c'étoit une petite boiteuse fort spirituelle qu'un long séjour dans les Couvents n'avoit pû engager à prendre le voile, elle ne laissoit pas d'être devote, en attendant quelque occasion de mariage.

A l'égard des deux freres, le sieur le Quoy l'aîné vint aux Isles un peu après la paix de Risvick. Il avoit été garçon Major dans le Regiment d'Alsace, mais il avoit oublié le mot de Garçon pendant le voyage, & avoit parû comme Major reformé de ce Régiment. On connoissoit aisément qu'il étoit frere des femmes dont j'ai parlé ci-devant, car il ne déparloit point, & quelque nombreuse que fut une assemblée il tenoit le bureau sans que personne eût la peine d'ouvrir la bouche. Quelques mois après son arrivée, on lui fit épouser la veuve d'un Capitaine d'un quartier, appellé le Carbet, il eut en même temps la Compagnie du deffunt, parce qu'on fut bien aise de mettre dans nos Milices un Officier comme lui.

Le sieur le Quoi son cadet vint aux Isles en 1703. c'étoit un homme fort posé, qui avoit passé toute sa vie dans des bureaux & dans le commerce. J'ay appris qu'il avoit été fait Lieutenant du Juge Royal dans un Siege nouveau qu'on a établi au bourg de la Trinité.

Au reste je suis obligé de dire ici que les familles nombreuses de Messieurs le Vassor sont composées de très-honnêtes gens. L'aîné étoit attaché aux Jesuites. Le cadet étoit ami intime de nôtre Mission; & le plus jeune étoit le pere & le bienfaiteur des Capucins.

Le Lundi 8. Fevrier le pere Martelli revint de sa Paroisse de la Trinité que le Superieur general lui avoit donnée, elle est éloignée de deux lieües du fond S. Jacques. Il paroissoit fort content de son poste à l'exceptisn de deux choses; 1694. l'une que la maison Curiale étoit trop éloignée de l'Eglise, & l'autre que les Soldats que l'on avoit logez depuis quelque temps sur la pointe où sa maison étoit bâtie, étoient continuellement dans sa cuisine, sous pretexte de se servir de son four en attendant qu'ils en eussent un autre pour leur usage; cela leur facilitoit le moyen d'emporter tout ce qu'ils trouvoient sous leur main. La suite a fait connoître qu'il avoit raison de se plaindre de ce voisinage.

Monsieur de la Chardonniere nous vint rendre visite le même jour avec Messieurs Jaham, Leconte & Desfontaines; tous trois étoient creoles, c'est-à-dire, nez dans le païs. Le sieur Leconte étoit Lieutenant de Milice du Fort S. Pierre, les deux autres étoient Lieutenant & Enseigne de la Compagnie de Monsieur la Chardonniere.

Le Mardi j'accompagnai nôtre Superieur general chez Messieurs de Jorna & Laquant, & chez Madame & Mademoiselle de Lacalle sa fille.

Le Jeudi j'allai rendre visite à Monsieur de la Chardonniere, & aux autres qui m'étoient venus voir, & au retour j'entrai chez le sieur Gabriel Raffin

F vj

1694.

nôtre voisin, il étoit Nantois, Tonnelier de son métier, mais il l'avoit quitté depuis longtemps; & aprés avoir été marchand au Fort S. Pierre, il avoit achepté l'habitation où il demeuroit, qu'on appelle le Pain de sucre à cause d'un islet ou rocher qui y est joint, qui étant regardé d'un côté represente un pain de sucre qui donne le nom à tout ce quartier-là. Le sieur Raffin cultivoit une cacoyere, & travailloit à établir une Sucrerie; il entretenoit aussi un nombre de chevres ou cabrittes sur le Pain de sucre, qui étoient très-bonnes, & qui auroient multiplié à merveilles sans les Negres Marons qui tendoient des attrapes pour les dérober.

Le Pain de Sucre.

On appelle Marons les Negres fugitifs qui se sauvent de la maison de leur Maître, ou pour ne pas travailler, ou pour éviter le châtiment de quelque faute qu'ils ont faite, ils se retirent pour l'ordinaire dans les bois, dans les falaises ou autres lieux peu frequentez, dont ils ne sortent que la nuit pour aller arracher du manioc, des patates, ou autres fruits, & voler quand ils peuvent des bestiaux & des volailles.

Ce qu'on appelle Negres Marons.

Ceux qui les prennent & les remettent à leurs maîtres, ou dans les prisons,

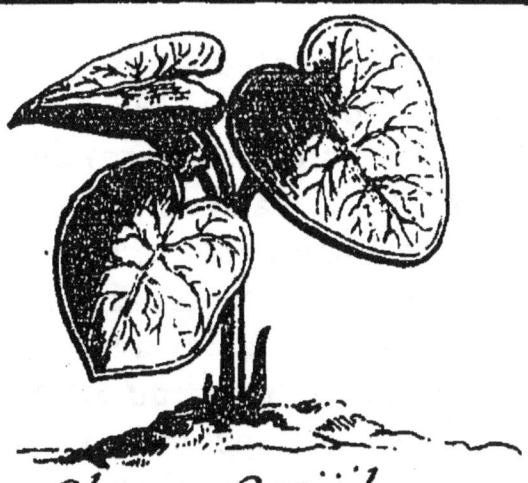

Choux Caraïbes.

ou entre les mains des Officiers des quartiers ont cinq cens livres de sucre de recompense. Quand on les surprend dans les bois, ou en volant; on peut tirer dessus, s'ils ne veulent pas se rendre, si on les prend après les avoir blessés pourvû que ce ne soit pas mortellement, on a la même recompense. Si on les tuë on en est quitte en faisant sa déclaration à l'Officier du quartier, ou au Greffe de la Jurisdiction, & en l'affirmant par serment.

Il est de ces Negres Marons qui demeurent les années entieres dans les bois & dans les montagnes qui sont au milieu de l'Isle, pour peu qu'ils soient pratiques du païs ils trouvent abondamment de quoi vivre, parce qu'ils ne manquent pas dans les bois d'ignames & de choux caraibes sauvages ni de choux palmistes. Ils pêchent à la main dans les rivieres, ils prennent de gros lézards, des crabes & des tourlourous tant qu'ils veulent. Et dans les Isles de la Grenade & de la Guadeloupe, ils ne manquent pas de certains animaux qu'on appelle des Tatous & des Agoutils. J'expliquerai toutes ces choses dans la suite.

Je ne trouvai plus le Pere Martelli à

mon retour, il étoit retourné à sa Paroisse sur l'avis qu'il avoit eu qu'il y avoit un malade au cul de sac Robert éloigné de la Trinité de quatre lieües. Car en ce temps-là le Curé de la Trinité étoit chargé du soin du cul de sac Robert, du cul de sac François, & des autres quartiers jusqu'à la pointe des Salines, de maniere que cette Paroisse avoit plus de quinze lieües d'étenduë, on l'a depuis partagée en trois Paroisses.

CHAPITRE VI.

L'Auteur est envoyé desservir la Paroisse du Macouba. Description du quartier, des bêtes rouges, & des chiques.

LE Samedi 13. Fevrier, le Superieur general me donna la Paroisse du Macouba, qui est à quatre lieües à l'ouest du fond S. Jacques. On me donna un Negre pour me servir appellé Robert Popo, âgé de quinze à seize ans, avec un cheval nommé Corosol, parce qu'il venoit d'un Isle qui porte ce nom, qui est habitée par les Hollandois. Les Geographes l'appellent Curacao. On me pourveut aussi d'un pain & d'une bouteille de vin. Le Superieur general se remettant à la Providence, & à mon sçavoir faire pour mon entretien & ma nourriture jusqu'à ce que le Superieur particulier y eût pourvû.

Le Negre qu'on m'avoit donné étoit creolle, il avoit déja servi d'autres Curez, il connoissoit le quartier où j'allois, il parloit François, & d'ailleurs j'étois déja accoûtumé au baragouin ordinaire des Negres.

Je partis immédiatement après dîner. Je passai à la grande Ance, je trouvai le Pere Imbert à la porte de son Eglise. J'allai le saluer & lui demander son amitié ; il m'embrassa, me combla de civilitez, rejetta sur son Negre ce qui étoit arrivé quand nous étions passez ; il m'obligea de m'aller raffraichir chez luy, où il vouloit me retenir jusqu'au lendemain que je pouvois aller dire la Messe à la Paroisse qui m'étoit destinée. Nous devînmes bons amis dés ce moment, & nous l'avons toûjours été depuis. A la fin je montai à cheval pour continuer mon voyage.

Après que j'eus passé la riviere Capot, j'entrai dans la Savanne du sieur Courtois ; je vis en passant sa Sucrerie. Je trouvai ensuite la Savanne de Monsieur

Pocquet. Ces deux habitations sont dans un plat pays & uni, élevé de trois à quatre toises au dessus de la mer. Ce terrein a près de deux lieües d'étendue depuis la mer jusques au pied des montagnes, où il se termine avec une pente presque insensible. L'habitation du sieur Courtois a six à sept cens pas de largeur; celle de Monsieur Pocquet en a douze cens, avec trois sucreries.

Beauté du quartier de la Bassepointe.

Le pays depuis la riviere Capot, où commence la Paroisse de la Bassepointe jusqu'à la grande riviere qui separe celle de Macouba de la Paroisse du Prêcheur desservie par les Jesuites, est sans contredit le plus beau pays, le meilleur, & le plus asseuré de toute l'Isle. Les habitations sont presque toutes separées les unes des autres par des petites rivieres ou des ravines profondes qui rendent à la verité les chemins difficiles, mais qui sont des bornes fort commodes pour les terres, & des retranchemens bien faciles à garder dans un temps de guerre pour empêcher les ennemis qui auroient fait descente dans un quartier, de se rendre maîtres des autres & de les piller.

J'arrivai à la Bassepointe une heure avant le coucher du soleil; je demandai à voir le Pere Charles Breton qui en

étoit Curé; mais ne l'ayant pas trouvé 1694.
chez lui, je chargeai son Negre de lui
faire mes complimens, & de lui dire
que j'étois destiné pour servir la Paroisse du Macouba; j'y arrivai enfin.
Je vis auprès de l'Eglise une petite maison de planches de seize pieds en quarré avec un petit appenti à côté, accompagné d'une autre petite maison couverte de paille avec un four. Je conjecturai que l'une étoit la maison du Curé
& l'autre sa cuisine. Le maître d'Ecole
logeoit au bord de la mer, il avoit
la clef de la maison, parce qu'il y avoit
quelques mois que cette Paroisse étoit
sans Curé, & c'étoit le Pere Breton qui
la desservoit avec la sienne.

Une Negresse d'une Sucrerie qui est
dans la Savanne où l'Eglise & le Presbytere sont bâtis, vint à moi, & me
dit de faire sonner la cloche pour appeller le maître d'Ecole, qui vint quelques momens après. Il apporta les clefs
de l'Eglise & du Presbytere, & se disposoit à m'aller chercher des œufs pour
mon souper quand le Marguillier de la
Paroisse arriva. Il avoit entendu sonner,
& il étoit venu pour s'informer de ce
qu'il y avoit de nouveau. Il me fit bien
des honnêtetez, & me pria de venir sou-

per & coucher chez lui, & d'y prendre mon logement jusqu'a ce qu'on eût accommodé le Presbytere.

Ce prélude de reception me fit plaisir. J'acceptai le parti avec joye. Je montai sur mon cheval & lui sur le sien, & nous descendîmes pour gagner le bord de la mer. J'avoüe que cette descente me fit peur, & je croi à mon cheval aussi. C'étoit un chemin étroit, taillé dans un rocher de plus de quarante-cinq toises de haut, où l'on se seroit rompu le cou mille fois si le cheval étoit venu à s'abattre. Je voulois mettre pied à terre, mais le Marguillier m'en empêcha, en m'assurant que les chevaux du pays étoient faits à ces sortes de descentes, & que je n'y aurois pas passé trois ou quatre fois, que je n'y penserois plus.

Il y avoit au bord de la mer la maison du maître d'Ecole, celle d'un Chirurgien, & quelques magazins où les habitans du quartier renfermoient leurs sucres & autres marchandises en attendant que les barques les vinssent chercher. Nous entrâmes dans une large ouverture que deux falaises escarpées & coupées presqu'à plomb laissent entre elles, c'est dans cette espace que coule la riviere du Macouba. On trouve sous ces falaises de grandes voutes comme des arcades naturelles avec des trous ronds dans leurs cintres qui percent fort avant, qui paroissent comme des tuyaux de cheminées. Je n'ai jamais pû découvrir comment ces trous se sont faits ; car il n'y a pas d'apparence que ce soient des racines d'arbres qui les ayent faits, vû qu'ils sont dans un rocher vif sur lequel il y a plus de vingt-cinq toises de terre, ou de pierre de hauteur. La riviere du Macouba a environ quarante pieds de large, & ordinairement deux pieds d'eau. Le chemin de l'autre côté de la riviere me parut bien plus aisé & plus beau, bien que le morne soit aussi haut, mais il est bien plus long, aussi a-t-il été pratiqué dans la pente du morne. Nous arrivâmes à la maison du Marguillier. Il s'appelloit Monsieur Dauville. Il étoit de Normandie, cy-devant Premier Capitaine de Milice de Marie Galante, honneste homme, fort civil, sçachant parfaitement bien vivre, aussi l'avoit-il appris chez Monsieur de Champigny, Conseiller d'Etat, dont il avoit été Maître d'Hôtel. Ce Seigneur l'avoit mis auprès du Marquis de Themericourt son beaufils lorsqu'il vint aux Isles pour partager le Marquisat de la Guadeloupe avec Monsieur Houel son oncle. Monsieur de Themericourt ayant été pourvû du Gouvernement de Marie Galante, le sieur Dauville l'y suivit, & s'y établit, il épousa ensuite une femme de chambre de son ancienne maîtresse Madame de Champigny, mais cette femme ne s'accommodant pas à l'air du païs, & ne sympatisant pas trop avec l'humeur de son mary, revint en France au bout de quelques années, s'établit à Honfleur d'où elle étoit. Le sieur Dauville étoit devenu un des plus aisez de Marie Galante, il y faisoit la fonction de Major ; mais cette pauvre Isle ayant été saccagée deux fois par les Hollandois, & enfin prise en 1692. par les Anglois qui eurent la cruauté de pendre à la porte de l'Eglise vingt-trois habitans qui s'étoient venus rendre, ou qui étoient prisonniers de guerre, le sieur Dauville seroit enfin tombé entre leurs mains, & auroit eu le même sort, si Monsieur de Codrington General des Isles Angloises sous le vent, ne fut arrivé, & n'eût ôté le commandement à un certain brutal qui commandoit les Anglois. Ce General qui

Françoises de l'Amerique. 141

1694.

connoissoit le mérite de M. Auger qui étoit Gouverneur de l'Isle, & qui admiroit le courage & la prudence qu'il avoit fait paroître en se défendant avec une poignée de gens contre des troupes aussi nombreuses que les siennes, lui envoya un trompette pour lui dire, qu'il avoit acquis assez de gloire dans la vigoureuse défense qu'il avoit faite, qu'il ne falloit pas pousser les choses à bout, qu'il étoit tems de se rendre, & que pour lui montrer l'estime qu'il faisoit de son mérite, il le laissoit maître des conditions du Traitté. Monsieur Auger qui n'avoit plus avec lui qu'environ soixante ou soixante & dix hommes, & qui commençoit à manquer de vivres & de munitions, accepta le parti. Il vint trouver le General Codrington, qui, après l'avoir fort loué de sa bravoure, le fit transporter à la Martinique avec les gens armez qui étoient venus avec lui. Le General Anglois se retira à Antigues, après avoir ruiné un petit Fort qui étoit auprès du Bourg dont on avoit bruslé les maisons quand les Anglois avoient fait leur descente ✚

Ce fut ainsi que le sieur Dauville vint à la Martinique à la suite de son Gouverneur; il avoit sauvé quelques Negres & caché quelques effets qu'il fit venir à la Martinique ; cela lui donna moyen d'acheter la moitié de l'habitation, où il étoit à moitié profit & moitié perte avec M. Roy, pere de celui avec qui j'étois venu de France.

Quand les habitans craignent d'être pillez par les ennemis, voici de quelle maniere ils cachent ce qu'ils veulent sauver.

Comment les habitans cachent leurs effets dans le tems de la guerre.

Si ce sont des choses qui peuvent resister à l'humidité, comme de la vaisselle, des ferremens, des ustanciles de cuisine, des barils de viande, de vin, d'eau-de-vie. On fait une fosse au bord de la mer de huit à dix pieds de profondeur, afin que les soldats sondans avec leurs épées, ne puissent pas atteindre jusqu'à sentir quelque chose plus dur que le sable ordinaire. Après qu'on a mis dans la fosse ce qu'on veut cacher, & qu'on l'a remplie du même sable, on jette dans la mer ce qu'il y a de surplus afin qu'il ne paroisse point d'élévation sur le terrein. On y jette aussi de l'eau pour le rendre plus ferme, & on a soin sur toutes choses de s'aligner à deux ou trois arbres des environs, ou à quelques grosses roches, afin de retrouver ensuite plus aisément ce qu'on a caché, en s'alignant aux mêmes marques.

Quand on ne peut transporter ses effets au bord de la mer, on fait des trous en terre dans un terrein sec, ou dans des cannes ; si c'est dans une savanne, il faut lever adroitement la premiere terre, comme on la leve quand on coupe du gazon, après quoi on met des toiles autour du lieu où l'on veut creuser, sur lesquelles on pose la terre que l'on tire du trou que l'on fait afin qu'elle ne se répande point sur les herbes des environs : on doit faire le trou le plus étroit que l'on peut par son entrée, & l'élargir par le bas : après qu'on y a mis ce qu'on veut cacher, on le remplit de terre que l'on foule bien ; on y jette de l'eau, on moüille aussi le gazon ou les cannes que l'on a levées, & après les avoir remis le plus adroitement que l'on peut en leur place, on porte loin de-là la terre qui est restée, & on arrose la terre des environs & les herbes qui ont été foulées, afin de les faire reverdir. Quant aux toiles, dantelles, étoffes de soye, papiers, & autres choses qui craignent l'humidité, on les met dans de grandes coyemboucs: ce sont de grosses callebasses d'arbres que l'on coupe à la quatriéme ou cin-

Coyembouc, ce que c'est & sa figure.

quiéme partie de leur longueur, on couvre cette ouverture avec une autre calebasse, & ces deux pieces sont jointes ensemble avec une ficelle de mahot ou de pite, à peu près comme le dessous d'un encensoir est joint à son dessus; ces deux morceaux de calebasse ainsi ajustez, s'appellent un coyembouc : ce mot aussi bien que l'invention, vient des Sauvages. Quand le coyembouc est rempli de ce qu'on y veut mettre, on serre le couvercle avec la corde, & on l'attache entre les branches des chataigniers ou des arbres à grandes feuilles, qui ordinairement sont environnez de liannes. On fait passer pardessus le coyembouc quelques liannes dont on tresse un peu les bouts pardessus, ce qui le cache si bien, qu'il est impossible de l'appercevoir, & les feuilles qui le couvrent empêchent la pluye de tomber dessus & d'y causer la moindre humidité. C'est ainsi que les habitans sauvent leurs meilleurs effets, mais il faut cacher son butin soi-même, & sans témoins ; du moins sans témoins Negres, parce que s'ils viennent à être pris, les ennemis ne manquent jamais de leur donner la gesne pour les obliger à découvrir le butin de leur maître ; ou bien

il

il arrive quelquefois que pendant que 1694.
les maîtres sont à se battre, les esclaves
volent ce qui a été caché; desorte qu'on
ne peut trop prendre de précaution à
cet égard.... Cette digression m'a éloigné de mon sujet que je reprends.

Nous arrivâmes donc à la maison de
M. Dauville: il avoit pris une seconde
femme depuis quelques mois, sur un
faux avis qu'il avoit eu de la mort de la
premiere. Je fus parfaitement bien reçû
de toute cette famille; on se mit aussi-
tôt à préparer le souper, & un lit pour
me reposer. Nous soupâmes parfaitement bien, & après quelques momens
de conversation je me couchai.

Le Dimanche quatorziéme M. Dauville envoya des Negres dès le point du
jour pour avertir les habitans qu'il étoit
arrivé un nouveau Curé, & d'autres
pour nétoyer le Presbytere & la cuisine. Eglise Paroissia-
Après que j'eus dit mon Breviaire, je le du Ma-
montai à cheval pour me rendre à l'E-couba.
glise accompagné de M. Dauville. Je
la trouvai bien propre, elle venoit d'ê-
tre achevée. Le Chœur ou plutôt le
Sanctuaire étoit de maçonnerie avec une
corniche de pierres de taille; il y avoit
à côté une porte pour entrer dans la Sacristie qui étoit projettée, & deux fenê-

Tome I. G

tres. Ce Sanctuaire avoit vingt pieds de profondeur sur vingt-quatre de large, qui étoit la largeur de tout le reste de l'Eglise, dont la longueur étoit encore de soixante pieds, avec deux Chapelles de seize pieds en quarré qui faisoient la croisée ; le tout de bois avec des balustres tout autour qui servoient de fenêtres. Cette Eglise étoit dédiée à Sainte Anne, dont le tableau étoit sur le grand Autel : la Chapelle à main droite étoit dédiée au Rosaire, & celle de la gauche à Saint Antoine de Padouë. Celle-ci servoit de Sacristie en attendant que celle qu'on avoit projettée fut faite; le confessionnal étoit dans l'autre. Après que j'eus adoré le saint Sacrement & consideré l'Eglise, je fus au Presbytere où les habitans ne manquerent pas de me venir saluer à mesure qu'ils arrivoient, & de m'offrir leurs maisons avec tout ce dont j'avois besoin, me priant d'en user avec toute sorte de liberté.

Je puis assurer, & je suis obligé de rendre cette justice aux habitans de la Paroisse de Macouba, que je n'ay jamais vû de gens plus disposez à faire du bien à un Curé, ni qui le fissent de meilleure grace. M. Adrien-Michel Capitaine du quartier fut un des premiers à venir me rendre visite & à m'offrir sa maison, & tout ce qui dépendoit de lui, & quoique dans la suite mon devoir m'ait quelquefois obligé de le faire souvenir du sien, cela n'a jamais empêché qu'il ne m'ait été très-affectionné, & qu'en toutes les occasions il ne m'ait donné des preuves d'une sincere amitié. Il dit à M. Dauville qu'il n'étoit pas juste qu'il fut chargé du soin de l'Eglise & du Curé, qu'il lui laissoit l'Eglise, mais que pour le Curé il vouloit s'en charger; qu'aussi-bien sa maison étoit trop petite pour sa famille & pour moi, & que jusqu'à ce qu'on eût accommodé la mienne, il esperoit que je ne logerois point chez d'autres que chez lui. Comme tout le monde me demandoit la même chose avec instance, je crus devoir préférer le Capitaine, & j'acceptai son offre pour quelques jours, pendant que je ferois accommoder ma maison.

On me dit que mon voisin le Pere le Breton s'étoit accommodé de plusieurs meubles du Presbytere, que je devois lui demander : & on m'assura que si je voulois demeurer dans la Paroisse, on me feroit augmenter & accommoder ma maison comme je le jugerois à propos. Je remerciai mes nouveaux Paroiſſiens de leurs offres, les priant pourtant de s'en ſouvenir après Pâques, jugeant que j'avois beſoin de ce tems-là, afin qu'ils me connuſſent & qu'ils viſſent ſi je méritois les honnêtetez qu'ils vouloient me faire.

Le Sacriſtain vint nous avertir qu'il étoit tems de commencer le Service. J'allai à l'Egliſe avec tous ceux qui étoient à mon Presbytere. Je fis l'Eaubenîte & la donnai au peuple. On me fit excuſe de ce que perſonne n'avoit préparé de pain pour benir, parce qu'on ne croyoit pas avoir de grande Meſſe ce jour-là. Je dis la Meſſe qui fut chantée par le Sacriſtain qui faiſoit auſſi l'office de Chantre, & par tous les autres habitans, étant aſſiſté à l'Autel de deux enfans bien inſtruits, revêtus de ſotanes rouges, avec des ſurplis fort propres. Après l'Evangile je montai en Chaire, & je prê hai ſur ces paroles de l'Evangile du jour, qui étoit le Dimanche de la Sexagéſime. *Semen eſt verbum Dei.* Je priai à la fin du Sermon tous les habitans qui avoient des enfans à inſtruire pour la premiere Communion, ou des Negres adultes qui ne fuſſent point baptiſez, de m'en donner une liste afin que je pusse prendre le tems necessaire pour les instruire, & les disposer à recevoir ce Sacrement dans les deux semaines de Pâques. Je les priai encore de me faire avertir dès qu'ils auroient des malades, sans s'embarrasser qu'il fut jour ou nuit, beau ou mauvais tems, les assurant que je serois toûjours prêt à leur rendre service dès que je serois appellé ; que j'aurois soin de les avertir quand les affaires m'obligeroient de m'absenter de la Paroisse, & que le Sacristain seroit toûjours informé de l'endroit où je serois, afin qu'on pût m'envoyer chercher.

Je remarquai que ce discours fit plaisir à tout le monde. J'achevai la Messe, après laquelle je fis un Baptême. Je trouvai à la porte de l'Eglise tous mes Paroissiens qui me firent de grands remercimens des offres & des promesses que je leur avois faites. Ils m'assurerent qu'ils observeroient ponctuellement ce que je desirois d'eux ; qu'ils donneroient à mon Sacristain les noms de leurs enfans & de leurs Negres, & qu'ils me les envoyeroient pour les instruire, quand je l'ordonnerois, & qu'à l'égard des malades, ils prendroient leurs mesures pour ne me pas incommoder.

La plûpart me conduifirent au Prefbytere, où pendant que je prenois du chocolat que M. Dauville avoit eu foin de faire apprêter. M. Michel les engagea de convenir de l'aggrandiffement de mon Prefbytere, de ma cuifine & de mon jardin, & que l'on fermeroit avec des paliffades de bois lezard. Ces Meffieurs convinrent de tout, & réfolurent que l'on fe ferviroit des materiaux de l'ancienne Eglife qui étoit encore fur pied, pour les augmentations que l'on propofoit, & que pour les planches, les effentes, les autres bois neceffaires, & le payement & nourriture des ouvriers, on feroit une quefte chez tous les habitans. M. Michel pour donner l'exemple, promit quelques bois & quarante écus; ceux qui étoient préfents fe cottiferent auffi-tôt fort genereufement. Mais comme tous les Paroiffiens n'y étoient pas, on réfolut de les affembler le premier Dimanche de Carême. Nous montâmes enfuite à cheval pour aller dîner chez M. Michel; qui pria M. Dauville, M. Sigoloni fon Enfeigne, & deux ou trois autres de venir me tenir compagnie. Il prit mon cheval & me fit monter fur le fien qui étoit fait aux paffages difficiles des ravines, afin que je ne couruffe aucun rifque.

La descente du Macouba m'avoit fait peur le jour précédent ; mais j'étois alors monté sur un cheval qui étoit accoûtumé à ces montées & ces descentes, & qui s'en tiroit comme s'il eût été dans un plat pays. Après que nous eûmes passé l'habitation de M. Dauville, nous trouvâmes une riviere ou ravine une fois plus profonde & plus difficile que celle du Macouba. Le chemin taillé en zigzag dans la falaise & dans le rocher, présentoit d'un côté un mur à plomb, & de l'autre un précipice épouventable. Ce chemin n'avoit que sept à huit pieds de large & en beaucoup d'endroits il n'en avoit que cinq. Si j'avois été sur mon cheval, il n'y a point de doute que j'aurois eu grand peur, & que j'aurois mis pied à terre ; mais celui que je montois y étoit tellement accoûtumé, qu'il descendoit ces mornes & les grimpoit comme un lievre. Outre cette ravine, nous en trouvâmes encore deux autres avant d'arriver à l'habitation de M. Michel, quoiqu'elles fussent très-profondes ; elles ne me paroissoient rien en comparaison de celle que nous venions de passer.

Nous arrivâmes à la Maison de M.

Michel, son épouse que sa grossesse avoit empêchée de venir à la Messe, nous reçût très-civilement. Le couvert étoit mis ; on servit presqu'aussi-tôt que nous fûmes arrivez. Nous n'avions pas encore achevé la soupe, qu'un Negre vint avertir que le P. Breton paroissoit dans la savanne. On apporta un couvert pour lui ; il arriva un moment après. Je fus le recevoir, l'embrasser, & lui témoigner le plaisir que j'avois d'être son voisin : il me fit mille amitiez & se mit à table. Nos Messieurs ne manquerent pas de lui dire de quelle maniere j'avois prêché, combien toute la Paroisse en étoit contente, & la résolution qu'on avoit prise d'aggrandir mon Presbytere & mon jardin, & de me donner toute la satisfaction possible pour m'obliger à rester dans le quartier ; quelqu'un de la compagnie remarqua que ces louanges ne plaisoient pas au P. Breton, & me le fit remarquer, mais je fis semblant de ne m'en pas appercevoir. Le dîner fut assez long & très-propre. Après qu'on eut desservi on apporta des cartes & on me pressa de joüer ; je m'en défendis comme d'un exercice qui ne convenoit pas à mon caractere ; mon hôte crût que je manquois d'argent, & en mit une poignée devant moi; je le priai de le reprendre, en l'assurant que je ne sçavois aucun jeu; on ne me pressa pas davantage, mais M. Michel me dit qu'il alloit joüer à moitié profit pour moi, & que si je faisois difficulté d'accepter le profit que la fortune lui envoyeroit, il le mettroit à part & l'employeroit en meubles pour le Presbytere; j'y consentis, & je le regardai joüer. Je me levai quelque tems après pour aller dire mon Breviaire. Le P. Breton me suivit; nous causâmes un peu ensemble. C'étoit un homme de quarante-huit à cinquante ans. Il étoit du Bourg Saint Andiol près de Viviers sur le Rhône; bon Prédicateur, qui paroissoit extrêmement simple, & qui n'avoit aucun autre défaut qu'une passion extrême pour les chevaux, dont il changeoit autant de fois qu'il en trouvoit l'occasion; du reste fort exemplaire & fort attaché à ses devoirs. La compagnie nous joignit après avoir quitté le jeu, mon hôte les avoit tous retenu à souper; il n'y eut que le Marguillier qui voulût absolument se retirer chez lui. Mademoiselle Michel remarqua que j'avois des demangeaisons aux jambes, parce que j'y portois souvent la main, elle en devina aussi-tôt la cause, & me dit que j'avois pris des bêtes rouges en me promenant dans les savannes du Moüillage ou du fond de saint Jacques. Je lui avoüai que je m'étois promené dans ces lieux, & qu'effectivement j'avois senti depuis ce tems-là des demangeaisons si furieuses, que je m'étois écorché toutes les jambes à force de me grater. Elle commanda aussi-tôt à une de ses servantes d'aller chercher des bourgeons de vignes & de monbain. C'est un arbre qui vient fort grand, dont je parlerai une autre fois, de cueillir des feuilles d'orangers & des herbes odoriférantes, & de les faire boüillir pour me laver les jambes avant de me coucher.

Ces petits animaux qu'on appelle bêtes rouges, se trouvent ordinairement dans les savannes qui sont un peu seches. Afin qu'on sçache ce que c'est que savanne ; je dirai que savanne & prairie sont la même chose. Le mot vient de l'Espagnol *Savana*, qui signifie une prairie. Les bêtes rouges sont communément de la grosseur de la pointe d'une épingle, toutes rouges, & on peut dire toutes de feu, puisque dès

[marginalia: Bêtes rouges, ce que c'est, mal qu'elles causent, & le remede qu'on y apporte.*]*

qu'elles font passées au travers des bas, & qu'elles se sont attachées à la peau, elles y causent une demangeaison épouventable. Les chevaux & les autres animaux qui sont à la pâture en ont quelquefois le museau & la tête tout couverts & tout rouges, & se frottent contre les pierres & contre les arbres, comme s'ils vouloient se déchirer. Mais ces petits insectes ne sont pas seuls, il y en a d'une autre espece, qui ne sont pas en moindre quantité & qui sont plus dangereux : on les appelle des Chiques.

Nous soupâmes après nous être promenez & avoir causé assez long-tems. Le souper fut comme le dîner, très-abondant, très propre & très-bien servi : ces Messieurs se remirent au jeu ; je les regardai quelque tems, puis je me retirai.

Je trouvai qu'on m'avoit accommodé un lit fort propre, au dessus de la salle où nous avions mangé. Un Negre y apporta un chaudron plein de l'eau & des herbes qu'on avoit fait boüillir, & me lava les pieds & les jambes qu'il trouva remplies d'écorchures & de bêtes rouges; & comme on l'avoit averti de prendre garde si je n'avois point de chiques, il y regarda, & trouva que j'en étois déja pourvû de quelques-unes.

Chique, ce que c'est.

La Chique que les Espagnols appellent *Nigas*, est un très-petit animal noir, dans ses commencemens que l'on trouve dans tous les lieux où il y a des cendres, ou qui sont mal-propres. Cet insecte passe aisément au travers des bas, & se loge ordinairement sous les ongles des pieds, dans les jointures ou dans les endroits de la peau qui sont un peu élevez. La douleur qu'il fait en perçant la peau, ou plutôt l'épiderme, est comme une médiocre piqueure de puce. Après qu'il s'est logé, il ronge doucement la chair autour de lui, où il n'excite qu'une petite demangeaison, semblable à un leger chatoüillement; il grossit peu à peu, s'étend & devient enfin comme un gros pois. En cet état il fait des œufs qui s'éclosent, & font autant de petits Chiques qui se nichent autour de leur mere, s'y nourrissent comme elle, & s'augmentent de telle maniere, si on n'a pas soin de les tirer, qu'elles pourrissent toute la chair aux environs, y causent des ulceres malins, & quelquefois la cangrene. Mais quand on les sent entrer, ou qu'on s'en apperçoit dans la suite, il n'est rien de si facile que d'y apporter le remede, ou par soi-même ou par le secours d'un autre. La noirceur de la Chique la fait aisément remarquer entre la chair & la peau; ainsi on prend une épingle ou un couteau bien pointu, & on déchausse tout doucement aux environs du trou qu'elle a fait en entrant, on tire de cette façon la peau tout au tour de la Chique, & quand elle paroît à découvert & toute entiere, on la tire dehors. On remplit le trou avec du suif ou de ce qu'on tire des oreilles, ou bien encore, & beaucoup mieux avec de la cendre de tabac. Mais quand on néglige les Chiques, ou que les tirant mal on en laisse une partie entre cuir & chair, on se met au hazard d'avoir des ulceres, & de rester long-tems entre les mains des Chirurgiens.

Quand on regarde une Chique avec un microscope, le dos paroît rond avec du poil brun, la tache noire qui la fait remarquer est sa tête, elle a plusieurs petits pieds sous le ventre, & du poil où ses œufs sont attachez jusqu'à ce qu'ils éclosent, ils paroissent comme autant de petites taches toutes noires.

On m'assura qu'un Pere Capucin s'en

retournant en France voulut y faire voir cet animal. Il en avoit un auprès de la cheville du pied, qui s'augmenta si bien pendant le voyage, que quand le Capucin le voulut ôter, il se trouva qu'il n'étoit plus tems ; il avoit fait un ulcere si malin que la cangrene s'y mit, & qu'on fut obligé de couper la jambe du Capucin pour sauver le reste du corps. Belle curiosité assurément & bien récompensée.

Le Negre de M. Michel me délivra de toutes les Chiques que j'avois, & de mes bêtes rouges qui m'avoient couvert les jambes jusque par dessus les genoux, & me procura le plaisir de dormir parfaitement bien toute la nuit.

Le lendemain le P. Breton s'en retourna chez lui de grand matin, avec promesse de revenir le soir. On me lava encore les jambes avant que je me levasse, ce qu'on continua de faire deux ou trois jours soir & matin, pour guérir les petites ulceres que je m'étois faits en me gratant.

Après que j'eus dit mon Breviaire & pris du chocolat, j'allai avec M. Michel voir son habitation & sa sucrerie, & ensuite les charpentiers qui lui préparoient du bois pour une maison qu'il vouloit faire bâtir. Nous vîmes un terrein que je lui conseillai de mettre en jardin, je lui promis de le tracer, comme je fis quelques jours après.

Nous trouvâmes à la maison quelques-uns de ses voisins qui étoient venus pour me voir; il les retint à dîner, après quoi nous montâmes à cheval pour en aller voir d'autres, entre lesquels il s'en trouva un, nommé la Boissiere, qui étoit de Linas près de Paris. C'étoit un très-bon habitant, très-habile & très-intelligent dans une infinité de choses; mais toutes ces bonnes qualitez étoient accompagnées d'une si forte passion pour le vin, qu'il étoit rare de le trouver de sens rassis; il étoit associé avec son beaufrere nommé Lozol, ils avoient un assez bon nombre de Negres, ils cultivoient du Cacao, faisoient du Roucou & élevoient des bestiaux, & des volailles. Ce Lozol étoit de la Vicomté de Turenne, Scieur de long de son métier, & dans un besoin un peu Charpentier; & quoiqu'il fut venu engagé aux Isles, il commençoit déja à avoir du bien; de maniere que quand je suis parti il étoit riche de plus de cent mille francs, bon homme au reste, & un vrai original, qui avoit un privilege pour eſtropier la Langue Françoiſe, & un talent particulier pour faire rire tout le monde.

Nous trouvâmes le Pere Breton au logis quand nous y retournâmes, il étoit venu avec un Marchand du Fort S. Pierre nommé Ricord, avec lequel nous ſoupâmes.

Le Pere Breton nous vouloit mener le lendemain chez lui, mais mon hôte lui repreſenta que j'avois encore beſoin d'un jour de repos pour guerir mes jambes égratignées, & lui promit que nous irions le Mercredi paſſer la journée avec lui, & que nous y porterions toute la chaſſe que feroient les deux Negres qu'on avoit envoyez dans le bois; il y conſentit avec peine. Nous allâmes dire la Meſſe à une petite Chapelle qui eſt de l'autre côté de la grande riviere qui ſepare la Paroiſſe du Macouba, de celle du Prêcheur. Cette Chapelle eſt de la dépendance ſpirituelle des Jeſuites, on l'a fait bâtir pour la commodité de deux habitations qui ſont de ce côté-là, qui appartiennent aux ſieurs Ourſault & Marchand. Le Pere Jeſuite Curé du Prêcheur, y vient dire la Meſſe deux ou trois fois l'année. Je paſſai une partie de l'après-dîner à faire accommoder le terrein, & à tracer le jardin; pendant que je m'occupois à cet ouvrage, on vint me chercher pour confesser un Negre de Monsieur Roy, à la grande riviere, qui venoit d'être mordu d'un serpent. Monsieur Michel eut l'honnêteté de m'y accompagner.

CHAPITRE VII.

L'Auteur va confesser un Negre mordu par un serpent.

IL faut que j'avoüe que l'état où je trouvai ce Negre me fit compassion, il avoit été mordu trois doigts au dessus de la cheville du pied, par un serpent long de sept pieds, & gros à peu près comme la jambe d'un homme; on l'avoit tué, & on me le fit voir. On esperoit que le serpent étant mort, le venin agiroit avec moins de force sur celui qui avoit été mordu. J'en demandai la raison qu'on ne me pût dire. J'appris seulement qu'ils prétendoient avoir une longue experience de ce qu'ils me disoient, fondée sur la sympatie, je ne sçai s'ils connoissent cette vertu. Ce pauvre garçon étoit couché sur une planche au milieu de sa case entre deux feux, couvert de quelques blanchets, c'est-à-dire, de gros draps de laine, où l'on passe le syrop dont on veut faire du sucre blanc. Avec tout ce feu & ces couvertures, il disoit qu'il mourroit de froid, & cependant il demandoit sans cesse à boire, assurant qu'il sentoit en dedans un feu qui le devoroit avec une envie prodigieuse de dormir. Ce sont les symptômes ordinaires du venin qui arrête le mouvement & la circulation du sang, & cause ainsi ce froid extraordinaire dans les parties éloignées du cœur, & en même temps cet assoupissement involontaire, pendant que tous les esprits retirez au dedans y excitent un mouvement violent, cause de la chaleur interieure & excessive qui l'obligeoit de demander si souvent à boire. Je voulus voir sa jambe que je trouvai liée très-fortement au dessous, & au dessus du genoüil avec une lianne ou espece d'ozier qui court comme la vigne-vierge ; la jambe & le pied étoient horriblement enflez, & le genoüil malgré les ligatures, l'étoit un peu ; je le confessai, & j'en fus fort content ; il est vrai que pour l'empêcher de dormir, je lui tenois une main que je remuois sans cesse; il étoit âgé de dix-neuf à vingt ans, & assez sage. Son pere & sa mere, & ses autres parens qui entrerent dans la case après que j'eus fini ma fonction, témoignoient bien du regret. Je fis appeller le Negre qui l'avoit pensé, & je lui demandai en particulier son sentiment sur cette morsure: il me dit qu'il y avoit du danger, & qu'on ne pouvoit rien décider qu'après vingt-quatre heures, quand on leveroit le second appareil; que cependant il en esperoit bien parce que la ventouse qu'il avoit appliquée sur la morsure, avoit attiré quantité de venin.

Je lui demandai de quelle maniere il traitoit ces sortes de playes, & de quels remedes il se servoit, il s'excusa de me dire le nom de toutes les herbes qui entroient dans la composition de son remede, parce que ce secret lui faisant gagner sa vie, il ne vouloit pas le rendre public. Il me promit de me traiter avec tout le soin possible si je venois à être mordu, je le remerciai de ses offres, souhaitant très-fort de n'en avoir jamais besoin.

A l'égard du traitement, il me dit que dès qu'on est mordu, il faut se lier ou se faire lier fortement le membre mordu

Comment on traitte les per-

sept ou huit doigts au dessus de la morsure, & que quand il se rencontre quelques jointures, il faut encore lier au dessus, & marcher au plûtôt pour se rendre à la maison sans s'arrêter & sans boire, à moins qu'on ne veuille boire de sa propre urine qui dans cette occasion est un puissant contrepoison. Il est vrai, me dit il, que quand on est mordu à une jambe on a bien de la peine à marcher, parce que dans un moment elle s'engourdit & semble être devenuë de plomb; mais pour lors il faut tirer des forces de sa raison, & rappeller tout son courage. Pour lui la premiere chose qu'il faisoit quand on lui presentoit un blessé, c'étoit d'examiner si les deux crocs du serpent étoient entrez dans la chair, ou s'il n'y en avoit qu'un. Car comme il me le fit voir dans la gueule de celui qui avoit mordu le Negre, les serpens n'ont que deux dents venimeuses qu'on appelle crocs à cause de leur figure courbe : ces crocs sont dix à douze fois plus longs que les autres dents. Ils sont couchez le long de leur palais. J'en fis arracher un, & je remarquai qu'il étoit creux depuis sa naissance jusqu'aux deux tiers de sa longueur, où il y avoit un petit trou;

ces dents sont mobiles, & sont accompagnées à l'endroit où elles sont attachées aux gencives, d'une petite pellicule en maniere de vessie remplie de venin. Quand le serpent veut mordre, il penche un peu la tête, & mord de côté ; de maniere que le mouvement violent qu'il fait en mordant comprime les vessies, & fait couler le venin par la concavité des dents, & le répand dans la playe qu'elles ont faite par le petit trou qui est à l'extrêmité de la concavité, ensorte que le danger d'une morsure de serpent est plus ou moins grand selon que la dent est entrée dans la chair, & qu'elle y a demeuré.

Il est naturel de retirer avec précipitation le bras ou la jambe où l'on se sent mordu, & il est ordinaire d'attirer à soi le serpent, parce que ses dents courbes, & la posture où il s'est mis pour mordre, ne se dégagent pas facilement des chairs où elles sont entrées, & il arrive quelquefois qu'on arrache les dents par l'extrême violence qu'on fait en se retirant.

Quand les trous des deux crocs sont assez près l'un de l'autre, & dans un endroit où une ventouse les peut couvrir tous deux, on n'en applique qu'une;

quand cela ne se trouve pas, on en applique deux ; mais avant de les appliquer, on a soin de faire des scarifications sur les morsures. Après que la ventouse a fait son effet on presse fortement, & on comprime avec les deux mains les environs de la partie blessée pour expulser le venin avec le sang. Il arrive souvent que l'on réitere deux ou trois fois l'application des ventouses, selon que celui qui traitte voit la sortie du venin abondante ou médiocre.

On a soin sur toute chose de faire prendre au blessé un verre de bonne eau-de-vie de vin ou de cannes, dans lequel on a dissous une once de Theriaque ou d'Orvietan : on broye cependant dans un mortier une gousse d'ail, une poignée de lianne brulante, du pourpier sauvage, de la mal-nommée, & deux ou trois autres sortes d'herbes ou racines dont on ne voulut pas me dire le nom ; on y mesle de la poudre de tête de serpent avec un peu d'eau-de-vie, & on fait boire ce suc au blessé après l'operation des ventouses ; on met le marc en forme de cataplasme sur la blessure, & on a soin de tenir le malade le plus chaudement que l'on peut, & sans lui permettre de dormir, au moins pendant vingt-quatre heures, sans lui donner autre chose à boire qu'une ptisanne composée du suc de ces mêmes herbes, avec de l'eau, du jus de citron, & un tiers d'eau-de-vie.

On leve le premier appareil au bout de douze heures, on y met un second cataplasme semblable au premier que l'on leve douze heures après, & pour lors on juge de la guérison ou de la mort du blessé par la diminution ou augmentation de l'enflure, & par la quantité du venin que le cataplasme a attiré. En trois ou quatre jours au plus on est hors d'affaire, supposé que la dent du serpent n'ait pas percé quelque artere, quelque tendon, ou veine considerable; car en ces cas les remedes sont inutiles, & en douze ou quinze heures on paye le tribut à la nature.

Il y a une autre maniere de traiter les morsures de serpent, qui est plus expeditive, & que j'approuverois fort si le danger étoit moins grand pour ceux qui s'exposent à guerir le blessé. Elle consiste à se faire succer la partie blessée jusqu'à ce qu'on en ait tiré tout le venin que la dent du serpent y auroit introduit.

Ceux qui ont assez de courage, ou

de charité pour s'exposer à faire cette cure se gargarisent bien la bouche avec de l'eau de vie ; & après avoir scarifié la place, ils la succent de toute leur force, ils rejettent de temps en temps ce qu'ils ont dans la bouche, & se la nettoyent, & gargarisent à chaque fois, observant de presser fortement avec les deux mains les environs de la partie blessée. On a vû de très bons effets de cette cure, mais elle est très-dangereuse pour celui qui la fait ; car s'il a la moindre écorchûre dans la bouche, ou qu'il avale tant soit peu de ce qu'il retire, il peut s'attendre à mourir en peu de momens, sans que toute la medecine le puisse sauver.

Après que j'eus consolé ce pauvre Negre blessé, je dis à l'œconome de l'habitation de m'envoyer avertir le lendemain matin de l'état où se trouveroit le malade, afin que je pusse l'assister selon le besoin qu'il en auroit.

Nous revînmes à la maison, on me lava les jambes avant de me coucher. Je trouvai mes égratigneures gueries & sans demangeaison. Les Negres qui avoient été à la chasse dans le bois, & aux attrapes, avoient apporté quatorze ou quinze perdrix & autant de ramiers,

avec

avec quatre douzaines de grives. Nous mangeâmes le soir quelques uns de ces gibiers, & le reste tout prêt à mettre à la broche avec quelques autres provisions, fut porté le lendemain chez le Pere Breton qui nous devoit donner à dîner.

Le Mercredi 17. le Pere Breton s'en alla chez lui de grand matin pour mettre ordre à son dîner. J'allai avec toute nôtre compagnie dire la Messe à mon Eglise. Monsieur Roi mon compagnon de voyage, & le sieur Sigaloni s'y étant rencontré nous les menâmes avec nous.

L'Econome de la grande riviere m'avoit écrit le matin que le Negre mordu du serpent étoit hors de danger, & que sans attendre la levée du second appareil, on pouvoit répondre de sa guerison. Cela me fit plaisir, & me mit en repos de ce côté là.

Nous arrivâmes chez le P. Breton, nous allâmes adorer le S. Sacrement, & voir l'Eglise; elle est dédiée à Saint Jean-Baptiste, elle l'étoit auparavant à Saint Adrien. Je ne sçai pourquoi on a changé de Patron. Cette Eglise pouvoit avoir soixante pieds de long, & vingt-quatre de large, sans Chapelles; elle

Eglise Paroissiale de la basse pointe.

étoit toute de maçonnerie, le comble assez propre, mais trop bas. On avoit suivi un peu trop scrupuleusement l'usage des anciennes Eglises de mettre l'Autel du côté de l'Orient, cela étoit cause que le côté de l'Eglise faisoit face le long de la rue du Bourg, au lieu qu'il auroit été plus convenable d'y placer le portail. Au reste les dedans étoient fort propres, l'Autel, la Chaire, les bancs étoient d'une belle menuiserie, à côté de l'Autel en dehors on avoit pratiqué une petite Sacristie assez commode. Le Bourg de la basse Pointe ne consistoit pour lors qu'en quinze ou vingt maisons occupées par quelques Marchands, des ouvriers & des cabarets. La maison du Curé étoit petite, mais commode, & assez propre, il avoit un jardin bien entretenu, & une savanne fermée du côté du Bourg pour l'entretien de son cheval, car dans les Isles les chevaux paissent toute l'année.

Les provisions que mon hôte avoit envoyées au P. Breton, avec ce que ses Paroissiens lui fournirent, lui donnerent le moyen de nous traiter très-bien, on lui avoit prêté du linge, de la vaisselle, & des domestiques, de sorte que rien ne manqua aux quatorze ou quinze

personnes qui se trouverent à table.
Après dîné je montai à cheval avec Messieurs Michel & Roy, pour aller rendre visite à M. Claude Pocquet, Capitaine du quartier de la basse Pointe, Conseiller au Conseil Souverain de la Martinique, & qui depuis a acheté une Charge de Secretaire du Roi. Il étoit dès ce tems-là le coq de toute la Cabesterre, riche, bien allié, & se faisant honneur de son bien. Il étoit de Paris, fils d'un Marchand, je ne sçai pas bien de quelle espece. Il avoit un frere Chapelain à Nôtre-Dame. M. Pocquet avoit été employé quelques années à Surate & à la côte de Coromandel pour la Compagnie des Indes Orientales : il y avoit gagné du bien, & après être revenu à Paris, il avoit été fait Directeur des Domaines & des munitions des Isles : il s'y étoit marié avec une des filles de feu Monsieur de Merville, Gentilhomme du Pays de Caux ; il avoit ensuite acheté de differens particuliers la terre où il demeuroit, large de douze cens pas sur trois mille pas de haut, sur laquelle il avoit trois sucreries, & près de deux cens Negres. Il nous reçût parfaitement bien & me fit mille offres de service. Il me fit voir

1694.
M. Pocquet Conseiller & Capitaine de Milice.

la sucrerie la plus proche de sa maison, où il commençoit à faire du sucre blanc ou terré. Il vouloit à toute force nous retenir à souper, mais nous nous en excusâmes, parce que nous avions donné parole d'aller souper chez un des conviez du Pere Breton, nommé le sieur Verrier.

Ce M. Verrier étoit un Gascon qui étoit venu dans les Isles en qualité d'engagé, comme la plûpart des autres habitans. Le tems de son engagement étant achevé, il s'étoit fait Marchand de vin, puis d'autres marchandises; & ayant gagné quelque chose, il épousa une des filles d'un habitant nommé Peret, dont il eut des Negres, une sucrerie & une cacoyere. Avec tout cela il n'étoit pas des plus riches, mais quoiqu'on se souvînt encore de l'avoir vû engagé, sa bonne humeur & ses manieres réjouissantes, faisoient qu'on le vouloit avoir dans toutes les assemblées, & on se faisoit même un plaisir d'aller chez lui, où on étoit toûjours assuré de trouver un plat de sa façon, car il étoit excellent cuisinier.

Avant de sortir de chez M. Pocquet, on convint qu'on viendroit passer le Dimanche gras chez M. Michel, que le lundi on dîneroit chez M. Courtois, & qu'on souperoit chez M. le Bourg, les deux plus proches voisins de M. Pocquet, & que le mardi gras se passeroit chez lui.

Nous allâmes donc chez le sieur Verrier où nous trouvâmes le P. Breton, & le reste de la compagnie qui avoit dîné chez lui. Nous fûmes parfaitement bien traittez. Après souper j'allai coucher chez le P. Breton ; tout le reste de la compagnie demeura où nous avions mangé.

Le vendredi 18. Février je fus dire la Messe à mon Eglise. Je visitai chemin faisant quelques-uns de mes Paroissiens qui me reçûrent avec toutes sortes de civilitez & d'offres de service. Je me retirai chez M. Michel mon hôte.

Le samedi je fus dire la Messe à la Chapelle de la grande riviere, afin de voir en même tems le Negre qui avoit été mordu du serpent. Je le trouvai en bon état, sa jambe n'avoit plus d'autre enflure que celle que lui avoient causé les ligatures ; il étoit sans douleur. Le Medecin Negre l'avoit remis au Chirurgien de la maison qui pensoit les deux trous où les crocs du serpent étoient entrez, & les scarifications qu'on avoit faites dessus avec les onguens ordinaires.

Je commençai par cette habitation à prendre l'état des ames de ma Paroisse. J'y trouvai cent dix Negres grands ou petits, entre lesquels il y avoit huit Negres adultes qui n'étoient pas baptisez. Tous les Negres étoient conduits par un Commandeur, au dessus duquel il y avoit un Econome neveu de M. Roy, que l'on appelloit Regis, pour le distinguer de son oncle à qui ce bien appartenoit. C'étoit un petit Gascon tout blanc, quoiqu'il n'eût pas encore trente-cinq ans, & un joueur de profession s'il en fut jamais. Je lui recommandai fortement aussi-bien qu'au Commandeur, d'avoir soin qu'on fît exactement la Priere soir & matin & le Catechisme, & de ne pas manquer de m'envoyer les Negres Fêtes & Dimanches de bon matin à l'Eglise, afin que je pusse les instruire & les préparer au Baptême & aux autres Sacremens, dont ils se rendroient capables. Je faisois la même chose dans toutes les habitations de ma Paroisse ; & j'ai eu sujet de me louer de l'exactitude de mes Paroissiens sur cet article.

Le Dimanche 20. je me rendis à mon Eglise au point du jour, & il s'y trouva un grand nombre de Negres & d'enfans blancs à qui je fis le Catechisme. Je confessai aussi beaucoup de personnes qui voulurent faire leurs devotions. M. Pocquet, son épouse & autres personnes que M. Michel avoit conviez vinrent entendre ma Messe. Je prêchai sur ces paroles de l'Evangile : *Domine ut videam* ; après le Service je fis deux Baptêmes, ce qui donna le loisir au P. Breton de nous joindre, comme nous étions prêts de monter à cheval, pour nous rendre chez M. Michel, où nous nous trouvâmes au nombre de vingt personnes.

Il est inutile de dire que nous y fûmes traittez magnifiquement à dîner & à souper ; la plûpart des conviez y coucherent, & il ne faut pas s'étonner que dans des maisons assez petites, on puisse donner à coucher à beaucoup de monde, la plûpart, ou pour parler plus juste, presque tout le monde couche dans des amacs qui tiennent peu de place, & qui n'embarassent point une maison. La description que j'en ferai ci-après, fera voir la commodité de ces sortes de lits.

Je partis le lendemain de bonne heure pour me rendre à mon Eglise, afin d'y dire la Messe quand la compagnie y passeroit. Nous prîmes chemin faisant le P. Breton, & fûmes tous ensemble chez M. Courtois, où nous dinâmes. Nous nous rendîmes sur le soir chez M. le Bourg où nous soupâmes, & où nous passâmes fort agréablement la soirée; les conviez qui étoient éloignez de chez eux y coucherent, pour moi je fus coucher chez mon confrere le P. Breton.

Le mardi vingt-deuxiéme nous nous rendîmes chez M. Pocquet après la Messe, nous y trouvâmes tous les conviez, mais par malheur pour eux, ce mardi gras étoit la veille de saint Mathias, & par conséquent un jeûne d'Eglise, la plûpart ne laisserent pas de prendre du chocolat, fondez sur une décision de quelques Missionnaires, qui prétendent la tenir de Rome, & qui ne manquent jamais d'avertir leurs Paroissiens le Dimanche gras ou de la Quinquagesime qu'on peut prendre du chocolat sans rompre le jeûne, pourvû qu'on n'y mette point de lait ni d'œufs, comme on fait presque par toutes les Isles. On discourut beaucoup pour & contre cette décision. Pour moi qui tenoit pour la négative, je me fondois sur l'avis des Medecins Espagnols, qui conviennent qu'il y a plus de substance nourrissante dans une once de chocolat que dans une demie livre de bœuf ; & sur ce principe, je soûtins qu'on n'en pouvoit pas prendre sans rompre le jeûne, quand même on le feroit simplement avec de l'eau comme les Espagnols le font. La maniere d'y mesler du lait, des œufs ou du vin de Madere étant venuë des Anglois qui mettent de ces sortes de choses dans leur chocolat, aussi-bien que dans leur ponche, leur sang gris, & autres breuvages qui leur sont particuliers.

On me demanda mon sentiment à l'égard du thé & du caffé ; je voulois laisser décider cette question au P. Breton comme à mon ancien, mais il me dit qu'il souhaitroit comme le reste de la compagnie, d'apprendre ce que j'en pensois, parce qu'arrivant de France ma morale seroit plus pure que la sienne, qui devoit avoir contracté beaucoup de relâchement depuis le longtems qu'il étoit aux Isles. Je leur dis donc que le thé & le caffé n'étant qu'une teinture de ces deux simples, elle ne donnoit point, ou que très peu de substance à l'eau où on les avoit fait boüillir, & qu'ainsi on les devoit plûtôt re-

Sentiment de l'Auteur sur le chocolat, le thé & le caffé.

178 *Nouveaux Voyages aux Isles*

1694. garder comme un médicament que comme une nourriture ; qu'à la verité le sucre qu'on y met étoit de soi nourrissant, mais que la quantité qui y entroit étant si peu considerable, il sembloit qu'on en pouvoit prendre, sur tout dans un pays chaud où les pores étant toûjours ouverts, donnent lieu à une grande transpiration qu'on ne peut réparer que par des alimens, & que je serois volontiers de cette opinion, sans une petite difficulté qui m'arrêtoit, à laquelle je ne trouvois pas de solution qui me contentât. Car, leur disois-je, le jeûne est institué pour mortifier la chair, l'abbatre & la soûmettre à l'esprit ; mais est-ce la mortifier, l'abbattre & la soumettre que de lui donner des choses qui la soutiennent, qui aiguisent ses appetits, qui entretiennent sa délicatesse, & lui donnent le moyen d'attendre sans impatience & sans peine un bon repas, qu'on seroit peut-être obligé de differer de quelques heures, parce qu'on se trouveroit rempli du thé ou du caffé qu'on auroit pris. C'est pourtant le cas où se trouvent ceux qui prétendent qu'on peut prendre de ces choses sans rompre le jeûne, & qui sont par conséquent dans une pratique toute oppofée à l'esprit de l'Eglise, dans l'établissement & dans le précepte qu'elle fait du jeûne à ses enfans ; puisque selon les Medecins les plus habiles, toutes ces teintures, liqueurs ou boissons, ou comme on les voudra appeller, sont de soi nourrissantes, & par conséquent contraires à l'essence du jeûne, qui consiste à ne faire qu'un repas par jour. Je leur dis que nos anciens avoient poussé leur régularité si loin sur cet article, qu'ils ne croyoient pas qu'il fût permis de de prendre de l'eau pure. Que Ruffin dans son troisiéme Livre Chapitre 46. rapporte qu'un Moine nommé Zacharie, pressé de la soif, ayant demandé de l'eau, Sylvain qui étoit son Abbé, s'excusa de lui en faire donner, en lui disant simplement, *c'est aujourd'hui jeûne.* A quoi j'ajoutai l'Histoire de ce célébre Martyr d'Alexandrie, qui ayant été tourmenté toute la journée, & les tourmens lui ayant causé une soif extrême : comme on le menoit hors de la Ville pour lui couper la tête, il témoigna qu'il avoit soif, & une personne lui ayant aussi-tôt presenté de l'eau, il prit le vase, mais s'étant souvenu qu'il étoit jeûne ce jour-là, il le rendit, en disant ; *c'est aujourd'hui jeûne,* & continua ainsi son chemin.

Toute la compagnie qui étoit composée de gens sages & vertueux, ou du moins qui vouloient paroître tels, applaudit à mon sentiment ; on renvoya le thé & le caffé, & on songea à passer le tems à d'autres choses jusqu'au dîner.

Je me joignis à M. Pocquet qui me mena voir son jardin, & l'établissement où il commençoit à faire du sucre blanc. C'étoit un grand bâtiment de maçonnerie de cent trente pieds de long sur vingt-quatre pieds de largeur, avec un étage en galetas. Ce lieu sert pour y porter les formes de sucre, quand il est refroidi où il a été fabriqué. C'est-là qu'on le travaille, qu'il se purge & qu'il devient blanc : on appelle cet endroit, une purgerie. A une des extremitez étoit l'étuve ; on y fait secher les formes de sucre, quand elles ont acquis toute la blancheur qu'elles peuvent avoir ; entre l'étuve & la sucrerie il y avoit un endroit où l'on pile les formes de sucre quand elles sont seches, afin que les bariques où l'on met le sucre pour le transporter en Europe, en contiennent une plus grande quantité.

Je vis dans le jardin des franchipanes blanches & rouges qui rendent une odeur très douce & très agréable ; des œillets, des tubereuses en quantité, des figuiers comme ceux que nous avons en France, mais qui portent toute l'année pourvû qu'on ait soin de les labourer, de mettre du fumier au pied, & de les arroser dans le tems de la secheresse. Il me promit de contribuer à remplir mon jardin de toutes les plantes, arbres & herbages que je voudrois prendre dans le sien, & il m'offrit de fort bonne grace tout ce qui dépendoit de lui.

Monsieur Pocquet avoit dés ce tems-là cinq ou six enfans, ses deux aînez étudioient à Paris, & la plus grande de ses filles étoit aux Ursulines du Fort S. Pierre. Quand je suis parti des Isles, il avoit douze ou treize enfans vivans, & sa femme étoit encore assez jeune pour en avoir plusieurs autres. C'étoit un homme d'un très-grand ordre dans ses affaires, magnifique dans sa table & dans ses meubles, n'épargnant rien pour l'éducation de ses enfans, bon Chrétien, bon ami & faisant plaisir à tous ceux qui avoient besoin de lui.

Nous nous mîmes à table un peu avant midi, on ne peut être mieux servis, ni avec plus d'abondance, d'ordre, de propreté & de délicatesse que nous le fûmes:

1694.

Plastron de Tortuë, ce que c'est; maniere de le preparer.

on nous servit entre autres choses un plastron de tortuë de plus de deux pieds de long, & d'un pied & demi de large. J'avois mangé plusieurs fois de la Tortuë depuis que j'étois aux Isles, elle m'avoit paru très-bonne, mais ce morceau me parut excellent. Le plastron d'une tortuë est toute l'écaille du ventre de cet animal, sur lequel on laisse trois ou quatre doigts de chair, avec toute la graisse qui s'y rencontre. Cette graisse est verte, & d'un goust très-délicat. Le plastron se met tout entier dans le four: on le couvre de jus de citron, avec du piment, du poivre, du sel & du gerofle battu; il ne faut pas que le four soit plus chaud que pour y faire cuire de la patisserie, parce que la chair de la tortuë étant tendre, elle veut être cuite à feu lent. Pendant qu'il est au four on a soin de percer de tems en tems la chair avec une brochette de bois, afin que la saulce contenuë dans le plastron, la pénetre de toutes parts. On sert le plastron tout entier sur la table, l'on coupe par tranches la chair qu'il renferme, & on la sert avec la saulce. Jamais je n'ai rien mangé de si appetissant & de si bon goût. Cette viande a une propriété admirable, c'est que l'on en peut

Bonté de la chair de la Tortuë.

manger tant que l'on veut sans craindre d'en être incommodé, parce qu'elle est de très-facile digeſtion, quoiqu'elle ſoit très-nourriſſante.

1694.

La chair de tortuë ſe met à toutes ſortes de ſaulces, on en fait de la ſoupe comme ſi c'étoit du bœuf ou du mouton, on la fait rotir à la broche, on la mange en gribelettes, en daube, en ragoût, en fricaſſée; ſes inteſtins ſont très-bons, & ſes pattes ſont excellentes. On peut croire que la tortuë ne fut pas la ſeule viande qu'on ſervit ſur la table de Monſieur Pocquet, il y avoit une abondance & une diverſité ſurprenante de toutes ſortes de poiſſons de mer & de riviere.

Entre les confitures que l'on ſervit au deſſert, il y avoit des cacaos confits, que je croy être la plus délicieuſe confiture qui ſe puiſſe imaginer, & qui ſurpaſſe à mon avis les meilleures qui ſoient en Europe. Ils étoient auſſi-bien que toutes les autres de la façon d'une Damoiſelle de l'Iſle S. Chriſtophle, appellée Marie-Anne Menegaut, qui après la déroute & la priſe de cette Iſle, s'étoit trouvée orpheline & dépouillée de tous ſes biens, elle étoit venuë à la Martinique, où Madame Poc-

Cacaos confits.

quet qui connoiſſoit ſa famille & ſon merite l'avoit retirée chez elle pour lui tenir compagnie, & l'aider à l'education de ſes enfans.

Charité des habitans de la Martinique.

On doit cette loüange aux habitans de la Martinique, qu'il ſeroit difficile de rien ajoûter à la generoſité, à l'empreſſement & à ſa charité qu'ils témoignerent pour ſecourir les habitans de S. Chriſtophle & des autres Iſles, dont les Anglois s'étoient emparez. Chaque chef de famille les prenoit chez ſoi, plûtôt à proportion de ſa charité que de ſes moyens, & aimoit mieux que ſa famille manquât ſouvent du neceſſaire, que de voir ſouffrir ces pauvres exilez. On fit pour eux une quête dans toute l'Iſle qui produiſit près de cinquante mille Francs qui auroient beaucoup ſoulagé ces pauvres gens, avec les autres ſecours dont on les aſſiſtoit, ſi cet argent avoit été diſtribué avec autant d'égalité que la juſtice le demandoit; mais certaines familles furent ſi bien partagées, qu'il ne reſta preſque rien pour les autres qui le méritoient, & qui en avoient un auſſi grand beſoin. De ſorte qu'on pouvoit dire avec autant de verité que du tems de l'Apôtre : *Alius eſurit, alius ebrius eſt.* J'en connois à qui la déroute de Saint Christophle a été trés avantageuse par le moyen de ces abondantes aumônes, & qui peuvent dire avec justice ce qu'un Ancien disoit autrefois : *Nous étions perdus si nous n'avions pas été perdus.* Dieu veuille que la lecture de ces Memoires les fassent rentrer en eux mêmes, & les obligent de restituer aux pauvres ce que leur adresse leur a enlevé de cette charité.

Pour revenir aux Cacaos confits, je priai Mademoiselle Marie-Anne, après qu'on fut sorti de table, de m'apprendre comment elle faisoit cette confiture, elle n'en fit aucune difficulté, & afin de me le faire mieux comprendre, elle me fit entrer dans l'office, où il y en avoit qui n'étoient pas encore achevées, & dont elle m'expliqua la façon de la maniere qui suit.

Le Cacao que l'on veut confire, doit être cueilli quelque tems avant qu'il soit meur. On connoît la maturité de ce fruit quand les cosses qui le renferment commencent à jaunir dans leur entre-deux ; on doit donc cueillir les cosses quelques jours avant qu'elles soient en état de jaunir.

Maniere de confire le Cacao.

Les amandes de Cacao étant cueillies dans cet état, sont blanches, tendres, délicates ; on les met tremper dans l'eau douce & bien claire, & on les change d'eau soir & matin pendant cinq ou six jours, ensuite on les larde en cinq ou six endroits avec de petits lardons d'écorce de citron, & de canelle fort mince. On fait un sirop du plus beau sucre, mais fort clair, c'est-à-dire où il y ait peu de sucre, on les met tremper pendant vingt-quatre heures, aussi-tôt qu'il est hors du feu, & on l'a purifié & clarifié. On les retire de ce sirop au bout de vingt-quatre heures, & pendant qu'ils égoûtent, on fait un autre sirop semblable au premier, mais un peu plus fort de sucre, où on les laisse encore vingt-quatre heures. On fait ce manege pendant six jours, augmentant à chaque fois la quantité de sucre, sans les mettre jamais sur le feu ni leur donner d'autre cuisson que celle qu'ils acquierent dans ces differents sirops. A la fin on fait un sirop de consistance dans lequel on met un peu d'essence d'ambre, de musc, ou d'autres odeurs où on les conserve pour s'en servir au besoin.

Quand on les veut tirer au sec on les ôte de leur sirop, & après les avoir laissé égoûter, on les plonge dans une baſſine pleine d'un ſirop bien clarifié & fort de ſucre, & ſur le champ on les met dans une étuve où ils prennent le candi.

1694.

Cette confiture, comme on voit, demande beaucoup de ſoin, & conſume beaucoup de ſucre. Les confituriers des Iſles en font très-rarement; & à moins d'un écu la livre, ils ne peuvent pas l'entreprendre, ou la faire comme il faut.

Le Mercredi des Cendres j'en fis la benediction & la ceremonie dans mon Egliſe, je chantai la Meſſe & je prêchai. Monſieur Dauville mon Marguillier me pria à dîner. Je vins dire la Meſſe à mon Egliſe les trois jours ſuivans, & j'achevai pendant ce tems-là de prendre l'état des ames de ma Paroiſſe, & de voir les enfans & les Negres qu'il falloit diſpoſer à la premiere Communion & au Baptême.

Le Vendredi le Pere Breton vint dîner chez mon hôte, il amena avec lui mon Compagnon de voyage le P. Daſtés, que le Superieur general de nos Miſſions envoyoit au Fort Saint Pierre attendre quelqu'occaſion pour aller à la Miſſion de S. Domingue, où il le deſtinoit. Je le retins avec moi, afin d'aller enſemble à la Baſſe-terre, où j'étois obligé de me trouver le Lundi ſuivant.

Le Dimanche 28. Fevrier, je me rendis de grand matin à mon Egliſe, où je confeſſai beaucoup de monde, que je communiai à la Meſſe baſſe que je dis, laiſſant au Pere Daſtés, ſelon la coûtume, l'honneur de chanter la Meſſe de Paroiſſe. Je prêchai après l'Evangile ſur la neceſſité & les qualitez du jeûne.

J'avertis que l'on pouvoit manger des œufs, & que ceux qui auroient beſoin de manger de la viande, aprés s'être bien examinés devant Dieu, devoient m'en demander la permiſſion, puiſque j'étois leur paſteur, & que cette petite ſoumiſſion à l'Egliſe mettroit leur conſcience en repos. Je les priai de m'envoyer leurs Negres qui n'étoient pas baptiſez les Dimanches & les Fêtes au matin, afin que je pûſſe leur faire une inſtruction particuliere avant le Catéchiſme, où je ſouhaittois que leurs enfans, leurs engagez ou domeſtiques & leurs Negres, ſe trouvaſſent avant la grande Meſſe ; & qu'à l'égard des enfans qui ſe diſpoſoient à la premiere Communion, je leur ferois le Catéchiſme le Mardi & le Vendredi de chaque semaine. C'est la regle que j'ai toûjours observée pendant que j'ai été Curé. Je les avertis ensuite que j'étois obligé de m'absenter pendant la plus grande partie de la semaine pour aller au Fort Royal rendre mes devoirs au Gouverneur general, & que le Pere Breton suppleroit en mon absence. Je finis en les priant de se trouver à la maison Curiale après que l'Office seroit achevé, pour quelques affaires que j'avois à leur proposer.

Tous les chefs de famille s'étant assemblez au Presbytere, Monsieur Michel Capitaine du Quartier, leur representa la necessité qu'il y avoit d'augmenter le bâtiment du Presbytere, & les moyens de le faire sans beaucoup de dépense. Tout le monde consentit à cette proposition, & se cotisa selon ses moyens, mais avec beaucoup de generosité. Monsieur Dauville comme Marguillier fut chargé du recouvrement de ce qu'on avoit promis, & de faire incessamment travailler aux planches, essentes & autres bois, dont les Charpentiers lui donnerent le memoire, afin que tout fut prest pour les Fêtes de la Pentecôte, qui étoit le tems que les deux Charpentiers qui demeuroient dans la Paroisse, promettoient d'y travailler. Mais comme je souhaittois de faire au plûtôt mon jardin, tous mes Paroissiens se taxerent à me fournir chacun une quantité de palissades de bois lezard pour en faire la clôture, qu'ils me promirent de me faire apporter incessamment. Aprés que je les eus remercié, je montai à cheval avec le Pere Dastés, & Monsieur Michel pour aller dîner chez une veuve appellée Madame Roche, dont l'habitation faisoit la séparation de ma Paroisse d'avec celle de la basse pointe.

La veuve Roche. Son histoire.

Cette veuve âgée pour lors de soixante & quinze ans, étoit une des premieres femmes qui fut veuve aux Isles. Elle étoit de Dieppe dont elle avoit conservé le patois, l'accent & les manieres, comme si elle n'en fut jamais sorti. Son mari avoit été tué dans un combat qui se donna sur la montagne pellée, entre les troupes du Roi & les habitans de la Cabesterre, qui ne vouloient point reconnoître l'autorité de la Compagnie de 1664. qui avoit achepté la proprieté des Isles. Il y avoit plus de trois mois que cette espece de bataille s'étoit donnée, sans qu'on se fut mis en peine d'envoyer enterrer les morts. Madame Roche voulut faire enterrer le corps de son mari à l'Eglise du Macouba qui étoit sa Paroisse ; elle alla donc le chercher avec deux de ses Negres, croyant ne plus trouver que les os, mais étant bien sûre de ne s'y pas tromper, parce qu'un de ses Negres qu'elle conduisoit avec elle, étoit avec son mari quand il fut blessé, & l'avoit porté derriere un rocher à côté du chemin où il l'avoit laissé après qu'il fut expiré. Elle fut étrangement surprise de trouver le corps de son mari tout entier, aussi bien que ceux des autres habitans qui avoient été tuez au même endroit. Il falloit que le froid excessif qui regne sur cette montagne qui est très-haute les eut conservez ; cela rendoit impossible le transport du corps, parce que les chemins étoient trop escarpez & trop étroits pour permettre le passage à deux hommes chargez du même fardeau. Cet incident auroit embarassé tout autre que Madame Roche ; mais comme elle étoit femme d'execution, elle fit couper le corps de son mari en morceaux, & ses deux Negres & elle en ayant pris chacun leur part, ils l'apporterent au Macouba, où il fut enterré, & où elle ne manquoit jamais de faire dire un Service tous les ans. Je n'aurois pû me refoudre à croire cette histoire, quoique tous les vieux habitans me la certifiassent, si cette bonne veuve ne me l'avoit comptée avec une naïveté qui seule étoit suffisante pour me convaincre de sa verité.

Le Pere Breton qui se trouva à ce dîner me mena avec mon Compagnon souper & coucher chez le sieur Verrier ; j'acceptai ce parti, parce que je m'approchois toûjours du Fort Saint Pierre. J'avois avec moi outre mon Negre, un autre Negre que Monsieur Michel m'avoit prêté pour apporter mon linge & quelques-autres choses dont j'avois besoin, en attendant que la mer permit d'y envoyer son canot pour apporter mon coffre, mon lit & les provisions de bouche que j'allois demander au Superieur de nôtre Mission.

CHAPITRE

CHAPITRE VIII.

Voyage de l'Auteur au Fort Royal. Description de la Ville & de la Forteresse.

1694.

LE Lundi premier jour de Mars je partis avant le jour de la maison du sieur Verrier, où j'avois couché, & j'arrivai au Fort S. Pierre sur les neuf heures du matin. J'y trouvai nôtre Superieur General qui me marqua beaucoup de satisfaction de la bonne volonté que mes Paroissiens me témoignoient. J'allai voir Messieurs de Guitaut, de Gabaret & du Metz, & Monsieur de la Heronniere, qui venoit de terminer une très-grosse affaire qu'il avoit avec Monsieur le Comte de Blenac Gouverneur general des Isles, au sujet de six caisses de fusils qui ne se trouvoient point dans le vaisseau, quoiqu'elles fussent sur le memoire du chargement. Comme ce Seigneur étoit fort vif il menaçoit de faire le procès à Monsieur de la Heronniere qui avoit signé le reçeu de ces six caisses, mais qui soûtenoit les avoir renvoyées à L'Arcenal de Ro-

1694.

Insigne méchanceté de l'Ecrivain de la Loire.

chefort, parce qu'on n'avoit pû les loger dans le vaisseau, & que l'Ecrivain devoit en avoir tiré le certificat. L'Ecrivain par une insigne malice nioit le fait, quoique le Lieutenant du vaisseau, les Officiers mariniers & tous les Matelots l'affirmassent. Mais heureusement ce méchant homme fut attaqué de la maladie de Siam qui l'emporta en trés-peu de jours, & on trouva dans ses papiers le receu de ces six caisses d'armes signé par le Garde magazin de Rochefort. Il n'y avoit que deux ou trois heures que Monsieur de la Heronniere étoit revenu du Fort Royal, où il avoit porté ce receu à Monsieur de Blenac, lequel par une bizarerie qui lui étoit assez ordinaire, lui faisoit un nouveau crime du renvoi de ces caisses, comme s'il eust manqué d'armes dans sa forteresse, lui qui en avoit pour armer dix fois plus de monde qu'il n'y en avoit dans l'Isle.

Je ne manquai pas de feliciter Monsieur de la Heronniere de l'heureuse issuë de son affaire, dont j'avois d'autant plus lieu de me réjoüir, que les obligations que je lui avois m'obligeoient de prendre part dans tout ce qui lui arrivoit.

Je chargeai le Negre de Monsieur

Michel de ce que je voulois envoyer en mon quartier, & je priai le Pere Cabasson Superieur de nôtre Mission, de me procurer les provisions de bouche dont j'avois besoin.

1694. Voiture dont on se sert pour aller du Fort S. Pierre au Fort Royal.

Je fus ensuite retenir une place dans le canot d'un nommé Louis Galere, Negre libre qui faisoit le voyage du Fort S. Pierre au Fort Royal, & qui revenoit le même jour, moyennant un écu pour chacune personne, ou six écus pour tout le canot : cette voiture est commode, car quoiqu'il n'y ait que sept lieuës par terre du Fort S. Pierre au Fort Royal, le chemin est trés-difficile & trés-incommode, tout ce pays n'étant composé que de montagnes qu'il faut incessamment monter & descendre.

Il y avoit déja deux ou trois ans que ce Louis Galere avoit commencé à faire ces voyages, & il s'en est trouvé si bien, encore que d'autres l'ayent imité, qu'il avoit quand je suis parti plus de vingt Esclaves, trois ou quatre canots de voyage, & une seine pour la pêche ; ce qui n'est pas une petite fortune.

Le canot est couvert d'une grosse toile gaudronnée qui couvre l'endroit où se mettent les passagers. Il y a un Negre qui gouverne, & quatre ou cinq qui rament. On part du Fort S. Pierre trois ou quatre heures avant le jour pour arriver au Fort Royal sur les sept heures du matin, & on en part sur les quatre heures du soir pour arriver au Fort S. Pierre sur les sept heures, ou un peu plus tard quand le vent est contraire, ou que le calme oblige les Negres de ramer.

Je partis le Mardi sur les deux heures après minuit. Nous étions cinq personnes dans le canot avec cinq Negres pour nous conduire. Quand on a un serviteur avec soi, soit blanc ou negre, on ne paye rien pour lui. Nous eûmes un grain violent de vent & de pluye, qui nous obligea de mettre à terre dans une Ance à deux lieuës sous le vent du Fort S. Pierre, & de nous retirer sous une grande vôute naturelle que nous trouvâmes dans une falaise, le vent ayant emporté la toile gaudronnée de nôtre canot. Nous nous rembarquâmes quand le grain fut passé ; & après un peu de conversation, nous nous endormîmes les uns après les autres ; de sorte que je ne m'éveillai que quand il fallut mettre pied à terre au Fort Royal. On compte du Fort S. Pierre au Fort Royal neuf grandes lieuës par mer. Il étoit

environ six heures & demie quand nous
y arrivâmes. Je fus saluer les Reverends
Peres Capucins, & dire la Messe chez
eux ; ils sont Curez de la Ville, & Cha-
pelains du Fort, & ils desservent toutes
les Paroisses qui sont depuis le Fort
Royal jusques à une pointe de l'Isle
vers le levant, qu'on appelle la pointe
des salines, qui sepáre leur jurisdiction
spirituelle de la nôtre. Je fus ensuite
voir Monsieur Houdin qui avoit pour
lors sa maison dans cette Ville ; il me
fit prendre le chocolat, & me pria de
venir dîner chez lui après que j'aurois
fait ma visite à Monsieur le Comte de
Blenac : c'étoit la seule affaire qui m'a-
voit engagé à ce voyage.

J'allai à la Forteresse, où je trouvai
Monsieur de Gagni qui étoit de garde.
Je le priai de me presenter à Monsieur
le General qui me reçut avec beaucoup
de bonté. Après qu'il eut lû les lettres
que je lui presentai, il me dit qu'il sçavoit
déja qui j'étois, & que si je voulois
demeurer au Fort Royal, il m'employeroit à conduire les travaux, qu'il étoit
persuadé que je corrigerois les fautes
qu'on y faisoit, & que j'empêcherois les
voleries qui s'y commettoient chaque
jour. Je le remerciai d'une offre si avan-

tageuse, & lui dis que je dépendois de mes Supérieurs, qui seroient ravis de lui marquer leur respect & leur obeïssance, en m'envoyant executer ses ordres, quand l'occasion s'en presenteroit; mais que je ne croyois pas qu'il eust besoin de moi pour le present, puisque son Ingenieur qui avoit été envoyé par le Ministre, avoit tout le sçavoir & toute l'integrité necessaire pour bien s'acquitter de son devoir. Nous demeurâmes ensemble près de deux heures ; à la fin il fit appeller Monsieur de Gagny, & luy donna ordre de me faire voir toute la Forteresse, & ensuite de me ramener dîner, ce qu'il voulut que je lui promisse, malgré tout ce que je lui pûs dire pour m'en excuser.

Nous trouvâmes l'Ingénieur qui faisoit travailler à un grand corps de logis, faisant face à la mer, dont l'étage de dessous qui étoit sous terre étoit destiné pour les Magasins des vivres, les fours & autres besoins ; celui du rez de chaussée étoit destiné pour le logement du General, & celui de dessus, devoit servir de sales d'armes & de logement pour les Officiers & les domestiques du General. C'étoit un Gentilhomme de Languedoc, appellé Monsieur de

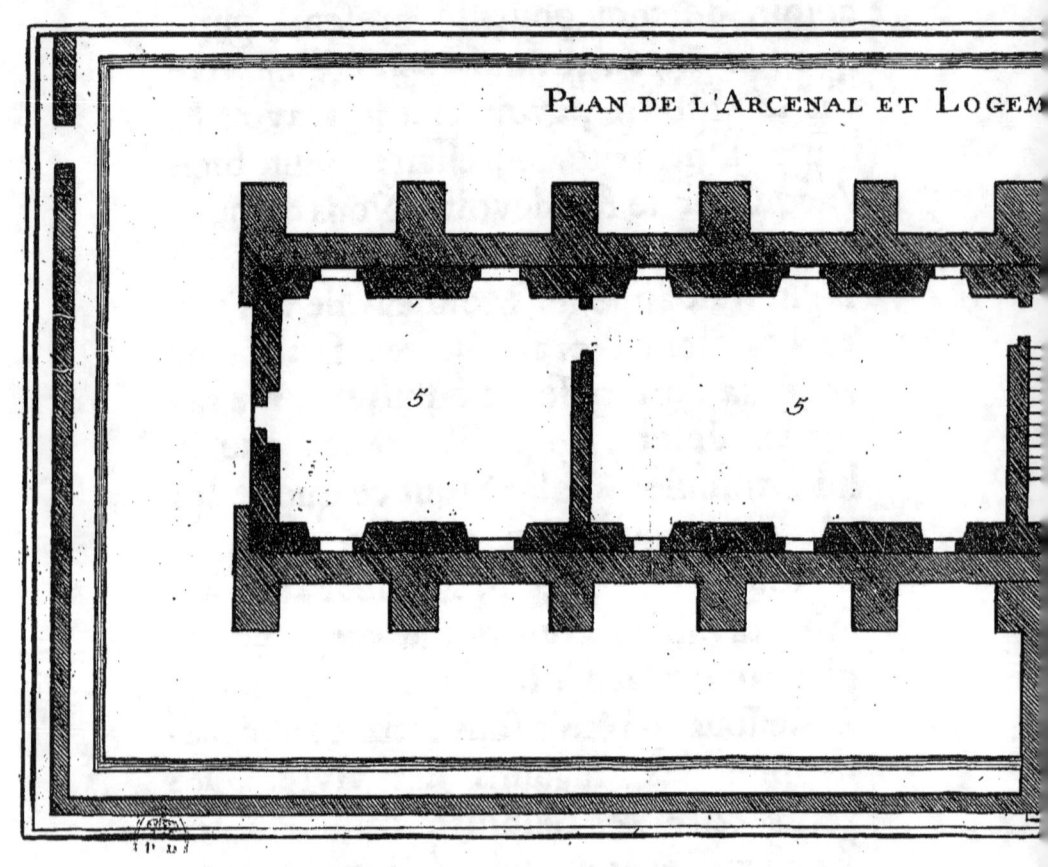

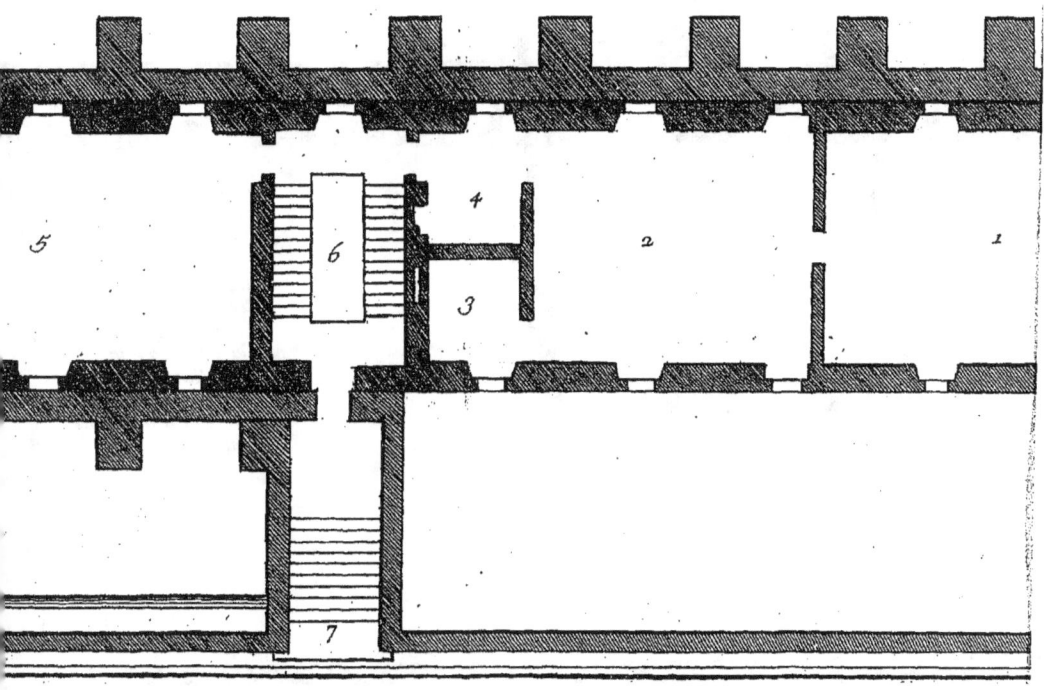

rcenal et Logement du General au Fort Royal de la Mar

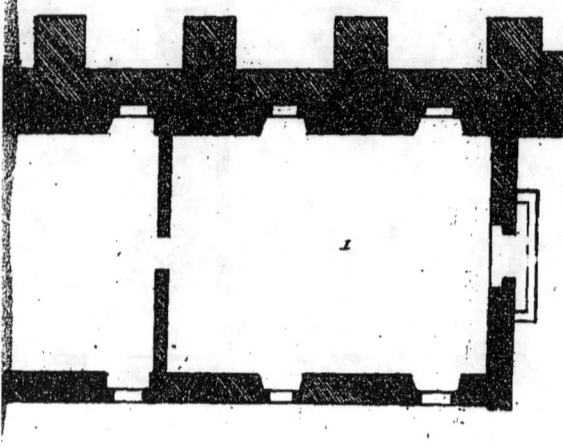

rt Royal de la Martinique

1. Salle.
2. Chambre.
3. Cabinet.
4. Garderobe.
5. Autre appartement.
6. Escallier qui va aux cuisines et autres lieux souterains.
7. Escallier pour decendre dans le fossé qui environne la maison.

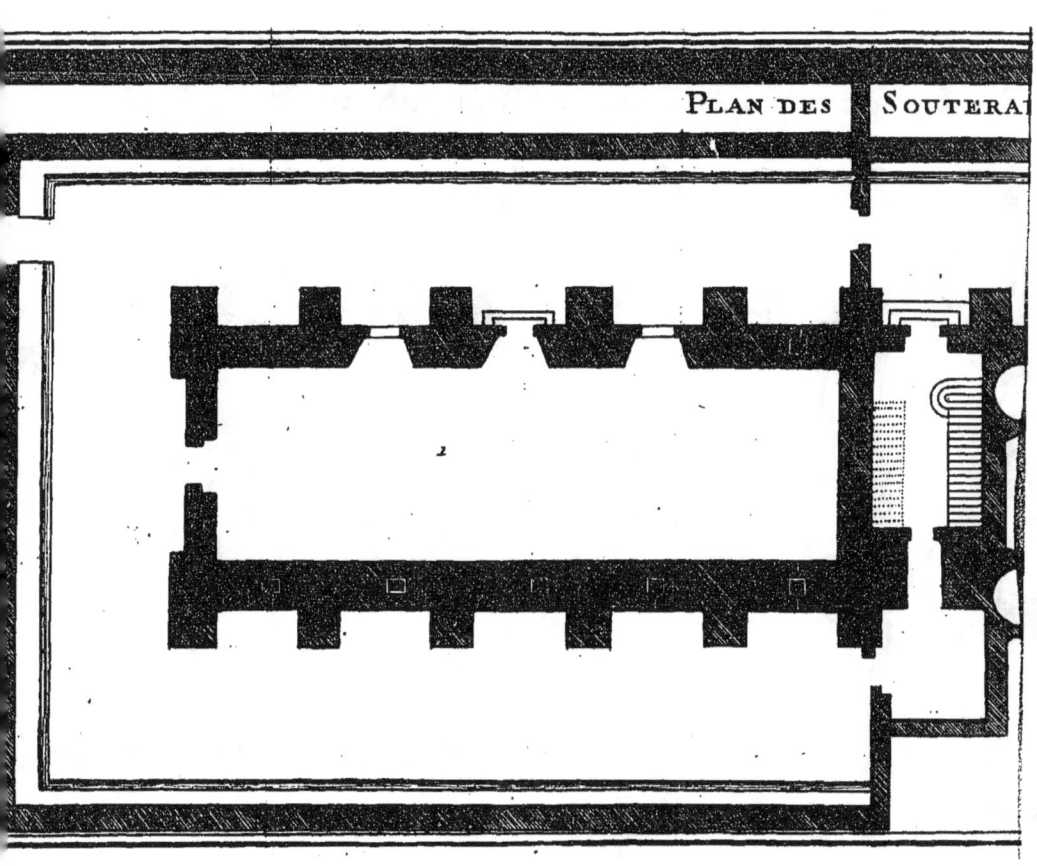

PLAN DES SOUTERA

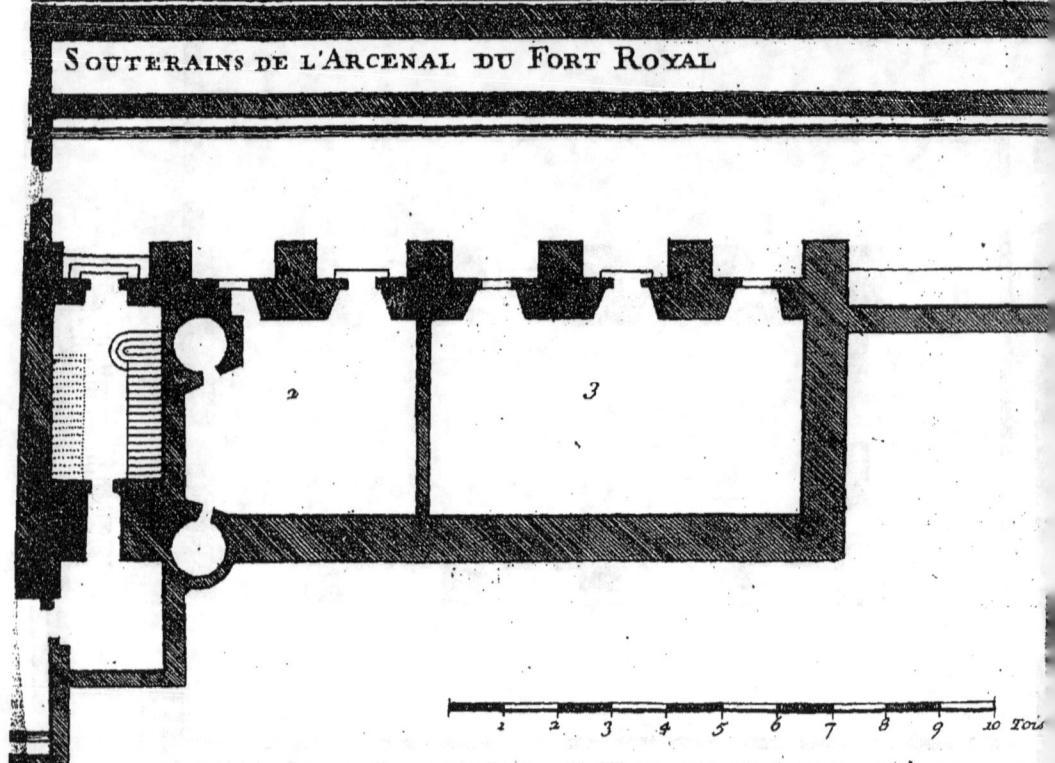

Tome 1. pag. 199.

FORT ROYAL

3

1 Magasin a poudre.
2 Cuisine et fours.
3 Offices et magasins.

2 3 4 5 6 7 8 9 10 Toises

Françoises de l'Amerique. 199
Caïlus, très-habile & très-experimenté. 1694.
Il n'y avoit que quelques mois qu'il étoit arrivé aux Isles. Nous fîmes connoissance, & nous liâmes depuis une amitié qui a toujours duré, dont il m'a donné des marques en une infinité d'occasions.

Si on avoit suivi son conseil, le Fort Royal seroit presqu'imprenable : mais les plus habiles gens & les plus desinteressez, ne sont pas ordinairement les mieux écoutez ni leurs avis les plus suivis.

Monsieur de Gagny me fit faire le tour de la Forteresse. Quoiqu'elle paroisse quelque chose quand on la regarde sans entrer dans le détail de ses parties, on y remarque des défauts considerables, quand on la considère un peu plus attentivement. On prétend que c'est la faute d'un nommé Payen, qui étant plûtôt un mediocre Masson qu'un bon Ingénieur, n'avoit pas laissé d'être employé aux Isles en cette derniere qualité. Il n'executa point le dessein que Monsieur Blondel avoit tracé sur le lieu en 1675. sous pretexte qu'il seroit d'une trop grosse dépense, & il en substitua un autre si rempli de fautes, que pour les corriger, le Roi a été obligé d'y

I iiij

employer de très-grandes sommes, & il en a coûté aux habitans des travaux infinis, sans qu'avec tout cela on y ait entierement remedié.

Cette Forteresse est située sur une hauteur comme une presqu'Isle composée d'une roche tendre ou d'un tuf qui se creuse assez aisément quand on est un peu au dessous de sa superficie. Ce terrein est élevé d'environ quinze à dix-huit toises au dessus de la superficie de la mer qui l'environne de tous côtez, excepté une petite langue de terre qui la joint à l'Isle qui peut avoir dix-huit à vingt toises de large.

Quand l'Admiral de Hollande Ruitter vint attaquer la Martinique en 1674. cette motte de terre qu'on appelloit déja le Fort Royal, n'avoit pour toute fortification qu'un double rang de palissades qui fermoit cette petite langue de terre par le bas, avec un autre rang sur la hauteur, & deux batteries à barbette, une sur la pointe pour deffendre l'entrée du port qu'on appelle le Carenage, & l'autre du côté de la rade. Le terrein où est à présent la Ville étoit un marais plein de roseaux. Il y avoit seulement quelques mauvaises cases ou maisons de roseaux sur le bord de la mer qui ser-

Elevation de L'arcenal du fort Royal du costé du magasin apoudre.

voient de magazins pour serrer les mar‑
chandises quand les vaisseaux étoient
dans le carenage pendant la saison des
ouragans.

Ces magazins étoient remplis de vin
& d'eau‑de‑vie, quand Ruitter fit des‑
cendre ses troupes sous la conduite du
Comte de Stirum ; les soldats ne trou‑
vant aucune résistance à la descente, se
mirent à piller les magazins, où trou‑
vant des liqueurs qui leur étoient si
agréables, ils en bûrent de telle maniere
qu'ils n'étoient plus en état de se tenir
sur leurs pieds lors que le Commandant
les voulut mener à l'assaut.

Par bonheur il y avoit dans le care‑
nage une flute de S. Malo de vingt deux
pieces de canon, & un vaisseau du Roy
de quarante‑quatre, qui étoit comman‑
dé par Monsieur le Marquis d'Ambli‑
mont qui a succedé à Monsieur de Ble‑
nac au Gouvernement general des Isles.
Ces deux vaisseaux firent un si terrible
feu de leur canon chargé à cartouche
sur ces yvrognes qui tomboient à cha‑
que pas qu'ils vouloient faire pour al‑
ler à l'assaut, qu'ils en tuerent plus de
neuf cens. Le feu des vaisseaux ayant
été secondé par celui que faisoient les
habitans qui défendoient les palissades,

Histoire de l'at‑taque que les Hollan‑dois fi‑rent au Fort Royal en 1674.

obligea enfin l'Officier qui succeda au Comte de Stirum qui avoit été tué, de faire battre la retraite, & de faire un épaulement avec des bariques qu'il trouva sous sa main pour mettre à couvert le reste de son monde, & lui donner le temps de se desenyvrer.

Ruitter qui vint à terre sur le soir après avoir passé toute la journée à canonner ce rocher, fut étonné de voir plus de quinze cens de ses gens morts ou blessez, il resolut de quitter cette funeste entreprise, & de faire embarquer le reste de son monde pendant la nuit.

Dans ce même tems Monsieur de Sainte-Marthe qui étoit Gouverneur de l'Isle sous Monsieur de Baas qui étoit General, assembla son conseil, & resolut d'abandonner le Fort après avoir encloüé le canon, attendu que celui des ennemis ayant brisé la plûpart des palissades, & abbatu une grande partie des retranchemens, il étoit à craindre que les habitans ne fussent forcez si les ennemis venoient à l'assaut, quand ils auroient cuvé leur vin. Cette resolution ne pût être executée avec tant de silence que les Hollandois n'entendissent le bruit qui se faisoit dans

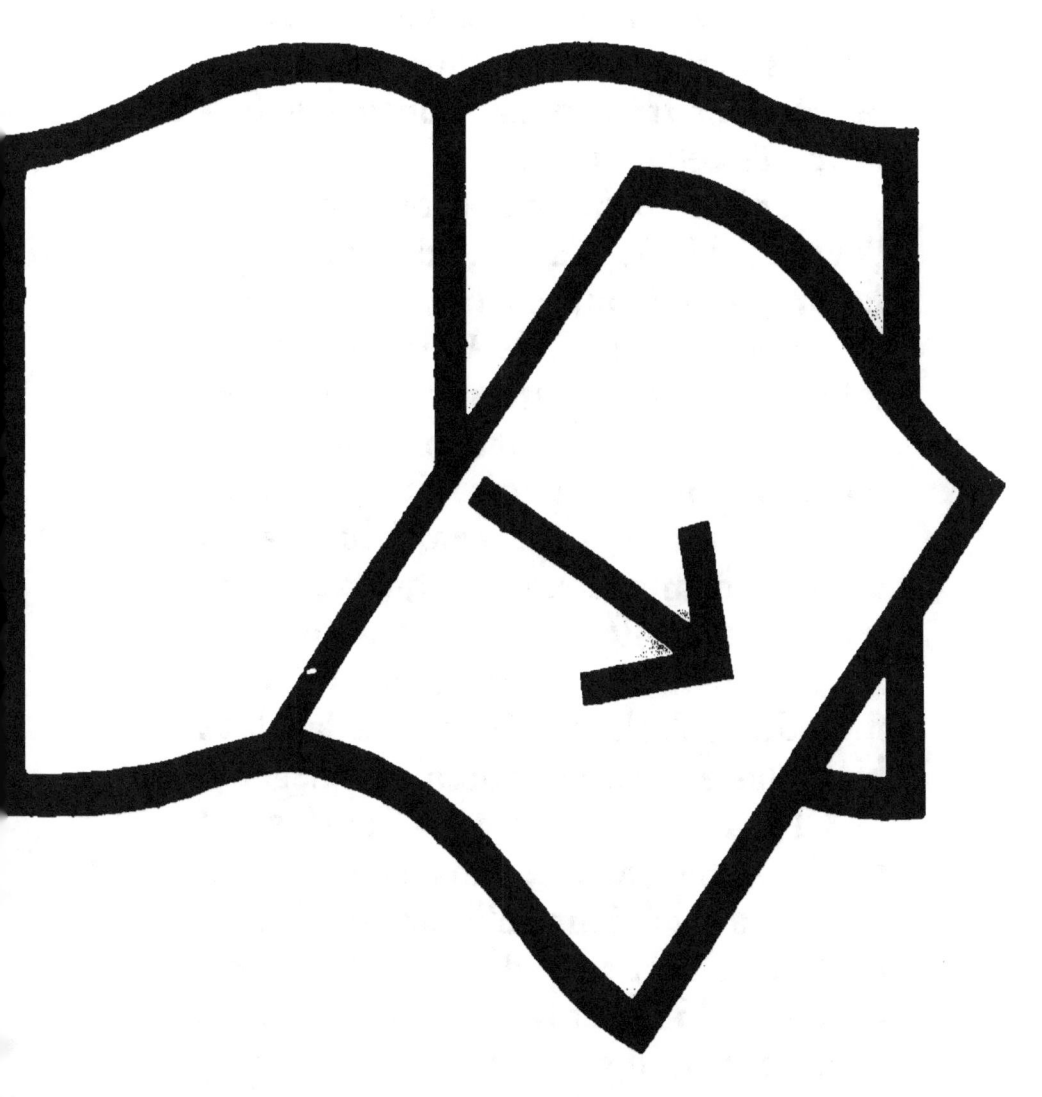

Documents manquants (pages, cahiers...)

NF Z 43-120-13

coups de canon. J'ajoutai par bonheur, que les herses dont l'escalier étoit coupé, étoient très-bonnes contre une surprise, & cela le satisfit.

J'ai dit cy-dessus que si on avoit suivi l'avis de M. de Cailus, le Fort Royal seroit presque imprenable.

Le dessein de M. de Cailus étoit d'isoler tout à fait cette motte de terre, de maniere à laisser un front assez considerable pour y pouvoir faire deux bons bastions, une grande deme lune avec un bon chemin couvert, qui auroit eu pour avant-fossé le canal qui auroit isolé le terrein. La dépense eut été bien moindre qu'elle ne l'a été, & la place bien plus en état de soutenir un siege.

A l'égard du morne des Capucins, il m'est tombé entre les mains un dessein du même Ingénieur qu'il auroit fait executer sans beaucoup de dépense, si on l'avoit voulu laisser faire; je le donne au public afin qu'il puisse juger de sa bonté, & que s'il est un jour executé, on sçache à qui on en est redevable.

M. de Blenac me parla presque pendant tout le repas, quoiqu'il eut à sa table sept ou huit autres personnes: il bût à ma santé, & m'obligea de lui faire raison. Il eut soin de me faire servir ce qu'il y avoit de meilleur ; en un mot il me fit tant d'honnêtetez, que tout le monde en étoit dans l'étonnement. Je remarquai dans ſes diſcours la vivacité de ſon eſprit, & ſon tempéramment tout de feu quoiqu'il fut âgé de plus de ſoixante & douze ans, & qu'il fut attaqué depuis long-tems d'une diſſenterie qui l'emporta enfin deux ans après.

Il congédia la compagnie dès qu'on eut deſſervi, & m'ayant fait aſſeoir auprès de lui, il m'entretint pendant plus d'une heure & demie de differentes choſes, ſur tout des chagrins que quelques-uns de nos Peres lui avoient donné ; je fis ce que je pûs pour les excuſer ; car pour dire la verité, il y avoit de la faute des deux côtez, & peut-être plus du côté du Comte de Blenac que du nôtre. Le lecteur en pourra juger par une affaire que je rapporterai cy-après. Cependant il m'aſſura qu'il conſervoit toûjours de l'affection pour nôtre Ordre, & que ſi on vouloit bien vivre avec lui, il nous en donneroit des marques. Je l'aſſurai que nous ferions tous nos efforts pour mériter ſon eſtime ; je le ſuppliai d'oublier le paſſé, & de vouloir nous accorder ſa protection, & à moi

en particulier, ce qu'il me promit avec
beaucoup de bonté, & je dois lui rendre cette justice, malgré tout ce que la
médisance a pû dire contre lui, qu'il étoit un homme de bien, bon serviteur
du Roi, brave autant qu'on le peut être,
& bien plus sage qu'on ne le disoit dans
le monde. J'en pourrois apporter des
preuves qui convainqueroient les plus incrédules. On me vint enfin avertir qu'il
étoit tems de partir, ce qui me donna
lieu de prendre congé de M. de Blenac;
tout le monde fut surpris du favorable
accueil qu'il m'avoit fait, & j'en reçûs
bien des complimens. Je fus dire
adieu à M. Houdin, & je m'embarquai
sans avoir eu le loisir de considerer ni
la Ville ni l'Eglise Paroissiale, tant on
me pressoit de partir.

Je trouvai dans le canot les mêmes
personnes avec qui j'étois venu. Nous
fîmes rouler la toile qui le couvroit afin
de jouir de l'air & de la vûë du pays.
Nous allions à la voile & fort vîte. On
me montra une sucrerie de M. Roi dans
un lieu appellé la Pointe des Negres.
Nous vîmes ensuite le Bourg & l'Eglise
de la Casepilote. Tout ce terrein est
fort élevé & fort coupé par des mornes,
la plûpart des fonds qui sont entre les

mornes sont en savannes, où l'on voit beaucoup de canificiers : c'est ainsi qu'on appelle les arbres qui portent la casse. C'étoit autrefois une très-bonne marchandise & d'un grand debit; mais tous les habitans de la basse-terre ayant planté à l'envie des canificiers, cette marchandise n'eut plus de valeur, parce qu'on en faisoit aux Isles plus qu'on n'en pouvoit consommer en Europe, quand elle auroit été toute malade.

Cassier, arbre qui porte la casse; sa description.

L'arbre qui porte la casse ou le canificier vient de bouture : il croît fort vîte, il porte beaucoup & deux fois l'année, comme presque tous les arbres qui sont naturels à l'Amerique ; son bois est blanchâtre, assez mol, mais extrêmement coriace ; son écorce est grise & fort raboteuse. Cet arbre vient très-grand, ses feuilles sont longues & étroites, d'un verd passe ; il pousse des fleurs jaunes par gros bouquets, qui ont une odeur assez agréable : aux fleurs succedent les siliques où la casse qui en est comme la moüelle est renfermée. Ces siliques pendent aux branches comme des paquets de chandelles, de douze, quinze, & même de vingt attachées ensemble : elles sont vertes avant d'être meures ; c'est à leur noirceur qu'on connoît qu'il est tems de les cueillir ; quant 1694. à leur grosseur & à leur longueur, cela dépend de l'âge de l'arbre & du terrein où il est planté : il est certain que plus les siliques ou bâtons de casse sont gros, longs & pesants, plus la casse est estimée.

Quand il fait du vent ces siliques se touchent les unes les autres, & font un bruit assez semblable à celui qu'on entend quand il passe des compagnies de soldats avec des bandoulieres garnies de fournimens. La casse des Isles est autant estimée que celle du Levant. J'ai vû des Apoticaires en France & aux Isles qui la trouvoient meilleure ; elle est naturelle dans les Isles, c'est-à-dire, que cet arbre n'y a point été transporté, on l'y a trouvé quand on a commencé à s'y établir.

Lorsque je suis parti des Isles en 1705. elle valloit sept livres dix sols le cent ou le quintal ; mais comme elle occupe beaucoup de place dans un vaisseau, & que par conséquent le fret consommeroit tout le profit ; on la partage moitié par moitié pour le fret avec les bourgeois du navire.

Quand les Juifs étoient aux Isles ils faisoient confire beaucoup de ces sili-

Casse confite.

ques qu'ils envoyoient en Europe, pour cet effet ils les cueilloient lorsqu'elles étoient encore extrêmement tendres, & qu'elles n'avoient que deux à trois pouces de longueur ; de sorte qu'on mangeoit la silique & ce qu'elle contenoit. Cette confiture étoit fort agréable & purgeoit doucement, ou du moins elle tenoit le ventre libre. Ils faisoient aussi confire les fleurs & leur conservoient leur couleur sous le candi qui les couvroit ; elles faisoient le même effet que les siliques. On ne fait plus de cette confiture depuis le départ des Juifs, soit qu'ils ayent emporté le secret avec eux, soit qu'on ne veuille pas se donner la peine de le chercher, en faisant plusieurs expériences. J'ai connu quelques personnes qui avoient confit de ces siliques, mais jusqu'à mon départ, elles n'étoient point arrivées au point de perfection qu'elles avoient été portées par les Juifs.

Histoire sur l sujet d: la casse.

À propos de ces siliques, qui pendent aux canificiers comme des paquets de chandelle. Je me souviens que m'étant trouvé dans nôtre couvent du Moüillage en 1698. à l'arrivée de quelques-uns de nos Religieux qui venoient d'Europe, il s'en rencontra un qui se piquoit de connoître l'Amerique, & tout ce qu'elle produit, comme ceux qui y étoient depuis long-tems. Je cherchois à mortifier un peu sa vanité, lorsqu'il m'en donna lui-même l'occasion, en me demandant ce qui pendoit à ces arbres. Je lui dis que je m'étonnois, que lui qui connoissoit toutes choses ne connût pas cela ; il est vrai, me dit-il, que ce fruit ressemble fort à des chandelles, & l'arbre pourroit bien être de l'espece de ceux de la Chine qui portent le suif, mais ce qui suspend mon jugement, c'est que le suif de la Chine est blanc ou presque blanc, au lieu que celui-cy est verd. Cette imagination me fit soûrire ; je l'assurai qu'il pensoit fort juste, & qu'il seroit difficile de lui faire voir rien qui lui fut nouveau. Qu'au reste ces chandelles étoient vertes, parce qu'elles n'étoient pas dans leur maturité. Il ne manqua pas de s'applaudir lui-même de son discernement si juste, & moi de conter aux autres Religieux cette belle conversation. Elle fut renouvellée quelques momens après par un de nos Peres, qui pour achever de l'instruire, lui dit, qu'il ne manquoit que la mêche à ces chandelles quand on les cueilloit ; qu'autrefois on les faisoit fondre, & qu'enfuite on les travailloit comme on fait en France, mais que depuis peu on avoit trouvé l'invention de leur mettre la mêche, fans autre façon que de les perçer avec une éguille chaude, au bout de laquelle la mêche étoit paffée: il l'affura qu'on fe fervoit de ces fortes de chandelles dans prefque toutes les maifons, & qu'on n'en emploieroit jamais de celles qui viennent de France, fi on pouvoit donner à celles-cy un peu plus de blancheur. Nôtre habile homme crût cette fable de tout fon cœur, & fut affez fimple pour parler de ces chandelles vertes dans une maifon où il alla le même jour, & de blâmer le Capitaine de fon vaiffeau qui avoit apporté une quantité confiderable de caiffes de chandelles, mais il fut étrangement furpris quand il vit que tout le monde fe moquoit de lui, il connut qu'on l'avoit duppé, & fut obligé d'avoüer qu'il y avoit bien des chofes qu'il ignoroit; il fe gardoit pourtant bien de me prier de l'en inftruire.

Le vent qui nous avoit fi bien fervis depuis le Fort Royal, nous quitta au Carbet; c'eft un Bourg à une lieuë du Fort faint Pierre. On l'appelloit autrefois, le quartier de Monfieur, parce que M. du Parquet, Seigneur & Proprietaire de la Martinique y faisoit sa résidence. Nos Negres reprirent alors leurs avirons & ramerent si bien, que j'arrivai à nôtre couvent du Moüillage sur les huit heures du soir.

Le lendemain matin le P. Cabasson me conduisit chez le Directeur des Domaines du Roi; il s'appelloit M. de Vaucourtois, Parisien, honnête & fort obligeant. C'étoit lui qui payoit les pensions que le Roi donne aux Curez. Il me fit aussi-tôt delivrer les provisions dont j'avois besoin. C'étoit une barique de vin de Bourdeaux, qu'il me compta sur le pied de trois mille cinq cens livres de sucre brut, qui réduit au prix courant, où étoit pour lors cette marchandise, revenoit à la somme de trente-cinq écus. Je pris outre cela un baril de farine évalué à dix-huit cens livres de sucre; un baril de bœuf salé évalué à quinze cens livres, & un demi baril de lard pour douze cens livres, ce qui faisoit en tout huit mille livres de sucre, qui étoient les deux tiers d'une année de ma pension. Je fis porter ces provisions chez un Marchand du Fort saint Pierre, nommé Ricord, où M. Michel faisoit porter les siennes, en attendant qu'il pût envoyer son canot pour les apporter chez lui.

CHAPITRE IX.

Prise de deux vaisseaux Anglois par les Flibustiers. Leur maniere de combatre, & le Traitté qu'ils font pour leur course.

LE Jeudi quatriéme Mars j'allai rendre visite à nôtre voisin M. Pinel, Capitaine de Flibustiers, Commandant une corvette de six canons, appellée la Malouine ou la Volante. Il étoit arrivé la veille avec deux vaisseaux Anglois qu'il avoit pris au vent de la Barbade, l'un de douze canons & l'autre de dix-huit, venant à droiture d'Angleterre très richement chargez.

Il me reçût avec mille civilitez, & ayant sçû que je m'établissois à la Paroisse du Macouba, il dit qu'il vouloit contribuer à me mettre en ménage, & me fit present de six belles bouteilles & de douze verres de cristal, avec deux fromages d'Angleterre. Ce fut ainsi que commença l'amitié qu'il a euë pour moi jusqu'à sa mort. J'achetai encore d'autres

Françoises de l'Amerique. 217

1694.

tres provisions qui me manquoient, & je les fis porter avec mon coffre, mon matelas & d'autres hardes chez le même M. Ricord. Mon dessein étoit de m'en retourner le lendemain à ma Paroisse, mais nôtre Pere Superieur m'arrêta pour assister à une grande Messe que les Flibustiers de M. Pinel devoient faire chanter le jour suivant, & à laquelle ils devoient communier, en execution d'un vœu qu'ils avoient fait dans le combat, où ils avoient pris ces deux vaisseaux Anglois.

Le Vendredi nous fûmes occupez toute la matinée à confesser les Flibustiers. On chanta une Messe de la Vierge avec toute la solemnité possible ; je la celebrai & je benis trois grands pains qui furent presentez par le Capitaine, accompagné de ses Officiers, avec les tambours & les trompettes. La Corvette & les deux prises qui étoient mouillées devant l'Eglise firent des décharges de tout leur canon, au commencement de la Messe, à l'élevation du saint Sacrement, à la benediction & à la fin du *Te Deum*, qui fut chanté après la Messe. Tous les Flibustiers vinrent à l'offrande, & presenterent chacun un cierge avec une piece de trente

Messe chantée en action de graces de la prise de deux vaisseaux Anglois par le sieur Pinel, Capitaine de la Corvette la Malouine.

Tome I. K

sols ou d'un écu. Ceux qui communierent le firent avec beaucoup de pieté & de modestie.

Après que j'eus dîné j'allai à bord de la Corvette & des prises. Je ne pouvois comprendre comment ce petit bâtiment armé seulement de six canons de six & de quatre livres de balle, avoit osé attaquer ces deux vaisseaux, dont le plus gros avoit cinquante-huit hommes d'équipage, & le petit quarante-cinq. Ils avoient tous deux des gaillards d'avant & d'arriere, retranchez avec des sabords pour le canon, des meurtrieres, des coffres à feu, des grenades lardées, c'est-à-dire, attachées en differens endroits du bord avec deux bandes de fer qui se croisent, l'ouverture de la grenade avec sa fusée répondant sous le gaillard par où on lui donne feu. J'y remarquai des espoirs ou espingars de fonte, où l'on met vingt-cinq ou trente balles de mousquet, & je ne sçai combien d'autres attirails qui augmentoient la surprise où j'étois, comment on avoit pû surmonter tant d'obstacles, & enlever ces deux bâtimens. Un Flibustier avec qui je m'entretenois, me dit, que tout le canon & toutes les autres deffenses ne méritoient pas qu'on

Vaisseaux Anglois retranchez pour soutenir les abordages.

y fit la moindre attention; qu'il leur suffisoit de voir un bâtiment & de pouvoir s'en approcher pour compter sûrement sur sa prise. Que le canon de leur Corvette étoit plus par ceremonie que par necessité, puisqu'ils n'employoient presque jamais que les deux pieces de chasse quand ils battoient un vaisseau par l'avant ou par l'arriere, leurs fusils leur suffisant pour le desoler, jusqu'à ce que leur Capitaine jugé à propos de sauter à l'abordage.

Je souhaitai de sçavoir comment s'étoit passé leur combat. Il me dit, qu'aussi-tôt que celui qui étoit en vigie ou en sentinelle au haut du mast eut averti qu'il découvroit ces deux vaisseaux, on fit porter dessus à toutes voiles, que ces deux vaisseaux voyant que la Corvette les haussoit considerablement, crurent qu'il leur seroit inutile de prendre chasse; ils se flatterent même qu'ils pouroient se rendre maîtres de celui qui venoit sur eux; de sorte qu'ils brouïllerent leurs voiles pour l'attendre. On fut bien-tôt à la portée du fusil, on s'attacha d'abord au plus gros qui faisoit grand feu de son canon, & très peu de la mousqueterie, comme c'est la coûtume des Anglois. On le battit pendant

Combat de la Corvette contre deux vaisseaux.

trois quarts d'heure dans sa hanche & dans son arcasse à coups de canon & de fusil, après quoi on l'élongea, & M. Pinel se jetta dessus avec soixante & dix hommes.

Ceux qui entrerent par l'avant, trouverent par hazard une petite écoutille, que les Anglois n'avoient pas songé à fermer en se retirant sous le gaillard, ils y jetterent un flacon de verre plein de poudre, entouré de quatre ou cinq bouts de mêche allumée qui mirent le feu à la poudre dans le moment que le flacon se brisa en tombant qui grilla d'une si horrible façon sept ou huit Anglois, qu'ils demanderent quartier ; ainsi on s'empara de ce gaillard qui auroit donné beaucoup de peine, & qui mettoit nos gens entre deux feux : dans le même tems ceux qui étoient sur le pont ayant trouvé un canon qui étoit chargé, le pointerent contre le gaillard d'arriere, & le tirerent contre le retranchement où il fit beaucoup de fracas, pendant que ceux qui étoient montez sur le gaillard éventoient les coffres à feu en les perçant à coups de pistolet, après quoi ils ne font plus d'effet ; d'autres arrachoient les grenades lardées, & d'autres rompoient à coups de haches le dessus du gaillard pour y faire un sabord, pendant que ceux qui étoient demeurez sur le pont & qui s'étoient gabionnez derriere la chaloupe que les Anglois avoient eu l'imprudence de laisser sur le pont, faisoient feu sur les meurtrieres & sur les sabords du retranchement avec tant de succès, que la vivacité des Anglois fut bien-tôt ralentie, parce qu'ils eurent nombre de morts & de blessez; mais ce qui acheva le combat, furent quelques flacons de poudre & de grenades qu'on jetta par le sabord qu'on avoit fait sur le gaillard. Ils en furent tellement incommodez, qu'ils demanderent quartier & se rendirent : ils avoient eu quinze hommes tuez, & environ vingt blessez; nos Flibustiers eurent 4. hommes tuez sur le vaisseau & cinq blessez, ils en avoient eu six autres avant d'aborder.

Pendant qu'on se battoit ainsi dans le vaisseau Anglois, son camarade faisoit toûjours feu de son canon sur la Corvette qui lui répondoit du sien & de sa mousqueterie, sans s'éloigner beaucoup de son monde qui combattoit dans le vaisseau qu'on avoit abordé, dans l'incertitude du succès du combat ; mais dès qu'il vit la victoire assurée, parce

K iij

qu'on amena le pavillon, il se rendit sans donner la peine à la Corvette de l'aborder; s'il se fut rendu plutôt il auroit conservé la vie à quatre hommes de son équipage, & n'auroit pas eu huit ou neuf blessez comme il se trouva qu'il avoit, quand nos gens s'en emparerent.

† Lorsque le vaisseau qui va en course appartient aux Flibustiers qui le montent, ils partagent les prises également. Le Capitaine, le Quartier-maître, le Chirurgien & le Pilote n'ont par dessus leur lot qu'un present, dont les autres les gratifient. A l'égard du pillage, il se partage également, sans que personne puisse s'approprier la valeur d'un écu, sous peine de perdre sa part du profit du voyage, & souvent même d'être dégradez, c'est-à-dire, mis à terre dans quelque Isle deserte, ou du moins chassez du bord. Mais quand le bâtiment n'appartient pas à l'équipage, les Armateurs ou Proprietaires du bâtiment prennent un tiers des prises pour la part du vaisseau, les vivres, la poudre, les boulets & les grenades. Les deux autres tiers se partagent à tout l'équipage; bien entendu qu'avant toutes choses, on a pris le dixiéme pour l'Amiral ou

Chasse partie ou conditions sous lesquelles on fait la course aux Isles.

Gouverneur qui a donné la commission, & qu'on a payé le Chirurgien, les blessez & les estropiez. L'acte qui contient toutes les conditions sous lesquelles on fait la course, s'appelle Chasse-partie. Les principales de ces conditions, sont, que les blessez ont outre leur lot un écu par jour pour leur nourriture pendant qu'ils sont entre les mains du Chirurgien, qui est obligé de les panser & de fournir les remedes ; ce tems est pour l'ordinaire limité à soixante jours. Ceux qui sont estropiez d'un bras ou d'une jambe emportée, ou rendus inutiles, ont six cens écus pour chaque membre ; on donne trois cens écus pour le pouce, l'index de la main droite & un œil ; cent écus pour chacun des autres doigts. Ceux qui sont obligez de porter une canule sont réputez comme estropiez, & ont six cens écus aussi-bien que ceux qui ayant une jambe ou un bras de bois, s'ils viennent à les perdre de nouveau. Soit que l'on fasse prise ou non, les Armateurs & les Flibustiers sont obligez de faire la course jusqu'à ce qu'on ait gagné pour payer les blessez & les estropiez. La part ou le lot des morts est donnée à leur matelot ou camarade, ou quand il ne s'en trouve point, à leurs heritiers si on les connoît ; si non on le distribuë aux pauvres & aux Eglises pour faire prier Dieu pour le défunt ; car on aime mieux prendre ce parti que de le remettre entre les mains du Procureur des biens vacquans, parce qu'on sçait que c'est une abîme qui absorbe tout sans jamais rendre rien. Celui qui a découvert le bâtiment qu'on a pris, a un demi-lot plus que les autres ; chaque boé ou mousse a un demi-lot ; le present qu'on fait pour l'ordinaire au Capitaine va à la valeur de trois lots, quelquefois quatre ; le Quartier-maître qui est la seconde personne du bâtiment a deux lots ; le Pilote & le Chirurgien un lot & demi chacun.

Avant la paix de Risvick on donnoit les lots en especes, mais dans cette derniere guerre, les Bourgeois ou Armateurs ont jugé qu'il étoit de leur interêt de faire vendre les effets, & d'en partager ensuite le prix : cela a donné lieu à une infinité de friponneries, tant de leur part que de celle des Quartiers-maîtres, & la négligence de ceux qui pouvoient y apporter du remede, a causé la desertion d'un grand nombre de Flibustiers, comme je le dirai cy-après.

Quand j'eus consideré à loisir la Corvette & ses prises, je voulus acheter un quart de beure & une caisse de chandelles; j'en demandai le prix au Quartier-maître, qui me répondit fort obligeamment, que je pouvois choisir ce que je voudrois, & qu'ensuite nous nous accommoderions ensemble. Je fis donc choisir un quart de beure d'environ vingt-cinq livres, & une caisse de chandelles du même poids ; mais quand je voulus en sçavoir le prix pour payer, il me dit que les prises étoient assez considerables pour me faire present de ces bagatelles, & de cinquante bouteilles de biere & de cidre qu'il fit mettre dans mon canot; que c'étoit la moindre chose qu'il me pouvoit offrir pour la peine que j'avois euë à chanter la Messe pour eux, & pour la part qu'il esperoit que je leur accorderois dans mes prieres.

Present que les Flibustiers font à l'Auteur.

On trouvera peut être en Europe ces manieres extraordinaires pour des Flibustiers, en qui on suppose peu de pieté; mais ceux qui connoissent l'Amerique, sçavent qu'ils ont un très-grand soin de faire part de leurs bonnes fortunes aux Eglises, & que s'ils trouvent dans leurs prises des ornemens d'Eglise, ou des étoffes propres à en faire, ils ne manquent jamais de les donner aux

Eglises qu'ils fréquentent.

Le Samedi sixiéme Mars le P. Dastez partit pour saint Domingue ; il s'embarqua dans une barque de Flibustiers qui alloit porter des ordres de la Cour en cette Isle-là & à sainte Croix ; je l'allai conduire à bord, après quoi je montai à cheval pour me rendre à ma Paroisse.

Le lendemain qui étoit le premier Dimanche du mois, dédié à la dévotion du Rosaire, je confessai un grand nombre de personnes, & comme outre les deux Catechismes j'avois encore été obligé de prêcher, de faire la Procession & la benediction du saint Sacrement, il étoit une heure après midi quand je sortis de l'Eglise. M. Dauville Marguillier de la Paroisse, prévoyant qu'après tant de fonctions j'aurois besoin de quelque nourriture, avoit fait apporter à dîner au Presbytere, & y avoit invité le P. le Breton & quelques-uns des principaux habitans du quartier. Je ne sçavois rien de tout cela, & je fus fort étonné en entrant chez moi d'y trouver la table dressée & le dîner tout prêt. Il faut avoüer que j'étois charmé des manieres de mes Paroissiens, & que j'eusse voulu leur en marquer ma recon-

Françoises de l'Amérique. 227

noissance par des services plus considerables, que n'étoit mon assiduité à mes devoirs.

Je laissai la compagnie au Presbytere pendant que j'allai confesser un Negre d'une habitation de M. Roy, car il en avoit deux très-considerables dans ma Paroisse, & d'autres encore dans differens endroits & quartiers de l'Isle. On ne peut sans étonnement penser à la fortune de cet homme. Il étoit venu aux Isles en qualité d'engagé, dans les premieres années que la Colonie commença à se former; il étoit de Bordeaux, tailleur ou chaussetier de son métier. Le tems de son engagement étant achevé, il se mit à torquer du tabac, qui étoit alors la marchandise des Isles; & quand la saison de torquer étoit passée, il travailloit de son métier. Il s'associa avec un autre torqueur, dont il herita quelques années après. Il fit quelques voyages en course, si heureusement, qu'en très-peu de tems il se vit en état d'établir une sucrerie, & de faire des établissemens en divers quartiers de l'Isle. Quand j'arrivai à la Martinique il avoit six sucreries, celle du Prêcheur où il demeuroit étoit accompagnée d'une très-belle raffinerie. Il en avoit une autre dans la montagne

1694.

Histoire du sieur Jean Roy, connu aux Isles sous le nom du petit Roi.

K vj

à une lieuë de celle-là ; une à la Pointe des Negres auprès du Fort Royal ; une à l'ance de la Couleuvre, & deux dans ma Paroisse. On comptoit plus de huit cens Negres travaillans dans ces établissemens. Son fils aîné avec lequel j'étois venu de France, étoit Capitaine de Milice, & une de ses filles avoit épousé M. de la Fossiliere, Capitaine de vaisseau de Roi.

M. Jean Roy est mort en 1707. étant pour lors Doyen du Conseil, premier Capitaine de Milice de l'Isle, & sans contredit le plus ancien habitant. Il étoit pour lors âgé de plus de quatrevingt-dix ans. Il a laissé aux onze enfans qu'il avoit eus de Luce Bruman sa femme soixante & douze Negres chacun, avec la moitié d'une sucrerie, sans compter ce qu'ils avoient reçû en mariage, & les effets qui se sont trouvez dans sa maison & en France. C'étoit un très-bon homme ; il étoit logé & meublé magnifiquement ; il recevoit parfaitement bien ceux qui alloient chez lui ; charitable & bienfaisant ; au de-là de ce qu'on peut dire. L'Eglise du Prêcheur qui étoit sa Paroisse lui est redevable de son bâtiment, & de la plus grande partie des vases sacrez & des ornemens qui y sont en grand nombre, il avoit la même charité pour les Paroisses où il avoit des habitations. Sa memoire étoit si heureuse qu'il se souvenoit des moindres circonstances des choses qui s'étoient passées depuis plus de soixante & dix ans, comme si elles eussent été presentes. Comme je le voyois assez souvent, j'avois un plaisir extrême à l'entendre raconter les commencemens de nos Colonies, ses differens voyages & ses avantures.

Le Samedi 13. le canot que Monsieur Michel avoit envoyé au Fort S. Pierre pour apporter mon bagage, revint avec tout ce que je voulois faire apporter, excepté mon lit. Monsieur Michel fit semblant de se fâcher à cause de cela contre ses Negres, & moi je fus assez simple pour croire qu'il le faisoit tout de bon, & pour travailler à l'appaiser. Je sçûs quelques heures après qu'il leur avoit deffendu de l'apporter, afin d'avoir ce pretexte pour me retenir plus long-tems chez lui. En effet j'y demeurai jusqu'au Samedi avant le Dimanche des Rameaux, & ce ne fut pas sans peine qu'il me laissa la liberté de me retirer dans ma maison Curiale. Je voulus lui faire present de ce que Monsieur Pinel & les Flibustiers m'avoient donné : mais il me fut impossible de lui faire accepter la moindre chose ; seulement après bien des ceremonies, il prit un des fromages à condition de me le rendre, ce qu'il a fait cinq ou six fois, disant toûjours quand il m'en renvoyoit, que c'étoit celui qu'il m'avoit emprunté.

J'achevai cette semaine l'état des ames de ma Paroisse. J'y trouvai deux cens vingt-neuf personnes de Communion, soixante & dix-huit enfans qui n'avoient pas encore communié, six cens nonante six Negres petits ou grands, parmi lesquels il y en avoit soixante & quatre qui avoient communié, & cinquante-huit qui n'avoient pas encore reçû le Baptême.

CHAPITRE X.

Etat des Paroisses des Isles, des Curez qui les desservent, & leurs droits.

LE spirituel est administré dans toutes les Isles par des Religieux ; il y a eu autrefois des Prêtres séculiers qui ont eu soin de quelques Paroisses, mais cela a duré peu ; & les Religieux de differens Ordres qui avoient accompagné les habitans qui ont commencé la colonie, s'y sont toûjours maintenus, & la Cour a depuis très-long tems jugé à propos de n'admettre point d'autres Ecclesiastiques.

Voicy l'état des Paroisses qui étoient à la Martinique en 1694. Je parlerai dans leur tems des augmentations & des changemens qui y sont arrivez. Elles étoient toutes desservies par les Jesuites, les Capucins & les Jacobins ou Freres Prêcheurs, que l'on appelle aux Isles les Peres blancs, comme on appelle les Jesuites les Peres noirs.

Les Jesuites desservent cinq Paroisses, qui sont, celle du Fort saint Pierre, du Prêcheur, du Carbet, de la Casse-pilote, & du Cul-de-sac à Vache. Ils ont depuis cedé cette Paroisse aux Capucins.

Les Capucins avoient soin de la Paroisse & de la Forteresse du Fort Royal, des Paroisses du Trou-au-Chat, du Cul-de-sac Marin, & deux autres qui sont aux ances Darlet.

Les Jacobins avoient la Paroisse du Moüillage, dont l'Eglise leur appartenoit, & six autres Paroisses à la Cabesterre de l'Isle, qui étoient, sainte Anne du Macouba, saint Jean Baptiste de la Basse pointe, sainte Hiacinte à la grande Ance, saint Paul au Marigot, sainte Marie au quartier du même nom, & la Trinité qui est un Port & un Bourg considerable à la Cabesterre.

A la Guadeloupe il y a des Capucins, des Jacobins, des Carmes chaussez de la Province de Touraine. M. Houel avoit appellé ces derniers dans le tems qu'il étoit Seigneur & Proprietaire de cette Isle; pendant un procès que nos Peres furent contraints d'avoir avec lui au sujet des terres qui nous avoient été concedées par la premiere Compagnie qui fit l'établissement de la Guadeloupe en 1635. Quoique les Carmes n'eussent aucun Bref du Pape, ils ne laissoient pas par la tolerance des autres Religieux, d'exercer les fonctions curialles dans la Paroisse du Bourg de la Basse terre, dans celle du vieux Fort, & des trois rivieres qui leur avoit été cedée par les Jesuites. Ils avoient aussi soin des Paroisses de Marie Galante & des Saintes, fondez seulement sur une prétenduë Bulle de communication des Privileges des Religieux Mandians, dont ils prétendent que tous peuvent joüir, quand ils ont été une fois accordez à un de ces Ordres.

Les Jesuites ont une sucrerie & grand nombre d'Esclaves à la Guadeloupe ; ils y ont outre cela une belle maison & une belle Eglise dans le Bourg. Ils ont soin des Negres qui se trouvent dans la Paroisse des Carmes.

L'Isle de la Grenade est desservie par les Capucins depuis que nous l'avons abandonnée, y étant contraints par la violence d'un Gouverneur qui y fut mis par la Compagnie de 1664. à laquelle le Comte de Cerillac qui en étoit proprietaire avoit été obligé de la vendre ; Nous y possedons une trés grande terre appellée le Fond du grand Pauvre, qui est une reserve du Comte de Cerillac, dont il a gratifié nôtre Ordre ; mais qui faute d'être habitée, est en proye à tous ceux qui veulent s'y établir.

L'Isle de S. Christophle a été desservie par les Jesuites & par les Capucins ; les Carmes y avoient une habitation & une Eglise qui n'étoit pas Paroissiale. Nous y avions conservé une petite Chapelle & une habitation, après que l'on eut rendu aux Anglois la partie de cette Isle dont on les avoit dépoüillez pendant la guerre de 1666. & leurs trois Temples que l'on nous avoit donné pour faire le Service & administrer les Sacremens aux Catholiques François & Irlandois, à qui on avoit partagé les habitations conquises sur les Anglois. Le spirituel de l'Isle de Sainte Croix a toûjours été administré par nos Peres depuis qu'on commença à s'y établir, jusqu'en 1696. qu'on transporta cette Colonie pour augmenter celle de Saint Domingue : il fallut suivre le sort des autres. Nous y portâmes les attirails de la sucrerie que nous y avions avec environ soixante & dix Negres grands ou petits. C'est avec ce secours que nous avons fait l'établissement que nôtre Mission possede dans l'Isle de S. Domingue au quartier de la petite riviere à Leogane.

Les Isles de S. Martin & de S. Barthelemi ont été desservies par les Capucins depuis que nos Peres les ont abandonnées faute de Religieux. Nos Missions avoient un terrein considerable dans la premiere de ces deux Isles.

L'Isle de Cayenne fut desservie par les Capucins qui y vinrent avec les premiers habitans qui y furent envoyez par une compagnie de Marchands de Roüen. En 1652. il se fit une autre Compagnie qui obtint du Roi à certaines conditions la proprieté de cette Isle, & de la terre ferme, depuis le cap du Nord jusqu'à 1694. la riviere des Amazones. Cette Compagnie à la tête de laquelle étoit l'Abbé de l'Isle Marivault, jugea à propos d'y conduire des Prêtres séculiers, & entre autres un certain Monsieur Biet qui s'est donné la peine d'écrire l'histoire tragique de cette entreprise qui commença & finit en moins de vingt mois, sous le titre d'Histoire de la France équinoctiale. Il a joint à ce qu'il avoit remarqué à Cayenne, le peu qu'il a vû en passant aux Isles du vent en retournant en France, c'est-à-dire à la rade de la Martinique & à la Guadeloupe; mais comme cela n'auroit gueres grossi son ouvrage, il y a mis tout ce qu'il à plû à de certaines gens qui lui ont donné des memoires, plûtôt pour favoriser leurs interests & leurs passions que pour l'instruire de la verité; c'est ce qui fait que son Livre est rempli de quantité de faussetez. Quoiqu'ils ne touchassent en aucune façon nos Missions, le Pere du Tertre mon confrere, n'a pas laissé d'en refuter une partie dans son Histoire generale des Antilles. Je n'aurois pas de peine à achever, mais comme cet Auteur est mort, & qu'il n'a laissé commission à personne de répondre pour lui, je ne veux pas troubler son repos.

Après la déroute de cette Compagnie, les Jesuites y vinrent avec celle qui se forma en 1664. & s'y sont toûjours maintenus seuls. Ils n'avoient en 1694. qu'une Paroisse dans l'Isle de Cayenne, & un Missionnaire ambulant qui alloit administrer les Sacremens aux habitans de la terre ferme. Le Marquis de Ferolles qui en étoit Gouverneur en 1699. avoit souvent des differens avec eux. Il crut que pour les rendre plus traitables, il falloit appeller d'autres Missionnaires qui partageassent avec eux le soin des ames. Il fut appuyé dans la demande qu'il en fit à la Cour par une Requête des principaux Officiers & habitans qui demandoient nos Peres. Le Roi consentit à leurs demandes, & le Superieur de nôtre Mission de la Martinique eut ordre d'y envoyer deux Religieux ; mais comme nous en avions à peine pour fournir nos Eglises, il n'en put envoyer qu'un qui fut un de nos Compagnons de voyage, le Pere Romanet, qui se servit d'une barque qui remontoit à Cayenne, ce qui est tout à fait extraordinaire. Il trouva à son arrivée que le Gouverneur & les

Les Jacobins sont appellez pour desservir une Paroisse à Cayenne.

Jesuites s'étoient accommodez, & que selon les apparences une des conditions de l'accord, étoit que nos Peres ne seroient point reçûs. Le Pere Romanet ne laissa pas d'être assez bien receu du Gouverneur ; les Jesuites le comblerent de civilité. Ils l'obligerent de prendre une chambre chez eux, ils l'accompagnoient par tout, ils lui témoignoient qu'ils avoient encore plus d'envie que le Gouverneur & les habitans de partager avec lui le soin des ames. Mais après l'avoir traité avec toutes sortes de charité chez eux pendant quatre mois, il fut obligé de revenir à la Martinique, sans avoir pû rien conclure pour un établissement ; & il apprit à ses dépens que pour être sorti de Limoges depuis cinq ans, & avoir vû tant de pays, il n'en étoit pas plus habile homme, puisqu'il auroit dû s'appercevoir en très-peu de jours qu'on le joüoit.

Les Jesuites ont un Missionnaire chez les Sauvages de l'Isle S. Vincent, & un frere Coadjuteur qui lui sert de Compagnon. Le Roi leur donne quinze ou dix-huit cens livres pour cette Mission. Je ne croi pas qu'elle ait été encore d'aucune utilité. Les Caraïbes ne sont pas gens qui s'embarassent de recevoir ou de quitter quelques sortes de Religion que ce soit. Je parlerai dans un autre endroit de leur indifference, & de leurs mœurs.

La partie Françoise de l'Isle de Saint Domingue, est divisée en deux quartiers principaux. Celui du Nord qui comprend le Cap François, & le port Paix, & celui de l'Ouest qu'on appelle Leogane. Les Capucins administroient le spirituel dans la partie du Nord, & avoient encore des Paroisses dans la partie de l'Ouest. Les Peres Blancs ou Jacobins y avoient trois Paroisses qui sont les Bourgs de l'Esterre, de la petite Riviere, & du Cul-de-sac. Le spirituel a été administré de cette maniere jusques en 1702. que les Capucins ayant remontré au Ministre qu'ils ne pouvoient pas fournir le nombre de Religieux necessaires pour ces Missions, on a donné aux Jesuites la partie du Nord qui commence au Cap François, & finit à la riviere de l'Artibouite, & les Jacobins ont eu tout le reste de l'Isle, à commencer à cette riviere jusqu'au cap Tiberon qui est le plus occidental de l'Isle où commence la concession de la Compagnie de l'Isle à Vache à qui le Roi a permis de choisir tels Ecclesia-

Distribution des Paroisses dans l'Isle de S. Domingue.

Françoises de l'Amerique.

tiques qu'elle jugera à propos.

C'est le Roi qui entretient les Religieux Curez des Isles du Vent, c'est-à-dire de toutes les Isles, excepté celle de S. Domingue. Les pensions des Curez se prennent sur le domaine du Roi aux Isles. Toutes les Cures anciennes ont douze mille livres de sucre brut, & les nouvelles seulement neuf mille livres. Comme les Paroisses des Jesuites à la Martinique sont toutes anciennes, elles sont aussi toutes à douze mille livres de sucre, celle du Fort S. Pierre a de plus neuf mille livres pour un secondaire.

Les Paroisses des Capucins de la Martinique sont toutes à neuf mille livres, excepté celle du Fort Royal qui a vingt-un mille livres pour deux Religieux, ils ont outre cela cinq cens francs comme Aumôniers de la Forteresse.

Les Paroisses des Jacobins étant de differentes espéces, leurs pensions sont aussi differentes; celle du Moüillage a vingt-un mille livres pour deux Religieux, celle de la Basse-pointe & de sainte Marie ont chacune douze mille livres, & les autres n'ont que neuf mille livres; mais afin que nos Religieux soient tous égaux, le Superieur prend sur

Revenus des Curez aux Isles du Vent, c'est à-dire, à la Martinique, la Guadeloupe, &c.

la Paroisse du Moüillage 12000. livres de sucre pour ajoûter aux 9000. livres qu'ont les Paroisses nouvelles, afin de leur faire à tous un revenu fixe de 12000. livres de sucre brut. A l'égard du casuel des Paroisses, il est different selon la difference des lieux où elles sont situées; il consiste seulement dans les droits de sepulture & de mariage, & les publications des bancs pour les personnes libres, car à l'égard des esclaves on n'exige rien d'eux ni de leurs maîtres pour eux. La levée des corps que le Curé va chercher à la maison est taxée dans les Paroisses du Fort S. Pierre, du Moüillage & du Fort Royal, à quinze livres, dans les autres lieux de l'Isle à six livres; on donne dans les trois Eglises cy-dessus neuf livres pour chaque grande Messe, & dans le reste de l'Isle quatre livres dix sols; les Messes basses à une livre, les publications des bancs pour les mariages à vingt sols chacune, & les certificats de Baptêmes, mariages ou sepultures à vingt sols. A l'égard des autres fonctions on reçoit ce que les fideles presentent quand cela arrive, mais on ne demande jamais rien.

Quand j'arrivai aux Isles nos pensions
étoient

étoient payées en sucre brut, qui à cause de la guerre étoit une marchandise si décriée qu'à peine la pouvoit-on négocier en marchandise, sur le pied d'un écu le cent, pendant que toutes les provisions qui venoient de France étoient à un prix excessif. Mais ce même sucre étant venu à encherir vers la fin de 1697. où on le vendit jusqu'à cinq & six livres le cent, & son prix ayant encore considerablement augmenté après la paix de Risvick, les Fermiers des Domaines du Roi obtinrent un Arrest du Conseil d'Etat qui fixa toutes les pensions, tant du Clergé que de l'Etat Major, à quatre livres dix sols le cent, pendant que ces mêmes Fermiers exigeoient six livres par cent pour les droits de capitation de ceux qui ne faisoient pas de sucre, & du sucre effectif de ceux qui en faisoient. Ce fut un nommé la Bruneliere insigne maltotier s'il en fut jamais, qui avoit succedé à Monsieur de Vaucourtois qui donna cet avis à ses maîtres. Par bonheur pour les Isles sa Commission ne dura que deux ans, car il auroit ruiné tous les habitans & tout le commerce s'il y eût demeuré plus longtems. Mais le départ de cet honnête homme n'a pas

1694.

Prix du sucre brut avant la paix de Risvick.

La Bruneliere, Directeur du Domaine.

remedié aux maux qu'il a causé, & depuis ce tems-là les pensions des Curez, celles de l'Etat Major & des Officiers de Justice ont été payées sur le pied de quatre livres dix sols pour cent livres de sucre.

Appointemens de l'état Major des Isles.

Les appointemens du Gouverneur General, du Lieutenant au Gouvernement General, & de l'Intendant, sont payez par le Tresor en France. Les Gouverneurs de la Martinique, Guadeloupe & S. Christophle, ont soixante mille livres de sucre payés à quatre livres dix sols le cent aux Isles, & mille écus de gratification payez en France. Les Lieutenans de Roi ont vingt mille livres de sucre, & cinq cens livres de gratification. Les Juges Royaux des trois Isles ci-dessus, les Procureurs du Roi, & les Exécuteurs de la Justice, ont chacun douze mille livres de sucre. Les Conseillers au Conseil Supérieur, ont douze cens livres de sucre, ou l'exemption du droit de Capitation pour douze de leurs Esclaves.

En quoi consiste le Domaine du Roi.

Le Domaine du Roi dans les Isles consiste dans le droit de Capitation que tous les hommes blancs ou noirs libres, engagez ou esclaves, payent depuis l'âge de quatorze ans jusques à soixante.

Ce droit est de cent livres de sucre brut effectif par an, pour ceux qui en font, ou de six francs pour ceux qui n'en font point. Ce sont les maîtres qui payent pour leurs domestiques engagez ou esclaves. On paye encore un pour cent tout le sucre qu'on livre pour avoir le droit de le peser chez soi. Chaque Cabaret paye deux mille livres de sucre par an. Toutes les Marchandises qui arrivent aux Isles payent un pour cent en espece, ce qui se doit entendre seulement des provisions de bouche; outre cela le tiers des confiscations & des amendes entre dans le Domaine de Roi.

Tous les hommes blancs creolles, c'est-à-dire, nez dans les Isles, & generalement toutes les femmes blanches sont exemptes du droit de Capitation aussi-bien que les esclaves, serviteurs, ou engagez des Religieux ou des anciens Seigneurs, Proprietaires des Isles & leurs representans. *Ceux qui ne sont pas sujets à payer le droit de Capitation.*

Les pensions des Religieux qui desservent les Paroisses de S. Domingue ne sont pas payées par le Roi. Ce sont les habitans de chaque Paroisse qui les payent. Le Marguillier a soin d'en faire la repartition & la levée, & de la payer *Pensions des Curez à S. Domingue.*

par quartier au Curé, elle est de trois cens écus par an ; & quand on est obligé de tenir deux Prêtres dans une Paroisse, on donne cent cinquante ou deux cens écus pour le second.

Les pensions & le casuel des Curez sont bien plus considerables à S. Domingue qu'aux Isles du Vent. Mais on doit considerer que toutes les provisions de bouche qui viennent d'Europe, comme sont le vin, la farine, les viandes sallées, les épiceries, & generalement toutes les autres choses dont on a besoin pour se nourrir, se vétir & se médicamenter, sont infiniment plus cheres à S. Domingue qu'aux autres Isles, parce que l'argent y étant plus commun, toutes les denrées augmentent de prix.

Les plus petites monnoyes des Isles du Vent étoient encore en 1705. les sols marqués de France, à S. Domingue c'étoit les pieces de quatre sols, ou les demi-réales d'Espagne.

Les habitans de S. Domingue ne payent point de droits de Capitation, mais ils payent deux sols par livre d'indigo, & quelque chose pour le sucre avec l'entretien des Curez & de l'Etat Major ; cela vaut bien une Capitation, & quelque chose de plus.

Les differens Ordres Religieux que j'ai nommez ci-dessus, ont à leur tête un Prefet Apostolique, qui est ordinairement le Superieur general de toutes les Missions à qui la Congregation *de propagandâ fide*, donne les pouvoirs necessaires pour le spirituel, parce que les lieux des Missions ne sont sous la Jurisdiction d'aucun Evêque, soit d'Europe, soit de l'Amerique. Voici une traduction des Privileges que le Pape accorde ordinairement aux Prefets Apostoliques.

1. De dispenser de toutes sortes d'irregularité, excepté celle qu'on a encouruë pour une veritable bigamie, ou pour un homicide volontaire; même quand il y auroit dans ces lieux-là une extrême necessité d'ouvriers; mais quant à l'homicide volontaire, on en pourra dispenser dans un besoin pressant, pourvû que cela ne cause point de scandale dans le païs.

2. De dispenser & commuer les vœux simples, même celui de chasteté en d'autres œuvres de pieté, & cela pour une cause raisonnable, excepté le vœu de Religion.

3. D'absoudre & de dispenser de toutes sortes de simonies, même de la

réelle en quittant les Benefices, & de la restitution des fruits perçûs injustement en imposant quelque aumône, ou autre penitence salutaire selon la volonté de celui qui donne l'absolution, ou si les Benefices sont Paroissiaux, & qu'il ne se trouve personne capable de les remplir, on peut absoudre les coupables, & leur permettre de les garder.

4. De dispenser dans le troisiéme & quatriéme degré de consanguinité & d'affinité simple & mixte ; & dans le deux, trois & quatriéme mixte, mais jamais dans le second simple. Et pour ce qui regarde les mariages contractez dans le second degré simple, pourvû qu'il ne touche en aucune façon au premier degré, on en pourra dispenser ceux qui viennent au sein de l'Eglise étant heretiques ou infideles, & en ce cas on pourra déclarer legitimes les enfans provenus de ce mariage.

5. De dispenser de l'empêchement de l'honnêteté publique, provenant des fiançailles.

6. De dispenser de l'empêchement du crime, pourvû cependant qu'il ne regarde qu'une des parties ; comme aussi de rendre le droit qu'on pourroit

avoir perdu, de demander le devoir conjugal.

7. De dispenser de l'empêchement de l'affinité spirituelle, excepté celle qui se contracte entre celui qui baptise & le baptisé.

8. Les dispenses ordinaires des mariages dans le quatre, cinq, six & septième degré, ne se doivent point accorder qu'à condition que la femme n'ait point été enlevée, ou si elle l'a été, qu'elle ne soit plus entre les mains du ravisseur, mais dans un lieu libre. Et encore on ne peut se servir de ces pouvoirs que dans les lieux où il n'y aura point d'Evêque.

9. De dispenser les Gentils & les Infideles qui se convertissent à la Foi, ayant plusieurs femmes, qu'ils puissent garder après leur Baptême celle qui leur plaira, bien qu'elle ait embrassé la Religion Chrétienne, à moins que la premiere de toutes les femmes qu'ils ont prises ne voulût recevoir le Baptême, auquel cas elle doit avoir la preference.

10. D'absoudre de l'Heresie, du Schisme & de l'Apostasie de la Foi, toutes sortes de personnes, même les Ecclesiastiques seculiers ou reguliers, excepté ceux qui sont des lieux où l'Inqui-

L iiij

sition est établie, à moins qu'ils ne fussent tombez dans ces crimes, dans les lieux des Missions, & où l'heresie est dominante. Et encore excepté ceux qui ayant abjuré juridiquement sont retombez dans l'heresie; à moins qu'étant nez dans un païs heretique, & y étant retournez, la foiblesse ne les eust fait tomber, & cette absolution ne peut servir que dans le fore interieur.

11. D'absoudre de tous les cas reservez au S. Siege, & même de ceux qui sont contenus dans la Bulle *In Cœna Domini*.

12. De benir les ornemens & autres ustanciles pour le Sacrifice de la Messe.

13. De réciter le Rosaire ou quelque autre Priere si on ne peut porter avec soi son Breviaire, & qu'on ne puisse reciter l'Office divin, pour quelqu'empêchement legitime.

14. De reconcilier les Eglises prophanées, avec de l'eau benîte par un Evêque, ou dans la necessité avec de l'eau benîte ordinaire, & de communiquer ce pouvoir aux simples Prêtres.

15. De consacrer les Calices, les Patenes & les Autels portatifs avec de l'huile benîte par l'Evêque, dans les lieux où il n'y a point d'Evêques, ou dans ceux où

le Siege est vacant, ou bien éloigné de deux journées.

16. De dispenser de manger de la viande, des œufs & du laitage pendant le Carême & autres tems de jeûne lors qu'on le jugera à propos.

17. De celebrer la Messe deux fois le jour, s'il y a pour cela une grande necessité, pourvû qu'on n'ait pas pris l'ablution à la premiere Messe, qui a dû être celebrée une heure avant l'aurore, & la seconde après midi. On pourra même celebrer sur un Autel portatif sans Ministre en pleine campagne sur la terre, pourvû que ce soit un lieu décent, sur un Autel quoiqu'il fût rompu, & qu'il n'y eût aucune Relique, en presence des Heretiques ou excommuniez Schismatiques ou Infideles, pourvû que le Ministre ne soit pas Heretique ou excommunié, & qu'on ne puisse celebrer autrement. Il n'est pourtant permis de se servir du pouvoir de dire la Messe deux fois en un jour que très-rarement, & pour des raisons très-fortes & très-pressantes, & en cela on charge la conscience du Celebrant.

18. D'accorder une Indulgence pleniere aux Heretiques la premiere fois qu'ils font abjuration, & à tous les Fideles à

L v

l'article de la mort, qui sont contrits & confessez, ou du moins qui sont contrits.

19. D'accorder une Indulgence pleniere trois fois l'année dans l'Oraison de quarante heures qu'on indiquera dans certains jours à tous ceux qui étant contrits & confessez, auront receu la sainte Communion.

20. De pouvoir s'appliquer à soi-même les mêmes Indulgences.

21. De celebrer la Messe des Morts à quelque Autel que ce soit, même sur un Autel portatif, tous les Lundis qui ne seront pas empêchez par une Fête de neuf Leçons, ou s'ils sont empêchez, les Mardis, & de délivrer selon leur intention une ame du Purgatoire par maniere de suffrage.

22. De porter le très-Saint Sacrement aux malades sans ceremonie & sans lumiere, & de le garder de la même maniere pour la même fin, pourvû cependant que ce soit dans un lieu décent; s'il y a quelque danger d'un sacrilege du côté des Heretiques ou des Infideles.

23. De se vêtir d'habits seculiers, si les Missionnaires ne peuvent demeurer ou passer autrement dans les lieux de leur Mission.

24. De garder dans leur maison & de lire les Livres des Heretiques qui traitent de leur Religion, afin de les combattre, & tous les autres Livres deffendus, excepté les ouvrages de Charles Molinos, de Nicolas Machiavel & tous ceux qui traitent de l'Astrologie judiciaire, principalement ou incidemment, ou de quelque maniere que ce soit, à condition que ces Livres ne pourront être transportez hors des lieux des Missions, & que les Missionnaires ne pourront donner à d'autres la permission de les lire.

25. De communiquer ces privileges en tout ou en partie aux Religieux de sa Mission que la Congregation aura approuvée, & non à d'autres, pour le tems & les lieux que le Prefet Apostolique jugera à propos, avec pouvoir de revoquer ou diminuer ces mêmes pouvoirs qui sont accordez au Vice-prefet ou autre qui succedera, & en cas de mort à celui ou à ceux qui sont nommez par la Congregation, ou qui leur succedent de droit, afin que la Mission ne demeure pas sans chef.

26. D'administrer tous les Sacremens qui sont de la competence des Curez ou Ordinaires; excepté ceux de l'Ordre &

de la Confirmation ; enfin de se servir de ces privileges, & de les administrer à ceux qui en auront besoin sans aucune retribution.

Tels sont les privileges que le Pape accorde aux Missionnaires. J'ai jugé à propos de les mettre ici, afin que le public puisse juger si nous avions tort dans une affaire que je rapporterai ci-après.

CHAPITRE XI.

Description du Roucou & de l'Indigo.

DAns l'état que je fis de ma Paroisse, je ne me contentai pas de sçavoir le nombre des ames qui la composoient, j'observai encore les marchandises qui s'y fabriquoient. Je trouvai donc que je n'avois que cinq habitations où l'on fist du sucre. Tous mes autres Paroissiens s'occupoient à la culture du Roucou, de l'Indigo & du Cacao. Outre ceux-là il y avoit nombre d'ouvriers differens, & d'autres qui vivoient sur leurs habitations de ce qu'ils en recüeilloient, & des farines de Manioc qu'ils faisoient, & des bestiaux & volailles qu'ils y élevoient, qui n'étoit pas le trafic le moins considerable, puisqu'il vient du fond même de la terre, & qu'il produit de l'argent comptant. Je parlerai amplement du Sucre, du Cacao & du Manioc dans un autre endroit. Je vais donner à present une idée la plus juste que je pourrai du Roucou, de sa qualité, de sa culture, de son usage, des mauvaises façons qu'on y peut faire, & des moyens pour les decouvrir, & ensuite je parlerai de l'Indigo.

Le Roucou que les Espagnols appellent *Achiote*, est une teinture rouge qui sert à mettre en premiere couleur les laines blanches qu'on veut teindre en rouge, bleu, jaune, verd & autres couleurs. Elle provient d'une pellicule rouge qui couvre de petites graines blanches & rondes dont est rempli le fruit de l'arbre, qu'on appelle Roucouier, & qui vient par toute l'Amerique : il est pour l'ordinaire de la grandeur d'un prunier, mais beaucoup plus touffu ; son écorce est noirâtre, ses feüilles sont assez grandes, fortes, dures & d'un verd foncé. Il porte deux fois l'année des fleurs d'un rouge couleur de chair, par gros bouquets qui ressemblent assez aux roses sauvages ou bâtardes, ausquelles succedent des bouquets de gousses, couvertes de piquants comme des chataignes, mais plus petites, qui étant ouvertes se trouvent pleines de graines comme de petits grains de coriandre, couverts d'une pellicule incarnate qui se détache difficilement du grain qu'elle couvre, qu'elle laisse tout blanc & assez dur, quand elle en est séparée ; cette pellicule macerée & cuite, compose la teinture qu'on appelle Roucou.

On connoît que la graine est meure & qu'elle a atteint sa parfaite couleur, quand la gousse ou la cosse qui la renferme s'ouvre d'elle-même. Il suffit qu'une ou deux soient ouvertes pour cueillir tout le bouquet qui en contient pour l'ordinaire huit ou dix, & quelquefois davantage suivant l'âge de l'arbre & la bonté du terrein. Les Negres grands & petits s'occupent à ouvrir les gousses qui ne le font pas suffisamment, en les pressant avec les doigts, & font sortir avec l'ongle du pouce les graines qui sont dedans, qu'ils recueillent dans des couis, c'est-à-dire, dans des moitiez de calebasses. On met toutes ces graines dans des canots ou grandes auges de bois tout d'une piece, avec de l'eau. On les y laisse pendant sept ou huit jours, & même davantage jusqu'à ce que l'eau commence à fermenter ; alors on les remuë fortement avec des pagales de bois qui sont comme de grandes spatules, ou plûtôt comme des pelles de four, & on les pile avec des pilons de bois, afin de faire détacher la pellicule rouge du grain qu'elle couvre. On recommence ce manege quatre ou cinq fois, jusqu'à ce qu'il ne reste aucune pellicule aux grains, après quoi on passe le tout dans des hebichets, qui sont des cribles faits de roseaux refendus, ou de lataniers, dont les trous sont assez petits pour ne pas laisser passer les grains ; l'eau que l'on en tire pour lors est assez épaisse, fort rougeâtre & de trés mauvaise odeur. On a ordinairement deux chaudieres de fer ou de métal d'une bonne épaisseur, qui sont montées & scellées chacune sur son fourneau, où l'on met cette eau, que l'on fait boüillir fortement ; à mesure qu'elle boult, on recueille dans de grandes bassines l'écume qu'elle jette, & quand elle ne rend plus d'écume, on la jette comme inutile, & on met à sa place dans les chaudieres l'écume qu'on en a tiré. On la fait bouillir pendant dix ou douze heures la remuant sans cesse avec une spatule de bois, de crainte qu'elle ne s'attache à la chaudiere où elle pourroit brusler, ou du moins se noircir. On connoît qu'elle a sa cuisson necessaire quand elle commence à se détacher d'elle-même de la spatule ; pour lors on la retire, on la met refroidir dans des bassines ou des canots de bois bien propres. Lorsqu'elle est presque froide, on en fait des pelottes de deux à trois livres chacune, & pour empêcher qu'elle ne s'attache aux mains en les travaillant, on a soin de se les frotter de tems en tems avec de l'huile de *palma Christi* ou de carapat, comme l'appellent les Indiens. Les pelottes étant faites, on les envelope dans des feuilles de basilier que l'on a fait passer sur le feu pour les amortir & les rendre plus maniables, & on les lie avec des aiguillettes de mahot.

Je viens de dire en peu de mots de quelle maniere on fait le Roucou, & cela pourra suffire pour ceux qui ne se soucient pas d'entrer beaucoup dans cette matiere, mais il faut contenter les plus curieux en leur expliquant plus en détail cette Manufacture.

De la maniere de cultiver & de faire le Roûcou.

Depuis le mois de Mars jusqu'à la fin de May, c'est le tems de planter le Roucou, neanmoins quand vous le planteriez dès Février & même Janvier, il viendroit aussi, mais ne rapporteroit pas plutôt que de le planter en Mars.

Il ne faut pour le planter, après avoir netoyé sa terre, que faire de petits trous avec la houë, & jetter dedans trois ou quatre graines au plus, comme on fait pour planter des pois ou du mil.

La distance la plus raisonnable est de huit pieds en quarré; on le sarcle & entretient comme les autres arbres.

Quand il pousse trop haut, on le châtre pour le faire épaissir, & convertir l'arbre en buisson.

On le cueille deux fois l'année vers la saint Jean & vers Noël. Celui qui est planté en Mars, Avril, May, rapporte à Noël.

Dès qu'il y en a dans une grappe une cosse qui ouvre, toute la grappe est meure, & celui que l'on cueille en cet état s'appelle Roucou verd.

Roucou verd.

Quand on le veut laisser secher davantage pour le garder & écaler & faire à son loisir, on attend à le cueillir qu'il y ait beaucoup plus de cosses seches que de vertes à la grappe, & on appelle cela Roucou sec.

Roucou sec.

Le Roucou verd ne se peut garder que quinze jours avant que d'être écalé & fait, mais il rend un tiers plus que le Roucou sec, & le roucou en est plus beau.

Le Roucou sec se gardera fort bien six mois, & on le peut battre pour l'écaler, après l'avoir fait un peu secher au soleil & l'avoir remué.

Pour écaler le Roucou verd il ne faut que rompre la cosse du côté de la queue, & le tirer en bas avec la peau qui environne les graines sans s'embarasser de cette peau.

Differens canots ou auges de bois où l'on met tremper le Roucou.

Après que vos graines sont écalées, il faut avoir un canot ou plusieurs, suivant ce que vous avez de Roucou à faire, que vous appellez canot de trempe où vous mettrez vos graines à trois ou quatre fois, les battant un peu avec le pilon, environ l'espace d'un *Miserere* ; après quoi vous remplirez le canot d'eau à huit ou dix pouces près de son bord : sur trois barils de graines, il faut bien cinq barils d'eau ; la plus claire & la plus vive est la meilleure. On le laisse au moins huit jours dans le canot de trempe, le remuant deux fois par jour avec un rabot, un demi-quart d'heure environ à chaque fois.

Après qu'il a assez demeuré dans le canot de trempe, on le passe dans des paniers sur le canot afin d'y faire tomber toute l'eau & les graines ; on les met dans un second canot, appellé canot de pile, qui doit être épais de quatre pouces par dessous.

Si l'on veut remettre en même-tems de nouvelles graines à tremper, on doit retirer l'eau du canot de trempe, qui s'appelle premiere eau, & la mettre dans un autre canot, qui s'appelle canot de garde, parce que l'on y garde cette eau pour être partagée sur la seconde & troisiéme eau pour cuire le Roucou.

La graine qui est dans le canot de pile doit être bien pilée avec les pilons & de bons bras, l'espace d'un bon quart d'heure ou plus, en sorte que toute la graine s'en sente ; on les met aprés cela tremper dans le même canot de pile, ou un autre canot de trempe une heure ou deux dans l'eau claire ou qui aura servi, ensuite on les passe au panier, les frottant bien dans les mains en les passant, puis on les remet une seconde fois dans le canot de pile pour les y repiler, frotter & passer encore une fois comme la premiere. Cette eau s'appelle seconde eau qui doit aussi être gardée.

Après quoi il faut les mettre à ressuer bien envelopées dans son canot avec des feuilles de Basilier. On nomme ce canot, canot à ressuer. Elles y doivent bien demeurer huit jours sans y toucher, & jusqu'à ce qu'on voye qu'elles veulent moisir.

On les tire de ce canot pour les mettre dans le canot de pile, où elles doivent être pilées comme la premiere fois, puis frottées, relavées & passées deux fois, après avoir trempé un jour ou deux dans toutes les deux eaux, & l'eau qui en sort s'appelle troisiéme eau.

Il y en a qui les mettent encore à ressuer pour en tirer encore de l'eau à faire du Roucou; mais ce Roucou est trop foible, & ce n'est qu'un tems perdu, & rend vôtre Roucou de moindre qualité. On peut bien si l'on veut faire cette façon, mais l'eau doit servir à tremper d'autres graines, comme l'eau de Roucou, c'est-à-dire, celle qui reste après avoir tiré les écumes qui doit être mise dans un canot pour les garder à cet usage, que l'on nomme canot à l'eau.

Outre ce canot on doit en avoir un autre, que l'on nomme canot à laver, qui doit toûjours être plein d'eau afin que ceux qui manient les graines & le Roucou s'y lavent les mains, & y lavent les paniers, pilons & hebichets, afin de ne rien perdre, car cette eau est plus propre à tremper les graines, & doit être jointe à l'eau du Roucou, parce que l'une & l'autre en contient toûjours un peu, & communique cette impression lorsque vous voulez faire vôtre Roucou, ce qui se doit faire incontinent après vôtre seconde eau tirée.

Il faut prendre cette eau & la passer sur un canot, appellé canot de passe dans un hebichet. Ce canot de passe sera plus commode s'il est partagé par le milieu, car l'eau doit être passée deux fois sur l'hebichet, qui doit être lavé souvent dans le canot à laver. Ce canot de passe doit être bien net, & l'on doit mesler à cette seconde eau un bon tiers de la premiere. On passe la troisiéme eau de même, la meslant avec les deux tiers de la premiere.

L'eau ayant été passée deux fois à l'hebichet, doit être mise dans une ou plusieurs chaudieres de fer, la passant auparavant sur une toile claire & souvent lavée. Cette eau étant mise sur le feu jette bien-tôt son écume, que l'on tire & met dans un canot, appellé canot aux écumes.

Quand l'eau n'écume plus, elle n'est bonne qu'à mettre dans le canot à l'eau pour tremper les graines..... Quand l'écume vient trop vite, il faut diminuer le feu.

Quand vous vous trouvez assez d'écumes pour les cuire, vous les mettrez dans une chaudiere, appellée la batterie, sous laquelle vous faites d'abord assez grand feu, le diminuant à proportion que les écumes montent.

Il faut de tems en tems bien éclaircit vos chaudieres avec de la pierre de ponce, sur tout la batterie.

Il faut à la batterie un Negre qui mouve presque continuellement, & détache le Roucou qui s'arrêteroit au fond & aux bords de la batterie ; & quand vôtre Roucou saute il faut diminuer le feu, car il en sauteroit la moitié & il cuiroit trop vite : quand il ne saute plus, il ne faut laisser que du charbon sous la batterie, alors il ne faut plus qu'un peu mouvoir, & cela s'appelle vesser.

Vôtre Roucou s'épaississant & formant

une masse, il le faut tourner & retourner souvent dans la chaudiere, diminuant peu à peu le feu afin qu'il ne brûle pas ; c'est à quoi il faut être bien exact, car le Roucou ne se cuit gueres en moins de dix ou douze heures.

Pour connoître quand il est cuit, vous n'avez qu'à le tourner & retourner, moüiller vôtre doigt ou cracher dessus, & quand le Roucou n'y prend plus, il est cuit.

Quand il est en cet état, on le laisse un peu durcir dans la chaudiere avec une chaleur très-moderée, en le retournant pour qu'il cuise & seche de tous côtez.

Après l'avoir tiré il reste toûjours quelque gratin, ou partie du Roucou tenant à la chaudiere qu'il ne faut pas mesler dans le bon Roucou, mais repasser avec de l'eau & des graines.

Le Roucou sortant de la batterie ne doit pas être mis en pain d'abord, mais il faut le mettre sur une planche en maniere d'une masse plate, & on le laisse refroidir huit ou dix heures. Le Negre qui le manie & fait les pains doit avoir les mains legerement frottées de beure frais, ou de sain-doux ou d'huile de *Palma Christi.*

Les feuilles de Balisier sont fort propres à les mettre en pain, que l'on fait le plus communément de deux à trois livres.

Le Roucou diminuë considerablement, mais il a fait toute sa diminution en deux mois.

Autre maniere de faire le Roucou, qui le fait très-beau.

Pour faire de très-beau Roucou, il faut mettre tremper vos graines dans un canot, & que ce soit du Roucou verd, & s'il se peut sortant de dessus l'arbre sans le battre ni le piler, mais seulement le mouver, & passant les graines sur le canot les froter avec les mains, puis les jetter après les avoir assez frotées ; il montera sur cette eau une écume ou graisse qu'il faut tirer avec une écumoire, & la battant dans un vaisseau bien net, ou avec les mains sans la cuire la faire épaissir, & puis secher à l'ombre ; on aura de très-beau Roucou, mais on perdroit trop à cette façon, & les Marchands ne le voudroient pas payer à proportion de ce que l'on perdroit en quittant l'autre maniere plus commune.

Cette

Cette marchandise valloit encore vingt 1694. sols la livre en 1694. elle avoit vallu jusqu'à trente sols les années précedentes ; mais la trop grande quantité que l'on en fit, & la paix de Rilvick, en firent baisser le prix jusqu'à six & sept sols la livre. Malgré cela ceux qui en faisoient y trouvoient encore leur compte, parce qu'il ne faut presque aucune dépense pour la faire. Les arbres qui la portent sont plantez dans les savannes, où ils ne causent aucun préjudice à l'herbe, & par conséquent aux bestiaux qu'on y éleve ; & les enfans de six ou sept ans y peuvent travailler, & en font autant que les grandes personnes. Ce qu'elle a d'incommode outre sa mauvaise odeur, est qu'elle tache tout le linge pour peu qu'on s'approche des lieux où l'on la fabrique, & qu'il faut user de grandes précautions pour n'être pas bien tôt tout rouge.

On remedie à ces trois inconveniens, en faisant les cases où l'on travaille le Roucou éloignées & sous le vent de la maison du maître, & en mettant dans une lessive particuliere tout le linge dont on se sert dans ce travail.

La tromperie que l'on peut faire dans cette marchandise, consiste à mêler de la terre rouge bien tamisée ou de la brique pilée dans les chaudieres où on la cuit, un moment avant qu'elle ait acquis sa derniere cuisson. Cette terre en augmente le poids & le volume, mais le moyen de connoître cette fraude, est de mettre un peu de roucou dans un verre plein d'eau, si le roucou est pur il se dissout entierement sans rien laisser au fond, au lieu que s'il est mêlé de terre ou de brique, on la trouve au fond du verre.

Quand on pese le roucou on rabat cinq pour cent pour le poids des feuilles dont il est enveloppé, & pour l'éguillette qui le lie. C'est-là sa tare.

Le roucou pour être beau doit être d'un rouge ponceau, doux au toucher sans aucune dureté ; il doit s'étendre beaucoup, & n'être jamais si dur, qu'en le touchant un peu fortement, on n'y puisse laisser quelqu'impression. Quand on le rompt, le dedans doit être plus vif encore que le dehors, sans cela on peut dire qu'il est alteré ou du moins qu'on lui a donné une cuisson trop forte & qui lui fait perdre une partie de sa couleur, & diminuë considerablement son prix.

Les Indiens ou Caraïbes en font pour leur usage, car ils n'ont point d'autres habits que cette peinture dont les femmes ont soin de les barboüiller tous les matins.

Leur roucou est infiniment plus beau & plus fin que le nôtre. Il est d'un rouge éclatant presque comme le carmin, il foisonne à merveille quand on l'employe, mais les habitans ne trouveroient pas leur compte à en faire de cette qualité.

Commét les Caraïbes font leur roucou.

Les Indiens cueillent les gousses & les épluchent comme nous, mais au lieu de mettre les graines dans l'eau, & de les y laisser fermenter, ils les frottent dans leurs mains, qu'ils ont auparavant trempées dans l'huile de carapat, jusqu'à ce que la petite pellicule incarnate soit détachée de la graine, & réduite en une pâte très-claire & très-fine. Alors ils la raclent de dessus leurs mains avec un couteau, & la mettent sur une feuille bien propre qu'ils laissent secher à l'ombre, de peur que le Soleil ne mange & ne diminuë sa couleur. Ce travail comme on voit est long & ennuyant, mais il est bon pour des Caraïbes, qui sont les plus indolentes créatures du monde. Quand leur roucou est presque sec, ils en font des pelottes grosses comme le poing qu'ils enveloppent dans des feuilles de basilier ou de cachibou qu'ils conservent soigneusement. Dès qu'ils sont levez, c'est-à dire, dès qu'ils sont sortis de leur hamacq, ils vont se laver tout le corps à la mer ou dans quelque riviere, & après que le vent ou le soleil les a sechez, ils viennent s'asseoir sur une petite sellette au milieu de leur carbet, où leurs femmes les viennent peigner & trousser leurs cheveux, après quoi elles mettent dans un couy un peu d'huile de carapat dans laquelle elles font dissoudre du roucou qu'elles prennent avec un pinceau, & en peignent tout le corps de leur mari. Je parlerai de leurs coûtumes dans un autre endroit. Je dirai seulement ici que cette peinture leur conserve la peau, qu'elle empêche que le vent ou le soleil ne la fasse gerser & crevasser, & qu'elle les preserve des piqueures des cousins, maringouins ou moustiques qui sont en très-grande quantité autour de leurs carbets ou cases.

DE L'INDIGO.

On a fait autrefois beaucoup d'indigo dans la Paroisse du Macouba. Il n'y a ni ruisseau ni riviere où l'on ne trouve

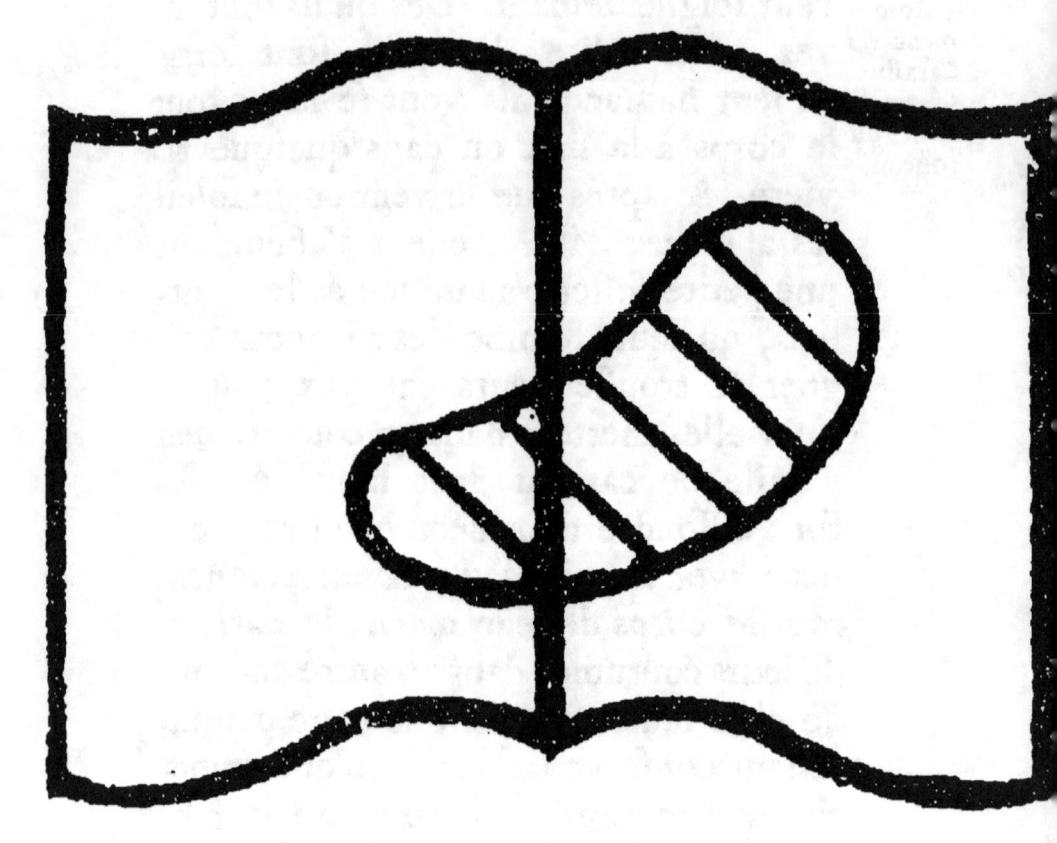

Illisibilité partielle

...miere de calcade; on for... conde qui est plus basse que le fond de la premiere puisse recevoir la liqueur contenuë dans la premiere, lorsqu'on debouche les ouvertures qu'on a pratiquées dans le fond de la premiere, & que la troisiéme puisse recevoir à son tour ce que la seconde contenoit.

La premiere, la plus grande & la plus haute de ces cuves s'appelle la trempérie ou la pouriture; on lui donne ordinairement vingt pieds de long sur douze à quinze pieds de largeur, & trois à quatre de profondeur. On nomme la seconde la batterie; elle est presque de moitié plus petite que la premiere. Et la troisiéme qui est beaucoup plus petite que la seconde, s'appelle le diablotin. {Cuves où l'on travaille l'indigo; leurs noms & leurs usages.}

Les noms des deux premieres conviennent parfaitement à leurs usages, parce qu'on met tremper la plante dans la premiere où elle fermente, se macere & devient comme en fumier & pou- {La trempoire.}

...imprégnée & chargée de sels de la plante, jusqu'à ce que les ayant ramassez, réunis & comme coagulez les uns avec les autres, on ait formé les grains qui composent la teinture.

Quant au nom de la troisiéme, je ne voi pas bien comment il lui convient, à moins que ce ne soit, parce que cette cuve est plus colorée que les deux autres, à cause que l'indigo déja formé y séjournant, la teint & la colore par conséquent beaucoup davantage.

A quoi je dois ajouter, qu'il n'y a qu'à Saint Domingue qu'on se sert de ce terme. On appelle reposoir cette derniere cuve aux Isles du vent, & ce nom lui convient parfaitement, puisque c'est dans celle-là que l'indigo commencé dans la trempoire, & perfectionné dans la batterie, s'unit, se met en masse, se détache des parties d'eau qu'il avoit encore, les pousse au dessus & se repose au fond de la cuve d'où il est tiré pour être mis dans des sachets, & ensuite dans

Diablotin.

les caisses comme nous le dirons cy-après.

On ne doit rien épargner pour la construction & la solidité de ces cuves ; la force de la fermentation est si grande, qu'à moins que la maçonnerie & l'enduit ne soient très-bien faits, & d'un ciment choisi & travaillé avec soin, elles se fendent, & il ne faut qu'une fente très-médiocre pour faire écouler une cuvée d'indigo, & causer une perte considerable au proprietaire.

Les cuves sont sujettes à se fendre.

Quand ce malheur arrive, voicy un remede aisé & infaillible, & dont je puis répondre, parce que j'en ai l'experience. Prenez des coquilles de mer de quelque espece qu'elles puissent être, pilez-les sans les faire cuire, réduisez-les en poudre & les passez par le tamis fin. Prenez de la chaux vive en même quantité, & passée au tamis ; mêlez ces deux choses ensemble avec autant d'eau qu'il en faut pour faire un mortier ferme, & avec le plus diligence que vous pourez remplissez-en les fentes de vos cuves. Cette mixtion fait corps, s'attache & se seche dans le moment, & remedie sur le champ à l'écoulement de la matiere qui sortoit de la cuve.

Remede à cet accident.

Tout le monde sçait ou doit sçavoir,

1694.
que l'indigo est une teinture dont on se sert pour teindre en bleu les laines, les soyes, les toiles & les étoffes à qui on veut donner cette couleur.

Lieux où se fabrique l'indigo.

Les Espagnols l'appellent anillo. Le plus beau qui se fasse chez eux, c'est-à-dire dans la nouvelle Espagne, vient de Guatimala, ce qui fait que bien des gens l'appellent simplement Guatimalo. On en fait aussi dans les Indes Orientales, particulierement dans l'Empire du grand Mogol, au Royaume de Golconde & autres lieux des environs, comme M. Tavernier le rapporte dans les relations de ses voyages. On appelle celui ci en Europe plus communément, de l'inde que de l'indigo ou de l'annil, prenant pour nom propre le nom du pays où il a été fabriqué.

Erreurs du P. du Tertre sur les differens indigos.

Quelques Auteurs, & entre les autres mon Confrere le P. du Tertre, se sont imaginez que celui qui vient des Indes Orientales est plus beau, plus fin, plus cher que celui qui vient des Indes Occidentales, à qui ils donnent le nom d'Inde-plate, pendant qu'ils donnent celui d'Inde simplement à celui qui vient d'Orient. Ils auroient parlé plus juste s'ils avoient appellé ce dernier Inde-ronde; car avec leur permission, toute la différence qu'il y a entre ces deux indes ou indigos, est que celui qui se fabrique aux Indes Orientales se forme comme des moitiez d'œufs, & celui des Indes Occidentales comme des tablettes ; car pour la bonté & la beauté, l'un n'aura rien à reprocher à l'autre quand on les travaillera avec un soin égal, & la même fidelité.

{1694.}

Differences des indigos.

La figure de l'indigo qui se fait aux Indes Orientales, oblige les Marchands qui le veulent transporter en Europe à le faire piler, afin d'en faire entrer une plus grande quantité dans les caisses ou barils où ils l'enferment. Il est certain qu'étant ainsi pilé, son grain qui a été rompu sous le pilon, brisé & réduit en poussiere, le rend plus fin que celui des Indes Occidentales, qui venant en tablettes, & comme il a été seché, presente son grain tout entier, & doit par conséquent paroître moins fin ; mais que fait cela à la bonté intrinseque de la marchandise ? je soutiens qu'elle est la même dans toutes les deux, quoiqu'il y paroisse de la différence.

Pour se convaincre de cette verité, prenez un morceau de sucre également blanc par tout, rompez-le, pilez-en une partie & la réduisez en poudre, el-

M v

694. le paroîtra plus fine & plus blanche que celle qui est demeurée entiere, ce qui ne provient que de ce que le grain de l'un a été partagé & divisé en un plus grand nombre de parties, qui quoique très-petites & presque insensibles, ne laissent pas d'avoir une plus grande quantité de superficies, & de reflechir par conséquent plus de lumiere ; au lieu que l'autre étant demeurée entiere, ne presentant qu'un grain gros & de peu de superficie, réflechit par conséquent moins de lumiere, & par une suite necessaire doit paroître moins blanc ; ce qui est la même chose que de paroître moins beau, puisque c'est dans la blancheur que consiste la beauté du sucre. On peut, ce me semble, faire le même raisonnement de l'indigo, & dire, que toutes choses égales, celui des Indes Occidentales est aussi beau que celui des Orientales, quand ils sont tous deux également bien travaillez.

Je croi devoir ajoûter que celui de l'Amerique est meilleur dans l'usage que l'autre ; car qui ne voit qu'on ne peut piler cette teinture, sans que les parties les plus subtiles ne se dissipent en l'air, comme M. Tavernier en convient ; & qui peut douter que ces parties ne soient les meilleures & celles qui foisonnent le plus quand on les met en œuvre.

Je conviens que l'indigo qui vient des Indes Orientales est plus cher que celui qui se fabrique aux Occidentales ; la raison en est évidente, il vient de plus loin, les risques sont plus grands, & ceux qui l'apportent ne trouveroient pas leur compte à le donner au même prix que celui qui vient de beaucoup plus près, mais cela ne prouve point du tout qu'il soit plus beau & meilleur.

En voila assez sur cet article ; souvent la prévention augmente le prix des choses, & il est très-difficile d'en faire revenir les hommes, sur tout quand ils s'y sont assujettis par un long usage, & les François plus que tous les autres. Il me semble que je dois faire sur cela un reproche à ma Nation, & l'occasion s'en presente trop naturellement pour la laisser échapper. Rien n'est si ordinaire parmi nous, que de courir après les marchandises & les Manufactures étrangères ; il semble à voir nos empressemens pour ce qui croît ou se fait chez nos voisins, que nôtre pays est sterile, & nos ouvriers ignorans & paresseux ; il n'y a cependant rien de plus opposé à la verité, les Etrangers nous rendent

Prévention des François pour les marchandises étrangeres.

1694. plus de justice que nous ne nous en rendons nous-mêmes; & malgré leur jalousie & leur envie, ils confessent que les François poussent leurs Manufactures à un point de perfection, où ceux qui en ont été les inventeurs ne peuvent arriver. Par exemple, les Venitiens ne peuvent pas faire des glaces de la grandeur, de la netteté & du poli qu'on les fait en France. Ils ont beau vanter leur écarlatte, toutes choses égales, il faut que la leur cede à celle des Gobelins. Tout le monde sçait la prodigieuse quantité de draps que les Anglois & les Hollandois enlevent des Manufactures de Languedoc; mais tout le monde ne sçait pas que ces mêmes draps deviennent draps d'Angleterre & d'Hollande, dès qu'ils sont entre les mains de ces habiles Commerçans, qui ne leur font pourtant autre chose que de les envelopper dans des toilettes peintes des armes de leur Nation avec plusieurs marques de plomb; & ce sont-là les draps d'Hollande & d'Angleterre qu'ils portent, & qu'ils vendent par toute la terre. Je pourois faire une longue enumeration de quantité d'autres choses, comme de la gravure, l'orfeverie, l'horlogerie, l'Imprimerie, les draps d'or &

de soye, les toiles, les dentelles de fil, d'or & d'argent, les chapeaux, & bien d'autres choses, où nous surpassons infiniment nos voisins & les autres étrangers ; mais cela me meneroit trop loin, & m'éloigneroit de mon sujet. Une chose qui est très-loüable chez les Etrangers, & en quoi ils nous surpassent, c'est dans le soin qu'ils ont de prôner la beauté & la bonté de leurs Manufactures, & de se servir de ce que leur terrein produit préférablement à ce qui croît chez leurs voisins. C'est en cela que nous devrions les imiter, & sur tout dans les Manufactures des Isles que nous devrions employer & faire valoir préférablement à toutes les autres, & en les perfectionnant chacun de son côté ; c'est-à-dire, que les habitans des Isles doivent mettre tout en usage pour faire d'aussi belles marchandises que celles qui se fabriquent autre part ; & ceux qui les employent en France, ne doivent rien négliger pour reüssir dans leurs ouvrages aussi parfaitement avec les Manufactures des Isles, que s'ils se servoient de ce qui leur est apporté de chez les étrangers. Je reviens à present à mon sujet que cette digression m'a fait quitter.

1694.

Definition & description de l'Indigo parfait.

L'Indigo est composé du sel & de la substance des feuilles, & de l'écorce d'une plante qui porte le même nom ; de sorte qu'on peut dire que c'est la dissolution ou digestion de la plante, causée par la fermentation qu'elle a excitée dans l'eau où on l'a mis tremper. Je sçai que quelques Ecrivains prétendent que la substance de la feuille ne produit pas l'Indigo, qui n'est selon eux, qu'une teinture ou couleur visqueuse, que la fermentation de la plante répand dans l'eau ; mais avant de les en croire sur leur parole, je voudrois qu'ils m'apprissent ce que devient la substance de la plante; car quand on la retire de la trempoire, il est certain qu'elle n'a plus ni le même poids, ni la même consistence, ni la même couleur qu'elle avoit auparavant. Les feuilles qui étoient bien nouries & bien pleines de suc, sont legeres, molasses, désechées, & ressemblent plus à du fumier qu'à toute autre chose, & c'est ce qui fait qu'on donne assez communément à la trempoire le nom de pourriture. Si donc on ne trouve plus dans les feuilles & dans tout le reste de la plante la même substance qu'on y remarquoit avant de la mettre tremper, n'est-il pas plus naturel de croire que c'est cette même substance, ces mêmes sels, qui s'étant 1694. séparez de leurs envelopes, & s'étant répandus dans l'eau, l'ont épaissie, & ont formé par leur union ou coagulation, cette masse de couleur bleuë à laquelle on a donné le nom d'Indigo, si utile dans la peinture & dans la teinture.

L'Indigo est une plante qui croîtroit jusqu'à deux pieds de hauteur, & peut-être même davantage, si on ne la coupoit pas. Dès qu'elle sort de terre elle se divise en plusieurs petites tiges noüeuses, & garnies de beaucoup de petites branches comme des scions, qui ont chacune quatre ou cinq & jusqu'à dix couples de feuilles terminées par une seule qui fait l'extremité. Ces feuilles sont ovales, tant soit peu pointuës, assez unies & fortes, d'un verd brun par dessus, plus pâles & comme argentées par dessous, elles sont charnuës & douces au toucher. Les branches se chargent de petites fleurs rougeâtres, de la figure à peu près de celles du genest, mais plus petites, auxquelles succedent des siliques d'environ un pouce de longueur & de peu de grosseur, qui renferment des graines ou semences approchantes pour la grosseur & la consistence de celles des raves, d'une couleur rouge-brune.

Description de la Plante.

Cette plante demande une bonne terre, graſſe, unie, & qui ne ſoit point trop ſeche ; elle mange & dégraiſſe beaucoup le terrein où elle croît, & veut être ſeule. On ne peut prendre trop de précaution pour la tenir nette & empêcher les herbes de quelque nature qu'elles ſoient de croître auprès d'elle.

On ſarcle & on nettoye juſqu'à cinq fois le terrein où l'on veut planter la graine d'Indigo. Il me ſemble qu'on devroit dire ſemer, mais le terme de planter eſt conſacré dans nos Iſles, & je ne croi pas me devoir broüiller pour un mot avec nos habitans, eſtimables par une infinité d'endroits, quoique dans l'habitude d'eſtropier la Langue Françoiſe. On pouſſe quelquefois la propreté ſi loin qu'on balaye le terrein comme on balayeroit une chambre. Après cela on fait les trous ou foſſes où l'on doit mettre les graines : pour cet effet les eſclaves ou autres qui doivent y travailler, ſe rangent ſur une même ligne à la tête du terrein, & marchans à reculons, ils font de petites foſſes de la largeur de leur houë, de la profondeur de deux à trois pouces, éloignées en tout ſens les unes des autres, d'environ un pied, & en ligne droite le plus qu'il eſt poſſible.

Lorſqu'ils ſont arrivez au bout du terrein, chacun ſe munit d'un petit ſac de graines, & remontans ſur leurs pas, ils mettent dans les foſſes qu'ils viennent de faire onze ou treize graines. Un reſte de ſuperſtition leur a appris qu'il falloit qu'elles fuſſent en nombre impair. Je n'ai garde d'approuver cette pratique, mais auſſi je me garderai bien de leur en vouloir montrer l'inutilité & le ridicule, étant convaincu que j'y perdrois mon tems & ma peine.

Ce travail eſt le plus pénible qu'il y ait dans la Manufacture de l'Indigo; car il faut que ceux qui plantent ſoient toûjours courbez, ſans ſe redreſſer, juſqu'à ce que la plantaiſon de toute la longueur de la piece ſoit achevée; de ſorte que quand elle eſt grande, ce qui arrive preſque toûjours, ils ſont obligez de demeurer deux heures, & ſouvent davantage dans cette poſture.

Lorſqu'ils ſont arrivez au haut de la piece, ils reviennent ſur leurs pas & recouvrent les foſſes où ils ont mis la graine, en y pouſſant avec le pied la terre qu'ils en ont tirée, & ainſi la graine ſe trouve couverte d'environ deux pouces de terre.

Quoique toute saison soit bonne pour planter l'Indigo, il faut pourtant se bien garder de le mettre en terre dans un tems sec; il est vrai que la graine peut se conserver un mois entier en terre sans se gâter, mais on s'expose lorsqu'on plante ainsi, à la voir enlever par la vermine ou par les vents, ou étouffée par les herbes qui naissent avec elle, de maniere que les habitans sages ne risquent jamais de planter à sec, c'est-à-dire, dans un tems où probablement ils n'esperent pas de la pluye, un, deux, ou trois jours après que la plantaison est achevée. On choisit donc pour l'ordinaire un tems humide, & qui promette de la pluye, & alors on est seur de voir la plante sortir de terre trois ou quatre jours après qu'elle y a été mise.

Quelque précaution qu'on ait prise pour nettoyer le terrein où les graines ont été plantées, il ne faut pas s'endormir quand l'Indigo est hors de terre, parce que la bonté du terrein, jointe à l'humidité & à la chaleur du climat, & aux abondantes rosées qui tombent toutes les nuits, fait naître une quantité prodigieuse d'herbes qui étoufferoient & gâteroient absolument l'Indigo. Si on n'avoit pas un soin extrême de sarcler dés qu'il en paroît, & d'entretenir la plante dans une propreté extraordinaire, souvent même les herbes sont en partie cause qu'il s'engendre une espece de chenilles qui devorent en moins de rien toutes les feüilles.

Depuis que la plante est sortie de terre, il ne faut que deux mois pour qu'elle ait atteint une parfaite maturité, & qu'elle soit en état d'être coupée : si on attendoit davantage elle fleuriroit, ses feüilles deviendroient plus seches & plus dures, elles donneroient par consequent moins de substance, & la couleur en seroit beaucoup moins belle. *En combien de tems elle est meure.*

Après cette premiere coupe on peut continuer à couper les nouvelles branches & feüilles que la plante produit de six en six semaines ou environ, supposé que le tems soit pluvieux, & qu'on prenne bien ses mesures pour ne pas couper dans un tems de secheresse, parce que l'on perdroit infailliblement la plante, ou comme on parle dans le pays, les chouques, & alors on seroit obligé de replanter ; mais toutes choses étant bien ménagées, la plante peut durer deux années, après quoi il faut l'arracher & planter de nouveau.

La plante étant arrivée à sa maturité,

ce qu'on reconnoît aux feüilles qui deviennent plus caſſantes & moins ſouples, on la coupe à quelques pouces hors de terre. On ſe ſert pour la couper de grands coûteaux courbes faits en maniere de faucilles. Quelques habitans en font des faiſſeaux comme des doubles bottes de foin afin qu'un Negre les puiſſe porter aiſément à la trempoire, mais la plûpart la mettent dans de grands morceaux de groſſe toile qu'on lie par les quatre coins, & cela eſt plus commode, la plante eſt moins maniée & moins foulée, & celles qui ſont petites ſont emportées auſſi ſeurement que les grandes ; & d'ailleurs on fait le travail avec plus de diligence de cette maniere-là que de faire des bottes, & comme le tems eſt precieux par tout, & ſur tout en Amerique, on ne ſçauroit trop prendre de précaution pour n'en point perdre.

Dix-huit ou vingt paquets d'herbes de la groſſeur chacun de deux bottes de foin ou environ, ſuffiſent pour remplir une trempoire de la grandeur que j'ai dit ci devant. Après qu'elle a été remplie d'eau enſorte qu'elle couvre les herbes, on met des pieces de bois deſſus afin que les herbes ne s'élevent point par dessus l'eau, à peu près comme on fait sur le raisin qu'on met au pressoir, & on laisse fermenter le tout. Selon que la chaleur est plus ou moins grande, & que l'herbe ou la plante est plus ou moins meure, la fermentation se fait plûtôt ou plûtard, quelquefois en six, huit ou dix heures, quelquefois on est obligé d'attendre jusqu'à dix-huit & vingt heures. Il est très-rare que cela aille jamais plus loin. On voit pour lors l'effet de la fermentation, l'eau s'échauffe & boüillonne de tous côtez comme on voit le raisin bouillir dans la cuve, & l'eau qui étoit claire au commencement, s'épaissit insensiblement & devient d'une couleur de bleu, tirant sur le violet. Alors sans toucher en aucune façon aux herbes, on ouvre les robinets qui sont au fond de la trempoire, & on laisse tomber dans la batterie toute cette eau chargée des sels & de la substance de la plante que la fermentation en a détachez ; & pendant qu'on jette comme une chose inutile, & presque pourie, l'herbe qui étoit dans la trempoire, & qu'on la nettoye pour la remplir de nouvelles herbes, on bat l'eau qu'on a fait tomber de la trempoire dans la batterie. On se servoit autrefois d'une roüe à palettes dont l'essieu étoit posé sur le milieu de la cuve, & que l'on remuoit par le moyen de deux manivelles qui étoient au bout du même essieu. Au lieu de palettes on y a mis ensuite de petits caissons sans fond, & après cela d'autres dont les fonds étoient percez de trous de tariere; à present on se sert d'une espece de sceaux assez grands attachez à de fortes perches posées sur des chandeliers par le moyen desquels les Negres élevent l'eau, la battent & la remuent violemment & continuellement, jusqu'à ce que les sels & autres parties de la substance de la plante se soient unis ensemble, & comme coagulez suffisamment pour faire corps. C'est à prendre ce moment bien juste que l'on reconnoist la science de l'Indigotier, c'est-à-dire de celui qui conduit le travail de l'Indigoterie. Car s'il fait cesser de battre un peu trop tôt, le grain qui n'est pas encore formé demeure répandu dans l'eau sans couler & s'amasser au fond de la cuve, & se perd avec l'eau quand on est obligé de la lâcher, ce qui cause une perte considerable au proprietaire; ou, si étant formé on continuë de la battre, on le dissout, & on tombe dans le même inconvenient. Il faut donc prendre ce moment, & aussi-tôt qu'on l'a trouvé il faut cesser de battre, & laisser reposer la matiere.

On se sert pour le trouver d'une petite tasse d'argent destinée uniquement à cet usage; on la remplit de cette eau pendant que les Negres la battent, & selon que l'on remarque que la fecule se précipite au fond de la tasse, ou qu'elle demeure répanduë, on cesse, ou on continuë de battre.

Le Dictionnaire general imprimé à Trevoux, rapporte fort serieusement sur la bonne foi du Pere Plumier Minime, que l'Indigotier ayant pris de l'eau de la batterie dans sa tasse, crache dedans, & que si l'Indigo est formé, la fecule se précipite aussi-tôt au fond de la tasse, & pour lors il fait cesser le travail de la batterie, sinon il le fait continuer. Ce n'est pas dans cette seule rencontre qu'on a abusé de la credulité & de la simplicité du Pere Plumier. J'en ai été témoin dans d'autres occasions, & peut-être en dirai-je quelques-unes dans la suite de ces Memoires. C'est à quoi s'exposent ceux qui veulent faire des Relations d'un pays qu'ils ne voyent qu'en passant & comme en courant. Ils s'adressent souvent à des gens peu instruits de ce qu'ils

Erreur du Pere Plumier rapportée dans le Dictionnaire de Trevoux

veulent sçavoir, & qui aiment mieux leur dire une sottise que de passer pour ignorans ; & encore plus souvent ils tombent entre les mains de certains railleurs de profession dont les Isles sont assez bien pourvûes, qui se font un plaisir de leur en donner à garder afin de les tourner en ridicules quand l'occasion s'en presente. Je n'ai gueres connu d'homme plus aisé à tromper que ce bon Religieux. Il avoit un talent merveilleux pour dessigner les plantes, & il étoit en état de faire des ouvrages achevez dans ce genre-là s'il s'y fut renfermé, mais il est tombé dans une infinité de bévûës pour avoir voulu sortir de sa sphere, dont celle que je remarque ici n'est pourtant pas une des plus considerables.

Après qu'on a cessé de battre, on laisse reposer la matiere, la fecule se se précipite au fond de la cuve, & s'y amasse comme une espece de boüe, & l'eau déchargée de tous les sels dont elle avoit été impregnée surnage au dessus, & s'éclaircit. Pour lors on ouvre les robinets qu'on a pratiquez dans la batterie à differentes distances du fond, & on laisse écouler cette eau, & quand on est arrivé à la superficie
de

de la fecule, on ouvre les robinets du fond afin que toute la fecule tombe dans le diablotin ou repofoir. C'est-là qu'on la laiſſe ſe raſſeoir encore un peu de tems, après quoi on la met dans des ſachets de toile de quinze à dix-huit pouces taillez en pointe, où elle acheve de ſe purger du reſte de l'eau qui étoit encore reſté entre ſes parties. Quand cela eſt achevé on l'étend dans des caiſſons de trois à quatre pieds de long ſur deux pieds de large, & environ trois pouces de profondeur, & on l'expoſe à l'air pour la faire ſecher entierement.

Maniere de faire ſecher l'Indigo.

On obſerve de ne la point expoſer au ſoleil parce qu'il mangeroit la couleur en la ſechant, & on a un trés-grand ſoin de la garder de la pluye parce qu'elle la diſſoudroit & la gâteroit entierement.

Il arrive quelquefois que les chenilles ſe mettent dans l'indigo, & pour peu qu'on les y ſouffre elles mangent toutes les feüilles, ſouvent même juſqu'à l'écorce & le bout des branches, & font mourir les ſouches ; c'eſt perdre ſon temps de vouloir les détruire ou les empêcher de ravager toute une piece en leur coupant chemin par quel-

Ce qu'il faut faire quand les chenilles ſe mettent dans l'Indigo.

que fossé. Le plus seur est de couper promptement l'indigo à quelqu'âge qu'il soit, & de jetter pesle mesle dans la trempoire les plantes & les chenilles, elles rendent en crevant ce qu'elles ont devoré, & l'Indigo n'en est pas moins beau.

Il est vrai que quand la plante n'a pas atteint sa parfaite maturité, elle rend beaucoup moins ; mais plusieurs experiences ont fait connoître que la couleur qui en vient est beaucoup plus belle, de sorte qu'on gagne d'un côté ce qu'on perd de l'autre.

Je voudrois ne pas attendre une si parfaite maturité pour couper la plante. Peut-être que tout le secret de ceux dont on vante l'Indigo au préjudice du nôtre, n'est que de couper l'herbe dans le tems où elle rend une couleur plus vive.

J'ai experimenté qu'en laissant des Cochenilles sur des pommes de raquettes qui étoient trop meures, au lieu d'être rouges elles deviennent feüilles-mortes, comme le fruit dont elles s'étoient nourries. La même chose pourroit bien arriver à l'Indigo, & ce que je propose ici n'est pas un doute sans fondement, puisqu'il est appuyé sur l'experience certaine que je viens de rapporter, qui prouve évidemment que la même plante coupée en differens âges, produit des couleurs differentes en beauté. Je ne risquerois pas ce conseil à des gens attachez à leur interest, ou qui regardent plûtôt la quantité que la qualité de leur marchandise ; mais il me semble n'avoir rien à craindre du côté de nos insulaires qui sont genereux & magnifiques quelquefois jusqu'au de-là de leurs forces : je leur conseille donc de faire differentes épreuves sur le terrein, la saison, l'âge de la plante, l'eau qu'ils emploient pour la faire tremper, le point de la dissolution &c. Et je suis seur qu'avec un peu de tems, de travail & de patience ils feront de l'Indigo qui égalera, & même surpassera ceux des pays étrangers que l'on vante le plus. Les habitans de saint Domingue sçavent qu'en 1701. leur sucre brut étoit d'une trésmauvaise qualité, & qu'il ne se faisoit qu'avec des peines infinies, & tout le monde convient à present, que par leur travail, leur assiduité & leurs recherches, il est devenu autant & plus estimé que celuy des Isles du Vent : Pourquoi ne pourra-t-on pas esperer la

Experience proposée pour rendre l'Indigo plus beau.

même chose de l'Indigo.

Indigo de Sarquesse, cōment il se fait.

Le sieur Pomet auteur de l'Histoire generale des Drogues, dit dans sa premiere partie, chap. 10. que les Indiens du Village de Sarquesse, proche d'Amadabat, ne se servent que des feüilles de l'Indigo, & jettent la plante & les branches, & que c'est de cet endroit-là que vient l'Indigo le plus estimé.

Je suis assez de son sentiment, car nous voyons que les gens qui prennent la peine d'égrainer le raisin avant de le mettre dans la cuve, & qui rejettent absolument la grappe, font un vin beaucoup meilleur, parce que la grappe contient toûjours un acide qui se mesle avec le suc du grain en foulant & pressurant l'un & l'autre, & par une semblable raison la plante de l'Indigo doit contenir un liquide bien moins parfait en couleur que celui qui est dans les feüilles, mais il faut avoir la patience & le tems des Indiens pour entreprendre un tel ouvrage, & trouver des ouvriers à aussi bon marché qu'on en trouve en ce pays-là, supposé que le fait soit veritable comme le sieur Pomet l'écrit sur le rapport du sieur Tavernier. Quoique je sois fort ami des experiences qui peuvent porter nos Manufactures à une plus haute perfection, je n'oferois propofer celle-ci à caufe de la dépenfe où elle engageroit ceux qui la voudroient faire, & que le profit qu'ils en tireroient ne la payeroit peut être pas ; cependant je donne ici la pratique des Indiens de Sarqueffe, afin de ne pouvoir pas me reprocher d'avoir obmis une chofe qui peut être de quelqu'utilité à ma nation.

Le bon Indigo doit être fi leger qu'il flotte fur l'eau ; plus il enfonce & plus il eft fufpect d'un mélange de terre, de cendre ou d'ardoife pilée. Sa couleur doit être d'un bleu foncé tirant fur le violet, brillant, vif, éclatant, il doit être plus beau dedans que dehors, & paroître luifant & comme argenté. *Qualités du bon Indigo.*

S'il eft trop pefant par rapport à fon volume, il faut s'en deffier, & chercher à s'éclaircir de fa qualité ; car comme il eft fouvent à un prix confiderable, il eft bon que ceux qui l'acheptent foient avertis des fraudes qu'on y pourroit commettre. *Fraudes que l'on peut faire.*

La premiere eft de trop battre la plante dans la trempoire afin de confumer entierement les feüilles & l'écorce de la plante. Il est constant que l'on augmente très considerablement la quantité de la matiere par cette dissolution, mais l'Indigo en est beaucoup moins beau, il est noirâtre, épais, pesant & plus propre à être jetté qu'à être employé.

La seconde, est de mesler des cendres, de la terre, d'un certain sable brun & luisant qu'on trouve assez communément dans les ances au bord de la mer, & sur tout de l'ardoise pilée dans la fecule à mesure qu'elle tombe dans le diablotin, & bien remuer le tout afin de le faire incorporer, & que la fraude ne paroisse pas, & cette fraude se commet bien plus facilement dans l'Indigo qui est pilé, que dans celui qui est en tabletres, parcequ'il est très-difficile que ces corps étrangers se lient si bien ensemble qu'ils ne fassent en bien des endroits, comme des lits de matiere differente, & pour lors en rompant le morceau d'indigo, on les y remarque facilement.

Voici deux expediens dont on peut se servir pour connoître la bonté ou la mauvaise qualité de l'Indigo. Le premier est d'en faire dissoudre un morceau dans un verre d'eau, s'il est pur & bien fait il se dissoudra entierement, mais s'il est falsifié la matiere étrangere coulera au fond du verre. Le second est de le brûler. Le bon Indigo brûle entierement, au lieu qu'on trouve les cendres, la terre, le sable & l'ardoise après que ce qu'il y avoit de veritable est consumé.

L'Indigo se vendoit aux Isles du Vent en 1694. depuis trois livres dix sols jusqu'à quatre livres la livre, selon la beauté & le nombre des bâtimens qui étoient en charge. Je l'ai vû depuis à un prix bien au dessous de celui-là; quoiqu'il en soit, l'habitant ne laisseroit pas de faire un profit très-considerable, quand il ne le vendroit que quarante sols la livre, parce qu'il faut bien moins d'attirail & de dépenses pour cette Manufacture que pour une sucrerie.

CHAPITRE XII.

Des differentes especes de Tortuës & manieres de les prendre, & de quelques autres Poissons.

LE Mercredi 17. Mars, veille de la mi-Carême, je me trouvai à une grande pêche que M. Michel fit faire dans l'ance du Macouba & aux environs, & le soir j'allai voir mettre la folle, c'est à dire le filet que l'on tend pour prendre des Tortuës. Ceci m'engage à ne pas remettre à un autre endroit à parler des differentes manieres dont on les prend, car il y en a plusieurs. En voici trois les plus en usage dans les Isles.

La premiere est de les observer quand elles viennent pondre leurs œufs dans le sable, ou quand elles viennent simplement reconnoître le terrein où elles veulent venir pondre. Si on remarque leur train ou leurs traces sur le sable, il est infaillible que si on vient au même lieu le dix-septiéme jour après qu'on a fait cette découverte, on y trouve la Tortuë qui vient pondre; dans ces deux

rencontres on prend la Tortuë par le côté, & on la renverse sur le dos, bien seur qu'elle ne se retournera pas, ou ne se remettra pas sur le ventre pour s'enfuir si c'est une Tortuë franche, car elle a l'écaille du dos platte, & par consequent peu propre à tourner. Il n'en est pas de même du Caret qui est une autre espece de Tortuë dont l'écaille est precieuse, & la chair de peu de valeur; comme il a le dos plus rond, & qu'il est extrêmement vif, il se remuë violemment & se remet sur son ventre: pour l'en empêcher, on met de grosses pierres autour de lui, ou bien on le tuë. Cette maniere de prendre les Tortuës, s'appelle, tourner la Tortuë, & on la pratique ordinairement à l'Isle appellée la Tortille, & autres endroits peu habitez, où les barques vont faire la pêche de ce poisson.

1694.

Premiere maniere de prendre les Tortuës en les tournant.

La seconde maniere est de les varrer quand elles viennent sur l'eau pour prendre l'air, ou souffler comme on parle aux Isles, car elles viennent de tems en tems sur l'eau pour respirer, autrement elles étoufferoient. Lorsqu'on veut varrer ou prendre les Tortuës à la varre, on va la nuit avec un canot dans les endroits où l'on a re-

Seconde maniere en les varrant.

marqué beaucoup d'herbes coupées sur la surface de l'eau, car c'est une marque certaine qu'il y a des Tortues en cet endroit, qui coupant l'herbe en paissant, en laissent toûjours échapper quelque partie qui monte & surnage sur l'eau. Celui qui tient la varre est sur le bout ou la prouë du canot. Le mot de *Varre* est Espagnol, il signifie une gaule ou perche ; celle dont on se sert en cette pesche est de sept à huit pieds de longueur & d'un bon pouce de diametre, à peu près comme la hampe d'une halebarde. On fait entrer dans un des bouts un cloud carré de sept à huit pouces de long y compris la doüille dont il fait partie ; cette doüille a une boucle ou anneau de fer, ou simplement un trou, où est attachée une longue corde proprement roulée sur l'avant du canot, où un des bouts est aussi attaché, & la hampe est aussi attachée à une autre petite corde dont le varreur tient un bout. Le varreur donc étant debout sur l'avant du canot, la varre à la main droite, examine tout autour de lui s'il voit paroître quelque Tortuë, ce qui est assez aisé durant la nuit, parce qu'on voit boüillonner la surface de l'eau à l'endroit où la Tortuë veut lever la rête pour souffler, ou si la Tortuë dort sur l'eau, ou qu'un mâle soit attaché à une femelle, ce qu'on appelle un cavalage, l'écaille qui reluit & qui refléchit la lumiere de la lune ou des étoiles la lui fait appercevoir aussi tôt, à quoi on doit ajoûter que dans les nuits les plus obscures, il reste toûjours sur la surface de la terre & des eaux un peu de lumiere qui est suffisant à ceux qui se couchent sur le ventre pour voir à une distance assez considerable autour d'eux. Dès qu'il apperçoit la Tortuë, il marque avec le bout de sa varre à celui qui conduit le canot, le lieu où il faut aller; & quand il est à portée de la Tortuë il la varre, c'est-à-dire, il la frappe & la perce avec le clou qui est anté dans la hampe. Aussi-tôt que la Tortuë se sent blessée, elle fuit de toutes ses forces, & elle entraîne avec elle le canot avec une très-grande violence; le cloud qui est entré dans son écaille ne la quitte pas, & le varreur qui a retiré sa hampe s'en sert pour enseigner à celui qui est à l'arriere où il doit gouverner. Après qu'elle a bien couru les forces lui manquent, souvent même elle étouffe faute de venir sur l'eau pour respirer. Quand le varreur sent que la corde mollit, il la retire peu à peu dans le canot, & s'approchant ainsi de la Tortuë qu'il a fait revenir sur l'eau, morte, ou extrêmement affoiblie, il la prend par une pate & son compagnon par l'autre, & ils la mettent dans le canot, & en vont chercher une autre.

Il n'est pas necessaire qu'il y ait des ardillons au fer de la varre, ny que le varreur fasse entrer le fer gueres plus avant que l'épaisseur de l'écaille, parce qu'aussi-tôt que la tortuë sent la douleur que le cloud lui fait en perçant son écaille, elle se resserre de telle façon qu'on a bien plus de peine a retirer le cloud qu'on en avoit eu à le faire entrer. On se persuadera aisément de cette verité, si on veut faire attention à ce qui arrive quand on s'enfonce une épingle ou une éguille dans un ongle, puisqu'il est certain qu'on a bien plus de peine à la retirer qu'on n'en a eu à l'y faire entrer.

On sera peut-être surpris de ce que je dis que la Tortuë emporte le canot avec elle avec une grande violence, mais il sera aisé de se le persuader quand on fera reflexion à la force & à la grandeur qu'ont ces animaux dans l'Amerique, où communément on les trouve de trois pieds & demi à quatre pieds de long, sur deux pieds & demi de large, & qui pesent jusqu'à trois cens-livres, & souvent beaucoup davantage.

C'est une chose étonnante qu'en quelqu'endroit de la terre que vous les portiez, pour éloigné qu'il soit du bord de la mer, elles y prennent leur route; si-tôt que vous les mettez sur le ventre ou plastron, sans chercher, sans hesiter, & par la ligne la plus droite.

Force des Tortuës, leur instinct à retourner droit à la mer.

J'ai eu quelquefois le plaisir de me mettre sur le dos d'une Tortuë avec une autre personne, elle nous portoit sans peine & même assez vîte, mais c'est une voiture des plus rudes, car comme elle ne peut se soutenir sur ses quatre pattes toute à la fois, elle éleve le train de devant, & semble égratigner la terre en s'élançant, pendant que les pieds de derriere poussent en avant en faisant un effort qui produit un mouvement qui secouë & qui fatigue infiniment.

A propos de la force des Tortuës, je crois devoir rapporter ici ce qui arriva 2. ans après que je fus aux Isles à un Indien, Esclave de M. de la Chardonnie-

Histoire d'une Tortuë.

re. Il étoit seul dans un petit canot, où il pêchoit à la ligne, il apperçût une Tortuë qui dormoit sur l'eau ; il s'en approcha tout doucement, & lui passa dans une patte un nœud coulant, d'une corde assez grosse, qu'il avoit par hazard avec lui, & dont il avoit attaché l'autre bout à l'avant du canot. La Tortuë s'éveilla & se mit à fuir de toutes ses forces ; l'Indien ne s'épouventa pas de se voir entraîner avec tant de vitesse, il se tenoit à l'arriere & gouvernoit avec sa pagalle pour parer les lames, espérant que la Tortuë se lasseroit enfin ou qu'elle étoufferoit. Mais il eut le malheur de tourner & de perdre dans cet accident sa pagalle, son couteau, sa masse, ses lignes, & les autres instrumens de pêche. Quoiqu'il fut habile, il eut toutes les peines du monde à remettre son canot, car la Tortuë qui étoit forte & vigoureuse, sembloit prendre le tems de se reposer pendant qu'il travailloit à remettre son canot, ce qu'il fut obligé de faire neuf ou dix fois, pendant un jour & deux nuits que la Tortuë le traîna, sans qu'il lui fut possible de couper ou de détacher la corde. A la fin la Tortuë se lassa, & le bonheur voulut qu'elle échoüa sur un haut-fond, où l'Indien acheva de la tuer, étant lui-même demi-mort de faim, de soif & de lassitude.

La troisiéme maniere de prendre les Tortuës est avec la Folle. C'est un filet de soixante à quatre-vingt ou cent brasses de long, de grosse ficelle de chanvre ou d'écorce de mahot. On lui donne deux à trois brasses de large ou de hauteur ; les mailles ont huit à neuf pouces en quarré, on met du plomb ou des pierres à un des côtez, & du liege ou autre bois leger à l'autre, afin de tenir le filet étendu & perpendiculaire dans la mer. Les deux bouts sont attachez à terre aux pointes de l'ance qu'on veut barrer, ou bien à de grosses pierres qu'on jette à la mer, comme si c'étoit des ancres ; on a soin de teindre le filet en rouge afin qu'il ne se voye pas, comme il se verroit s'il étoit blanc. On choisit pour tendre les folles, les ances où il y a du sable, parce que ce sont celles-là que la Tortuë cherche pour venir pondre ses œufs ; on les tend sur le soir, & on les leve le matin. La Tortuë venant à terre & trouvant le filet, passe la tête ou une pâte dans une maille, & ne trouvant que peu de resistance, parce que le filet obéït, elle s'é-

1694.

Troisiéme maniere de prendre les Tortuës.

Filet appellé Folle.

force de passer, s'entortille dedans & se noye. On en trouve quelquefois quatre ou cinq prises & noyées de cette maniere.

<small>Nombre des œufs d'une Tortuë, & leur qualité.</small>
Une Tortuë d'une grandeur ordinaire fait jusqu'à deux cens cinquante œufs, ils sont de la grosseur d'une balle de jeu de paume & aussi ronds. Leur coque est comme du parchemin moüillé. On y remarque toûjours un petit vuide. Le blanc ne se durcit jamais bien, quelque cuisson qu'on lui donne. Le jaune se cuit & se durcit comme celui des œufs de poule ; il est très-bon, on en fait des omelettes excellentes.

<small>Differentes especes de Tortuës.</small>
Le Jeudi dix-huit Mars je fus voir lever la Folle, on y trouva deux Tortuës franches & un Caret. Outre ces deux especes de Tortuës, il y en a une troisiéme qu'on appelle Caouanne.

<small>Tortuë franche ou verte.</small>
La Tortuë franche qu'on appelle aussi Tortuë verte, est la seule espece qui soit veritablement bonne à manger ; son écaille est mince & de nulle valeur. J'ai parlé cy-devant de cette Tortuë, & j'aurai occasion d'en parler encore dans un autre endroit.

<small>Le Caret.</small>
Le Caret n'est jamais si grand que la Tortuë franche, l'écaille qui lui couvre le dos, qu'on appelle sa carapace, est

bien plus ronde ; c'est ce qui lui donne la facilité de se retourner sur le ventre, quand on la tourne sur le dos. Cette écaille est ce qu'il y a de meilleur. On l'appelle aussi sa dépoüille, elle consiste en treize feuilles, qui toutes ensemble peuvent passer quatre livres & demie à cinq livres, qui se vend pour l'ordinaire quatre livres dix sols à cent sols la livre : c'est ce qu'on appelle en Europe l'écaille de Tortuë.

Sa chair n'est pas bonne à manger, ce qui ne provient pas de ce qu'elle soit plus maigre ou plus dure que celle de la Tortuë franche, mais d'une qualité purgative qu'elle renferme, qui fait que quand on en mange, on est assuré d'être couvert de clouds, si on a quelque impureté dans le corps. Ceux qui vont aux Isles de la Tortille ou autres Isles pour la pêche de la Tortuë & du Caret, ne vivent que de chair de Tortuë pendant trois ou quatre mois qu'ils employent à cette pêche, sans pain, sans cassave, & sans autre chose que le gras & le maigre de cette chair, & il est assuré que quelques maladies qu'ils ayent, même le mal de Naples, ils en guérissent très-parfaitement. Cette nourriture leur procure d'abord un cours de ventre qui les purge merveilleusement, que l'on augmente & qu'on diminuë à proportion des forces du malade, en lui donnant à manger plus ou moins de caret avec la chair de tortuë franche : ce cours de ventre est accompagné de clouds ou de bubons, qui pour l'ordinaire causent la fiévre, qui bien qu'elle soit violente ne peut être dangereuse, sur tout quand le malade est d'une complexion forte & d'un bon témpérament. On en est quitte en douze ou quinze accès, mais les clouds qui sont ouverts continuent de rendre de la matiere tant qu'il se trouve la moindre impureté dans le corps. Après cela il semble qu'on soit changé en un autre homme. On se sent tout renouvellé, on devient gras, & la force & la santé reviennent à vûë d'œil. Cependant il est bon d'avertir icy le Lecteur, que des personnes vieilles, foibles & délicates auroient peine à resister à ces violentes évacuations, & qu'il faut un témpérament fort & robuste pour les supporter.

Remede aisé pour le mal de Naples.

Un de nos Peres appellé Jean Mondidier qui demeuroit avec moi en nôtre habitation du fond saint Jacques, lorsque j'en étois Syndic en 1697. s'avisa

Histoire d'un P. Jacobin.

un jour d'acheter un plaſtron de Caret, qu'il prit pour un plaſtron de Tortuë, & malgré tout ce que je lui pûs dire, il le fit accommoder, & il en mangea tant qu'il ſe ſentit de l'appetit. J'en mangeai auſſi un peu, parce que j'étois bien aiſe de me purger ; mais ce pauvre Religieux ne fut pas long-tems ſans ſe repentir de ne m'avoir pas voulu croire. En moins de trois ou quatre jours, il ſe trouva couvert de clouds gros comme des moitiez d'œufs de poule, de maniere qu'il ne pouvoit trouver de ſituation pour être un moment en repos. Ces clouds furent accompagnez d'un dévoyement terrible, avec une groſſe fiévre, qui m'auroient fait craindre pour lui, ſi je n'en avois pas ſçû la cauſe, & ſi ſa jeuneſſe & ſa bonne complexion ne m'avoient raſſuré. Il ſouffrit pendant dix huit ou vingt jours, mais il en a tiré cet avantage, qu'il n'a point été attaqué de la maladie de Siam, ni d'aucune autre pendant cinq ou ſix ans qu'il a demeuré aux Iſles du Vent.

Pour moi qui en avois mangé plutôt comme d'un médicament que comme d'une viande, j'en fus quitte pour un petit dévoyement de cinq ou ſix jours, accompagné de deux ou trois clouds, qui ne laisserent pas de me faire du bien, après m'avoir causé un peu de douleur & d'incommodité.

Quand la chair de Caret a été salée, elle n'est plus si purgative, mais toutes sortes de chair de Tortuë perdent beaucoup de leur bonté, quand elles ont demeuré dans le sel, parce qu'étant délicates & grasses, le sel consomme absolument toute la graisse & toute la saveur. Je ne sçai si on ne pourroit pas attribuer cet inconvenient au sel du pays qui est fort corrosif, & si la même chose arriveroit si on se servoit du sel d'Europe.

Caouanne, troisiéme espece de Tortuë. La Caouanne est la troisiéme espece de Tortuë de mer. Elle est ordinairement plus grande que les deux autres; son écaille ne vaut rien, outre qu'elle est très-mince & d'une vilaine couleur, elle est toûjours chargée de galles & d'autres marques qui la gâtent absolument. Sa chair n'est pas meilleure, elle est toûjours maigre, filasseuse, coriace & de mauvaise odeur. On ne laisse pas de la saller pour les Negres à qui tout est bon.

Quand on tourne les Tortuës, & particulierement le Caret; il faut se garder de sa gueule, car il mord d'une étrange

maniere, & quand il ne peut pas emporter la piece, il ne la lâche point qu'on
ne l'ait tué. Ceux qui gardent les ances
pour tourner les Tortuës qui viennent
à terre, sont toûjours armez d'un court
bâton, dont ils leur donnent quelques
coups sur la tête pour les étourdir,
quand elles sont trop fortes ou trop méchantes.

Le moyen de lever les feuilles de Caret de dessus sa carapace, est de mettre
du feu dessous, elles se levent aussi-tôt,
& on les tire après cela facilement avec
la main.

Lorsqu'on a pris des Tortuës en vie,
on les y peut conserver quinze ou vingt
jours, les tenant renversées sur le dos
à l'ombre, & les arrosant quatre ou
cinq fois par jour avec de l'eau ; il est
vrai qu'elles maigrissent. Quand on en
prend de petites on les met dans des cuves avec de l'eau de mer, qu'on change
tous les jours, on leur jette des herbes
de jardin de toutes sortes, elles en mangent, se nourrissent & croissent à merveille.

La graisse de la Tortuë mise sur le feu *Qualitez*
ou exposée au soleil, se convertit en *de la*
huile, qui est bonne pour frire & pour *graisse de Tortuë.*
d'autres usages ; sur tout quand elle est

nouvelle. J'ai remarqué qu'elle est si pénétrante, que si on en met sur un côté de la main, & qu'on la frotte avec un linge chaud, elle pénétre en peu de tems jusqu'à la partie opposée; elle est bonne pour des douleurs froides & pour des rhumatismes. Je ne sçai si en l'impregnant de quelques esprits, on ne s'en pourroit pas servir très utilement dans la goute, la paralisie, & autres semblables maladies qui empêchent le mouvement des membres.

Je fus donc le Jeudi matin voir lever la folle, on y trouva deux Tortuës franches & un Caret, ce qui étant joint à la pêche abondante qu'on avoit faite le jour précédent à la côte & dans les rivieres, fournit à M. Michel de quoi traitter magnifiquement ceux qu'il avoit invité pour faire la my-carême chez lui.

Filet appellé Senne, dont on se sert pour pêcher au bord de la mer.

La Senne dont on se sert pour pêcher dans les ances, est un filet de soixante à quatre-vingt brasses de longueur, il y en a même de beaucoup plus longues, & d'environ une brasse & demie ou deux brasses de largeur; le bas est garni de plomb, & le haut de liege; il y a un bâton à chaque extremité pour la tenir étenduë, & à chaque bâton une longuë corde, afin que l'on puisse embrasser un plus long espace de mer, & renfermer un plus grand nombre de poissons. La Senne est faite d'un bon filet de chanvre ; ses mailles qui aux extremitez ont quatre pouces en quarré, se resserent peu à peu jusqu'au milieu, qui est fait en maniere de poche, où elles sont fort serrées.

Les poissons que nous prîmes à la Senne étoient, des Capitaines, des grands Ecailles, des Chirurgiens, des Orphis, des Lunes & des Assietes.

Quant aux poissons d'eau douce, c'étoit des Mulets, des Dormeurs, des Testars ou Macoubas, & des Ecrevisses.

Poisson appellé Capitaine.

Le Capitaine est assez semblable à la Carpe, il a autour du cou cinq rangs d'écailles dorées, & disposées à peu près comme un hausse-col, ce qui lui a fait donner le nom de Capitaine.

Grand Ecaille.

Le grand Ecaille a le dos assez rond, le ventre gros, la queuë fort large ; nous en prîmes de deux pieds & demi de long ; depuis un aisleron jusqu'à l'autre, il est couvert d'écailles larges comme une piece de trente sols, qui diminuent à mesure qu'elles s'approchent du milieu de dessous du ventre & de la queuë. La chair de ces deux poissons est fort blanche, ferme & grasse.

1694.
Chirurgien, poisson.

Le Chirurgien est ordinairement d'un pied à un pied & demi de long ; il ressemble assez à la Tanche, quant à la forme, à la couleur de la chair, au goût & aux écailles ; ce qu'il a de particulier, sont deux arrêtes fort tranchantes & plates comme des lancettes qu'il a à côté des ouyes ; c'est apparemment pour cela qu'on l'appelle Chirurgien.

Orphy.

L'Orphy est un poisson long comme une Anguille, mais plus gros, plus charnu, plus quarré ; sa peau est d'une couleur bleuë, sa chair est blanche, ferme, un peu seche à la verité ; elle ne laisse pas d'être d'un très-bon goût ; il est également bon à toutes sortes de sauces ; il n'a qu'une seule vertebre qui est verte, qui se détache aisément de la chair ; il a sur le nez un avant-bec qui est pour l'ordinaire d'une cinquiéme partie de la longueur du reste de son corps.

Lunes & Assiettes.

Les Lunes & les Assiettes sont ainsi nommées, parce qu'elles sont toutes rondes. Elles n'ont qu'un très-petit moignon de queuë, & le bout du bec qui les empêche de rouler. Leur peau est blanche & comme argentée, elles ont depuis six jusqu'à huit pouces de diametre, & un pouce ou environ d'epaisseur. Leur chair

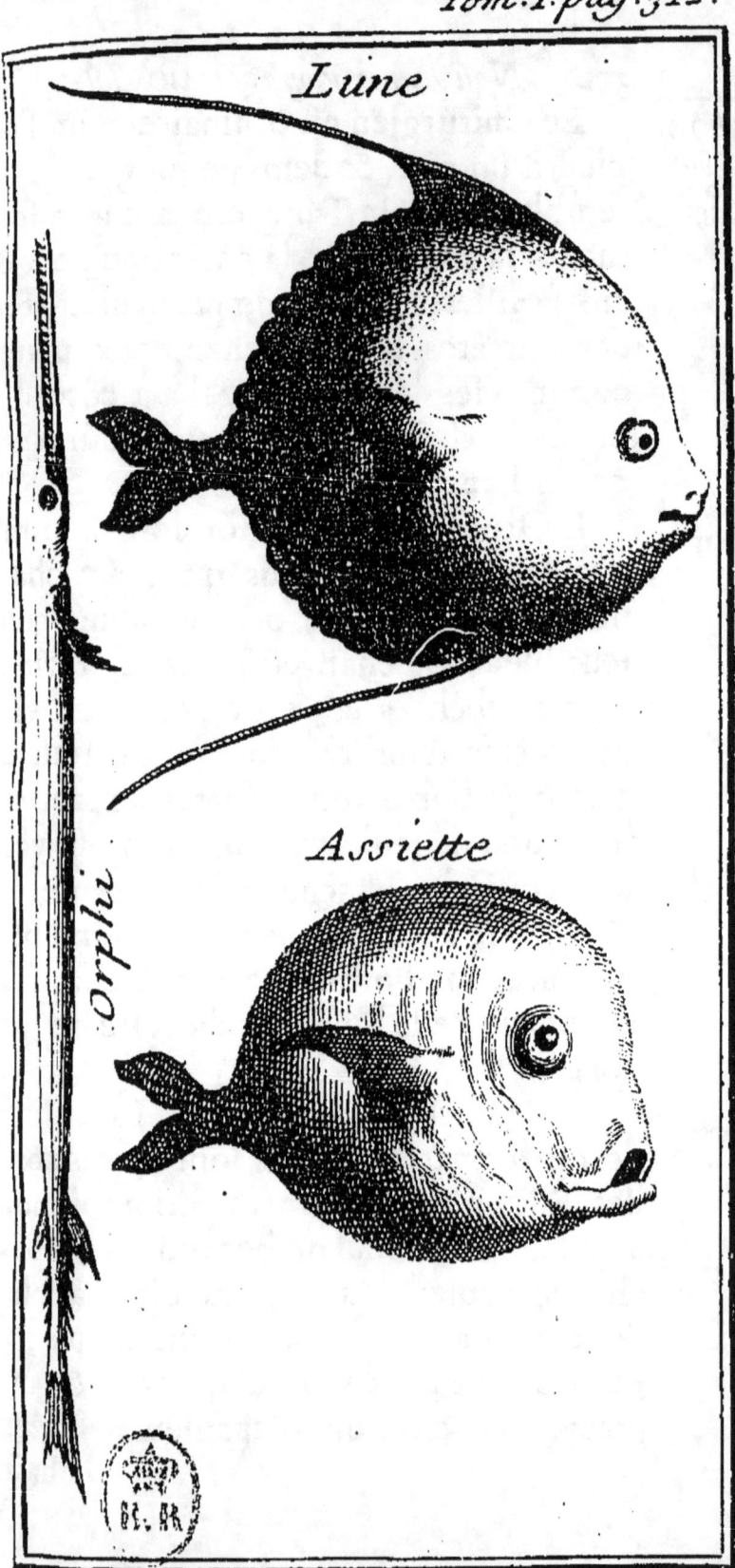

chair est blanche, ferme, assez grasse. De quelque maniere qu'on les accommode, ou boüillies, ou roties, ou frites, elles sont toûjours très-bonnes & de fort facile digestion.

Les Lunes different des Assietes, en ce qu'elles ont dessus le dos & sous le ventre deux grandes moustaches, qui semblent representer une lune en croissant.

Les Mulets de riviere sont les Muges d'Europe, du moins, leur ressemblent-ils parfaitement, excepté néanmoins en cela qu'ils sont ordinairement plus gros & plus gras. {Mulets ou Muges.}

Les Testards ou Macoubas ont la tête large & charnuë; leur corps est assez rond. Ils ont la peau noire, & fort fine; la chair très-blanche, grasse & délicate; leur bonté est cause qu'on ne leur donne pas le tems de devenir fort grands; les plus grands que j'aye vû n'excedoient pas un pied de longueur. {Testards.}

On trouve quantité d'Ecrevisses dans les rivieres. Elles ne different de celles d'Europe, que par leurs mordans, qui sont plus longs, plus affilez & plus égaux dans toute leur longueur, mais qui ne serrent & ne coupent pas moins pour cela. On en fait des sou- {Ecrevisses.}

pes admirables en cette maniere.

On les met cuire toutes entieres dans l'eau avec du poivre, du fel, un bouquet de perfil & des herbes fines. On les retire du feu, quand on juge qu'elles font un peu plus de moitié cuites. On prend les queuës que l'on accommode avec une fauce blanche, tout le refte fe pile dans un mortier & fe réduit en pâte, que l'on met avec du beure dans l'eau où elles avoient été boüillies, dont on fait le potage.

Lezard: fa defcription, fa chaffe. Le Lundi vingt-deux Mars on me fit prefent d'un Lezard qui avoit près d'un pied & demi de long, fans compter la queuë, qui en avoit bien davantage. Ce prefent me fit plaifir, car c'étoit le premier Lezard que j'euffe vû; il étoit vivant, mais lié d'une maniere à ne pouvoir n'y s'enfuir ni mordre; fa peau toute verté paroiffoit furdorée, particulierement la tête; il avoit de gros yeux à fleur de tête, qui fembloient étinceler quand on le touchoit & qu'il fe mettoit en colere. Dans le même tems il enfloit une peau qu'il a fous la gorge, à peu près comme un pigeon qui fait la rouë. Les pieds de cet animal font garnis de cinq griffes, longuës, fortes & aiguës. Sa queuë eft

Anolis Espece de petit Lezard.

Gobemouche.

Maboya.

comme un foüet, dont il sçait bien se servir dans les occasions pour se défendre; mais sur tout sa morsure est dangereuse, non qu'elle soit accompagnée d'aucun venin, mais parce qu'il coupe comme un rasoir tout ce qu'il mord, ou s'y attache si fortement, qu'il est impossible de lui faire lâcher prise qu'après qu'il est mort. Il a la vie si dure, que cent coups de bâton sur le corps & sur la tête ne le tueroient pas. L'unique secret pour le faire mourir sans lui couper la tête, est de lui enfoncer un petit bois ou une paille dans les narines, aussi tôt qu'il est touché dans cet endroit, il répand quelques gouttes de sang & expire. Nous mangeâmes celui dont on m'avoit fait present, accommodé comme une fricassée de poulets; j'aurois crû que c'en étoit si je ne l'eusse vû accommoder, tant cette chair a de ressemblance avec celle de poulet, par sa blancheur, sa tendreté, son bon goût & sa délicatesse. On ne doit pas être surpris que nous le mangeâmes en Carême, quoiqu'il soit un animal terrestre. Nos Theologiens l'ont rangé parmi les Amphibies dont on peut manger en tout tems. La femelle fait des œufs qui s'éclosent en même-tems qu'elle les pousse dehors, ainsi que les Serpens dont je parlerai cy-après. La chair du Lezard a la même qualité que celle des Viperes. Si on en use fréquemment, elle purge, elle déseche & subtilise le sang.

Monsieur Michel me donna un jour le plaisir de la chasse du Lezard. Nous y fûmes accompagnez d'un Negre qui portoit une longue perche, au bout de laquelle il y avoit une petite corde accommodée en nœud coulant, qu'on appelle aux Isles un Caboya. Après avoir beaucoup cherché, le Negre en découvrit enfin un qui étoit étendu tout de son long sur une branche seche qui se chauffoit au soleil. Aussi-tôt le Negre se mit à siffler, à quoi le Lezard prenoit tant de plaisir, qu'il avançoit la tête comme pour découvrir d'où venoit le son. Peu à peu le Negre s'approcha de lui toûjours en sifflant, & commença à lui chatoüiller les côtez, & ensuite la gorge avec le bout de la gaule. Il sembloit que le Lezard y prenoit plaisir ; car il s'étendoit en se tournant doucement, comme un Chat qui est devant le feu en hyver ; il sçeut enfin si bien le chatoüiller & l'endormir, pour ainsi dire avec son sifflement, qu'il lui fit avancer la tête hors de la branche, suffisamment pour lui passer le caboya dans le cou, & aussi-tôt il lui donna une vigoureuse secousse, qui le fit tomber à terre. Dans l'instant qu'il y fut & avant qui pût se reconnoître, le Negre le saisit de la main droite à l'endroit où la queue joint le corps, & lui mit le pied gauche sur le milieu du corps. C'étoit un plaisir de voir comme le Lezard ouvroit la gueule, remuoit des yeux étincelans, & gonfloit le dessous de sa gorge comme un Coq d'Inde ; mais pendant ce tems-là le Negre lui mit le pied droit où il avoit la main, & lui prît les deux pieds de derriere qu'il lui renversa sur le dos, & les y lia ensemble avec des aiguillettes de mahot dont il s'étoit pourvû : il fit la même chose aux pieds de devant, après quoi il fit passer le bout de la queue entre les pieds liez & le dos du Lezard, & l'y attacha en deux endroits. Il fit ensuite avec des liannes refenduës une espece de petit licol qu'il lui mit sur le museau attaché en quatre endroits, de maniere qu'il ne pouvoit ouvrir la gueule ni remuer la queue ni les pattes.

Nous en prîmes deux de cette maniere, qui me donnerent beaucoup de plaisir. On les peut garder sept ou huit jours en vie ; le seul risque qu'il y a, c'est qu'ils maigrissent un peu.

CHAPITRE XIII.

L'Auteur va demeurer dans sa maison Curiale.

ENfin le Samedi troisiéme Avril M. Michel qui m'avoit toûjours tenu chez lui, & traitté avec toute la générosité possible, consentit que je fusse m'établir dans ma maison Curiale. Il y avoit fait porter à dîner, il m'y vint accompagner & dîner avec moi. L'après midi il m'envoya deux de ces grosses bouteilles, qu'on appelle des Dames Jeannes, qui contenoient chacune douze à treize pots, remplies de vin de Madere & une de vin de Canarie, avec un baril de farine de Manioc pour mon Negre, & du pain pour trois ou quatre jours, en attendant que j'en eusse fait faire. Son épouse me fit present en même tems de deux nappes avec une douzaine de serviettes & un fort bel hamacq.

Le lendemain jour des Rameaux je

fis les fonctions ordinaires de ce jour. 1694.
Je confessai quelques personnes qui voulurent faire leurs Pâques, & je priai toutes les personnes libres de tâcher de satisfaire à leur devoir Paschal pendant la Semaine Sainte, afin que je pusse employer la suivante à les faire faire aux Negres. Je retins à dîner M. Michel & six ou sept autres que je traittai à leurs dépens, car ils m'avoient tous envoyé du poisson; & mes Paroissiens ont toûjours eu tant de bonté pour moi, qu'ils n'ont jamais manqué de me faire part de ce qu'ils prenoient à la chasse ou à la pêche, ou de ce qu'ils tuoient chez eux.

Le Lundi je fus dire la Messe chez M. Michel pour faire faire les Pâques à son épouse, qui étoit sur le point d'accoucher, & à un de ses voisins nommé le sieur Parmentier que l'on apporta dans un hamacq.

Le Mardi, le Mercredi & le Jeudi, je confessai presque tous mes Paroissiens, ceux mêmes qui avoient communié le Dimanche & les jours précédens, vinrent se réconcilier le Jeudi afin de communier en plus grand nombre. Je leur fis une exhortation avant la Communion, après laquelle nous portâmes le Saint Sacrement dans une des Chapelles qu'on avoit parée très-proprement & avec beaucoup de lumieres.

Je priai les principaux de venir dîner avec moi : pour avoir plus de place dans ma petite maison j'en avois fait ôter mon lit. Le Pere Breton s'y trouva & le sieur Dauville mon Marguillier se chargea du soin du repas qui se passa avec toute la modestie que doivent avoir des gens qui venoient de faire leurs Pâques. Nous chantâmes ensuite les Tenebres, & on se partagea les heures de la nuit pour veiller devant le Saint Sacrement.

Le Vendredi je prêchai la Passion, & fis le reste de l'Office du matin. Après celui du soir on m'amena les adultes que j'avois jugé capable de recevoir le Baptême. J'achevai de les y disposer.

Le Samedi-Saint après la benediction des Fonds je baptisai trente-huit adultes, hommes ou femmes, après quoi j'exhortai leurs maîtres qui leur servoient pour la plûpart de Pareins, de continuer à les former dans le Christianisme par leurs paroles & par leurs exemples, & d'avoir soin sur toutes choses de me les envoyer au Catéchisme pour les rendre capables des autres

Sacremens. On sçait que les cérémonies de ce jour sont longues, & sur tout celle du Baptême des adultes ; & comme c'étoit la premiere fois que je l'avois faite, il étoit tard quand je sortis de l'Eglise, fort las & fort épuisé.

Le Dimanche onziéme Avril jour de Pâques j'achevai de confesser & de communier les personnes libres de ma Paroisse. On m'avertit que la coûtume de toutes les Paroisses étoit que le Curé donnât la paix à baiser à ses Paroissiens aux Fêtes principales & les premiers Dimanches de chaque mois, & qu'il reçût comme une offrande ce qu'ils lui presentoient : je le sçavois bien, mais j'avois négligé de le mettre en pratique, de peur qu'on ne crût qu'il y avoit quelques raisons d'interêt qui m'y engageoient ; je me rendis à l'usage établi. Après la Prédication & l'offertoire je fis l'offrande, & j'eus lieu d'être surpris de la liberalité de mes Paroissiens. Je fis ensuite les miennes à mon Sacristain & à mes Clercs. Je retins à dîner les Officiers du quartier avec quelques-uns des principaux. Après dîner nous chantâmes les Vêpres. J'aurois bien voulu les pouvoir chanter tous les Dimanches, mais après avoir bien examiné la chose, je vis qu'elle n'étoit pas praticable, parce que les habitations étoient trop éloignées de l'Eglise, & que les chemins qui y conduisoient étoient difficiles & trop fatigans pour obliger le peuple à venir deux fois en un même jour à la Paroisse.

J'employai toute cette semaine & une partie de la suivante à faire faire les Pâques aux Negres. Leurs maîtres se servirent de cette occasion pour me faire apporter les palissades dont j'avois besoin pour clore mon jardin.

Je reçûs encore dans ce même tems de nouvelles marques de la liberalité de mes Paroissiens. Toutes les femmes de ma Paroisse à l'exemple de celle du Capitaine, m'envoyerent des poules & d'autres volailles, de sorte que je m'en trouvai pourvû de plus de six vingt pieces, avec du mil pour les nourrir trois ou quatre mois. Ce Mil est ce qu'on appelle en France bled de Turquie, en Espagne Mahis, & en Italie grand Turc.

Je m'avisai d'un petit expedient d'économie qui me fut d'un grand secours dans la suite; ce fut d'acheter des poules d'Inde, & d'en mettre une dans chaque maison de ma Paroisse où on en élevoit. Les femmes qui sont ordinairement chargées de ce soin, s'en acquittoient à qui mieux mieux, de maniere que je me trouvai en peu de tems des volailles d'Inde en assez grand nombre pour en pouvoir tuer une ou deux chaque semaine.

J'ai dit que le Sacristain de mon Eglise demeuroit au bord de la mer & assez près de la riviere, cela me donna la pensée d'acheter des Canes & des Canards que je lui donnai à élever à moitié de profit. Quand ils étoient grands je prenois ma part & j'achetois la sienne. Ce Sacristain qui étoit aussi Chantre, étoit Parisien, fils d'un Procureur nommé Rollet ; mais comme ce nom est fameux dans les Satyres de Boileau, par un fort mauvais endroit, il en avoit changé une lettre, & se faisoit appeller Rallet. Le libertinage l'avoit fait fuir de la maison de son pere : il s'étoit engagé pour les Isles où il s'étoit marié. Il n'eût pas laissé d'y faire fortune, car il écrivoit parfaitement bien, il enseignoit les enfans & tenoit les Livres de quelques habitans, mais il étoit yvrogne & sa femme encore plus que lui.

Le Samedi dix-sept Avril j'achevai

d'instruire quatorze enfans blancs des deux sexes, & huit ou dix Negres pour leur premiere Communion. Je les confessai le soir.

Le Dimanche jour de *Quasimodo* je prêchai sur les dispositions qu'on doit avoir quand on s'approche de la Communion, & de quelle maniere les Chrétiens doivent vivre, quand ils ont une fois goûté ce pain celeste. Après que j'eus consommé les Especes Sacrées, je me retournai vers ces enfans & leur fis une exhortation, après laquelle je fis chanter le *veni Creator*. J'avois engagé autant d'anciens communians comme il y en devoit avoir de nouveaux à les accompagner & à communier avec eux. Ils s'approcherent de l'Autel l'un après l'autre un cierge à la main, conduits par celui ou celle qui les accompagnoit & qui leur servoit comme de guide ou de parrein, & reçûrent le Saint Sacrement avec une modestie charmante. Je leur fis une seconde exhortation en maniere d'action de graces, & à la fin de la Messe j'entonnai le *Te Deum*. Toute la Paroisse fut fort édifiée de cette action, dont le bruit se répandit dans tous les quartiers.

J'ai marqué au commencement de

ces Memoires que l'Eglise du Macouba, 1694. le cimetiere & la maison Curiale étoient situez dans la savanne de Monsieur Jacques du Roy, de sorte que je ne pouvois pas faire les changemens & les augmentations que je voulois faire à mon logement sans son consentement, puisqu'il s'agissoit de perdre du terrein qui lui appartenoit.

Monsieur Jacques du Roy étoit de Revel en Languedoc. Il avoit succé en naissant la Religion Prétenduë Reformée. Il avoit passé sa jeunesse en Hollande avec un de ses freres qui y étoit établi. Il étoit enfin venu aux Isles, où après avoir fait le commerce pendant quelques années, il y avoit achepté l'habitation du Macouba où il s'étoit retiré. C'étoit dans ce tems-là un homme d'environ soixante ans, fort sage, fort honnête & fort charitable, homme de bien dans sa Religion, & riche. Il avoit eu plusieurs démêlez avec mon prédecesseur qui prétendoit être en droit de le maltraiter parce qu'il ne faisoit point les fonctions de Catholique, au lieu de tâcher de l'y engager par la douceur, les persuasions, & toutes sortes de bons offices : ces manieres dures & chagrinantes l'avoient obligé de mettre un œconome sur son habitation, & d'aller demeurer au Fort S. Pierre.

J'avois été le voir la derniere fois que je m'étois trouvé à la basse-terre, & je l'avois convié à retourner sur son habitation en l'asseurant que nous y vivrions en paix. Comme il étoit informé de quelle maniere j'agissois, il me promit de me venir tenir compagnie dès qu'il auroit achevé quelques affaires qu'il ne pouvoit abandonner. Il écrivit cependant à son œconome de me rendre tous les services possibles, & de me laisser maître de sa maison, de ses meubles, & de ses esclaves toutes les fois que j'en aurois besoin.

Toutes mes pallissades étant arrivées, je lui écrivis pour le prier de venir afin de me marquer le terrein dont il vouloit bien me gratifier pour agrandir mon jardin. Il me manda que j'étois le maître, qu'il me prioit de ne pas differer d'un moment de faire ma clôture, puisque je pouvois prendre telle partie de sa terre que je jugerois à propos. Je n'eus garde de me servir de cette permission. Je lui réponds que j'étois resolu de l'attendre, & que j'esperois que cela l'obligeroit de venir.

Monsieur Michel me pria de prendre 1694. avec moi son cousin germain, appellé Josué Michel. C'étoit un jeune homme de dix-sept ans fort sage & de bonnes mœurs, qui vouloit apprendre l'Histoire, la Geometrie & l'arpentage. Je fus bien aise de rendre ce service à son cousin, d'autant plus volontiers qu'il m'obligea à recevoir une pension fort raisonnable pour sa nourriture, & que c'étoit une compagnie & une occupation pour moi, & un gardien de ma maison, quand j'étois obligé de sortir, & de mener mon Negre avec moi.

Le Jeudi 22. Avril le Pere Imbert me vint rendre visite avec le Pere Martelly & le Pere Breton. Je les regalai de mon mieux à dîner & à souper, car la pluye les empêcha de partir comme ils en avoient envie. Je logeai les deux premiers dans la maison de Monsieur du Roy mon voisin, & le Pere Breton chez moi. Le lendemain je leur donnai un si bon déjeuné qu'il servit de dîner, & je fus les conduire jusqu'à la basse pointe. Nous prîmes jour pour nous trouver au fond S. Jacques d'où nous irions voir le Pere Martelli à la Trinité, où je n'avois point encore été.

1694. Le Lundi 26. Avril je baptisai le fils de Monsieur Michel dont l'épouse étoit accouchée quelques jours auparavant. Son pere le voüa à la sainte Vierge, & pour le faire avec plus de solennité, il me pria de chanter la Messe, & souhaitta que je reçûsse les offrandes des assistans. Il ne manqua pas de s'y presenter avec tous ceux qu'il avoit invités à la ceremonie. Je trouvai après la Messe qu'on m'avoit donné trois louis d'or en espece, & six à sept écus en differentes monnoyes : nous fûmes ensuite dîner chez lui & souper, & je fus obligé d'y coucher, parce qu'il étoit trop tard pour retourner chez moi. Toute la compagnie qui étoit venuë de la basse terre y demeura jusqu'au Dimanche suivant, & je fus obligé d'y aller dîner presque tous les jours.

CHAPITRE XIV.

Description du Bourg de la Trinité, & des fruits appellez l'Abricot de S. Domingue, & l'Avocat.

LE Dimanche 2. Mai j'allai dîner chez le Pere Breton. Nous prîmes en passant le Pere Imbert, & nous allâmes coucher au fond S. Jacques. Nôtre Superieur general nous reçût très-bien, il me témoigna en particulier la joye qu'il avoit de ce que j'avois si bien gagné l'estime & l'amitié de mes Paroissiens, mais il m'avertit en même tems de ne me point trop attacher à cette Paroisse, parce qu'il étoit resolu de ne m'y laisser qu'autant de tems qu'il en faudroit pour m'accoûtumer à l'air du pays, & pour apprendre comment les habitans conduisoient leurs habitations, & qu'après cela il vouloit m'établir à la Guadeloupe.

Voyage de l'Auteur au quartier appellé le Cul-de-sac de la Trinité.

Le Pere Romanet nous dit en soupant, qu'il étoit venu à bout de reconcilier deux personnes que tous les Missionnaires & les Curez de Sainte Marie qui l'avoient precedé, n'avoient pû engager à un accommodement, & que le lendemain elles devoient se trouver dans un lieu neutre & s'embrasser. On le loüa beaucoup de son zele & de son habileté; mais quand nous entendîmes que c'étoit deux femmes qu'il prétendoit avoir reconciliées, & qui devoient le lendemain matin se trouver comme par hazard dans nôtre savanne en venant à la Messe, & là se faire excuse & s'embrasser, je conçûs quelque défiance du succès de cette affaire. Je ne pûs même m'empêcher de lui en dire ma pensée, & de lui prédire que si ces deux femmes se parloient elles se battroient, & peut-être lui aussi.

Le lendemain nous dîmes la Messe de bon matin, & nous attendîmes avec impatience l'entrevûë de ces deux femmes. Tous nos Peres se mirent sur un banc au bout du jardin qui domine la savanne, pour être spectateur; pour moi qui ne me contentai pas de voir, mais qui voulois entendre ce qui se diroit, je pris un livre, & je fus m'asseoir dans la savanne à peu près vers l'endroit où elles se pourroient rencontrer.

Quelque tems après la veuve du sieur Birot de la Pommeraye, parut.

Le Pere Romanet la fut joindre aussi-1694. tôt, & se mit à l'entretenir en attendant l'autre qui étoit la femme du sieur Gabriel Raffin. Comme celle ci venoit de plus loin que Mademoiselle de la Pommeraye, qui étoit nôtre très-proche & très-incommode voisine, elle étoit à cheval, elle en descendit à quelques pas du Pere Curé, & fut embrasser l'autre, qui fit aussi quelques pas pour venir au devant d'elle. Jusques-là les choses alloient le mieux du monde, & je commençois à croire que je m'étois trompé; mais le Pere Romanet au lieu de prendre la parole les laissa parler, & je connus dès les premiers mots qu'elles se dirent que leur querelle alloit se renouveller. En effet chacune de son côté commença à s'excuser de la rupture & de la mesintelligence qui étoit entre elles depuis si long tems, de sorte que de paroles en paroles, elles en vinrent aux injures & étoient prêtes de se prendre aux cheveux quand le Pere Romanet s'avisa mal à propos de leur dire qu'elles manquoient au respect qu'elles lui devoient. Ces mots furent comme un signal pour se réunir toutes deux contre lui, lui chanter injures, & lui reprocher que très mal à propos il les avoit commifes. Nos Peres me faifoient signe de les aller joindre. Je fus quelque tems à m'y refoudre; mais enfin craignant que les chofes n'allaffent plus loin, je mapprochai, & veritablement il étoit tems. Le pauvre Curé ne fçavoit où il en étoit. Je parlai à ces deux femmes fans entrer dans le détail de leur querelle; je les exhortai à la paix, à la reconciliation, je leur dis qu'il n'y avoit que du mal entendu dans toutes leurs affaires, & que raifonnables comme je les connoiffois, elles n'avoient pas befoin de médiateur pour accommoder une chofe qui dans le fond n'étoit rien, & qui par confequent ne devoit pas defunir des perfonnes auffi fages & auffi vertueufes qu'elles. Le Pere Breton qui m'étoit venu joindre me feconda, & nous fçûmes fi bien les tourner en leur parlant tantôt féparément, & tantôt à toutes deux, que nous les appaifâmes, & qu'elles nous prirent pour médiateurs, nous promettant d'en paffer par où nous jugerions à propos. Nous leur promîmes d'y travailler à nôtre retour de la Trinité, & nous les obligeâmes de fe féparer civilement, & fans aucune marque d'aigreur.

Il n'eft pas neceffaire que j'écrive ici

la confusion où étoit le pauvre Pere Romanet, & combien il fut raillé. Je lui dis que je l'envoirois chercher quand il faudroit ajuster quelque different dans ma Paroisse, & que j'avertirois tous nos Confreres d'avoir recours à lui dans de semblables besoins.

Cependant nous montâmes à cheval pour aller dîner chez le Pere Martelly à la Trinité. Je lui dis que nous passerions chez Madame *** où je sçavois que je trouverois une autre Dame que je lui nommai ; il comprit que c'étoit une menace que je lui faisois de dire son avanture à ces deux Dames qui étoit la même chose que de la publier à son de trompe par toute l'Isle. Il me pria fort de n'en rien faire, je lui répondis qu'elle étoit trop belle pour en priver le public ; que cependant j'étois homme d'accommodement, & que moyennant un present honnête que je laissois même à sa discretion, je n'en dirois rien. Ma proposition fit rire tout le monde, & cependant je partis.

Il y a deux grandes lieües du fond S. Jacques au Bourg de la Trinité, le chemin est assez beau à deux grandes mornes près qui sont fort hautes & fort roides, & d'une terre rouge fort glissante

Chemin du quartier de la Trinité.

pour peu qu'il ait plû, sans compter la riviere de Sainte Marie qui change très-souvent de lit, & qui par consequent est fort dangereuse, ou quand elle a été débordée, ou quand la mer est plus grosse qu'à l'ordinaire. Le port de la Trinité est un grand enfoncement qui forme une longue pointe, appellée la pointe de la Caravelle, qui a plus de deux lieuës de long. Cette longue pointe le couvre du côté du Sudest, l'autre est fermé par un morne assez haut, & d'environ 350 à 400 pas de longueur, qui ne tient à la terre ferme de l'Isle que par un istme ou langue de terre de 35. à 40. toises de largeur. Le côté de l'Est opposé au fond du golfe est fermé par une chaîne de rochers ou recifs qui paroissent à fleur d'eau quand la mer est basse, sur lesquels on pourroit faire quelque redoute ou batterie fermée. Je dis quand la mer est basse ; car n'en déplaise à certains Philosophes qui prétendent qu'il n'y a point de flux ni de reflux entre les deux tropiques, ou du moins qu'il y est presqu'imperceptible, ils se trompent très-fort. Le flux ordinaire à la Martinique & à la Guadeloupe va à quinze ou dix-huit pouces de hauteur, & dans les sizigices, c'est-à-dire,

Port de la Trinité à la Cabesterre de la Martinique.

dans les nouvelles & pleines lunes, il paſſe de beaucoup deux pieds. L'entrée du port eſt à l'Oüeſt de ces recifs entre eux & la pointe du morne. Cette pointe eſt plus baſſe que le reſte, & naturellement arrondie & platte comme pour y placer une batterie très-propre pour deffendre l'entrée du port, puiſque les vaiſſeaux qui veulent y entrer, ſont obligez d'en paſſer à la portée du piſtolet. On a mis dans la ſuite quelques canons ſur cette pointe.

C'eſt ſur cette éminence qu'étoit bâtie la maiſon Curiale du Pere Martelly dans une ſituation charmante pour l'air & pour la vûë, mais trop éloignée de l'Egliſe & du Bourg, & environnée des baraques d'une Compagnie de Soldats qui étoient inceſſamment dans ſa cuiſine & autour de ſa maiſon, où ils déroboient tout ce qui pouvoit tomber ſous leurs mains, avec d'autant moins de retenuë que les Officiers les ſoûtenoient, afin d'obliger le Curé d'aller chercher une maiſon dans le Bourg, & de leur abandonner la ſienne, comme on a été enfin contraint de faire.

Maiſon Curiale de la Trinité.

Le Bourg de la Trinité n'étoit compoſé dans ce tems-là que d'environ ſoixante à quatre-vingt maiſons, partie de

Port & Bourg de la Trinité. Son cõmerce.

1694.

bois, & partie de roseaux, couvertes de paille, bâties toutes sur une ligne courbe, qui suivoit la figure du golfe ou du port. L'Eglise qui n'étoit que de bois d'une grandeur médiocre, étoit dans le milieu de l'enfoncement. Ce Bourg s'est beaucoup augmenté, parce que la quantité considerable de cacao, de sucre, de coton &c. que l'on fabrique dans ces quartiers-là, & sur tout au gros morne, y ont attiré bon nombre de Marchands, & quantité de vaisseaux, particulierement de ceux de Nantes, qui y font fleurir le commerce, & qui trouvent un débit assuré & prompt de toutes les marchandises qu'ils y apportent d'Europe, parce que tous les quartiers des environs qui sont extrémement peuplez, aiment mieux achepter leur necessaire à cet endroit-là voisin de chez eux, que de le faire venir de la basse terre. D'ailleurs les vaisseaux y ont cet avantage d'y être en seureté pendant la saison des ouragans, parce que le port est très-seur, bien clos, le fond d'une tenuë admirable, & que partant de ce port pour retourner en Europe, ils se trouvent au vent de toutes les Isles, & s'épargnent plus de trois cens lieües de chemin qu'ils seroient obligé de faire pour aller chercher

Avantages des vaisseaux qui trafiquent à la Trinité.

cher le débouquement ordinaire de S. Domingue ou de Portvic.

La Paroisse de la Trinité comprenoit pour lors tout le reste de la Cabesterre, & nôtre jurisdiction spirituelle s'étendoit depuis la riviere sallée qui la sepate de celle de Ste Marie, jusqu'à la pointe des Salines, ce qui fait plus de quinze lieües de pays. Il est vrai que le pays au de là du cul de sac François, étoit encore peu habité, mais un Curé a autant de peine pour aller voir un malade à quinze lieües de sa maison que pour en voir dix. La difficulté de servir comme il falloit des endroits si éloignez, a obligé le Gouverneur General & l'Intendant d'établir deux autres Paroisses, l'une au cul de sac Robert, & l'autre au cul de sac François, comme je le dirai ci-après. On parloit même quand je suis parti des Isles d'en établir une au gros morne, parce que ces quartiers-là se peuplent tous les jours.

Je fis connoissance avec le Procureur du Roi de l'Isle de Marie-galante, qui s'étoit retiré dans ce Bourg aprés que les Anglois se furent emparez de cette Isle; il exerçoit l'Office de Notaire Royal, très-honnête homme, d'une grande droiture, d'une vie exemplaire, il étoit de Langon au dessus de Bordeaux, & s'appelloit Vivens.

Après que nous eûmes dîné chez le Pere Martelli, & visité le Bourg & les environs du Port, nous retournâmes au fond S. Jacques où nous arrivâmes assez tard.

Le lendemain matin je fus avec le Pere Breton travailler à l'accommodement des Damoiselles Raffin & la Pommeraye, & nous les prêchâmes si bien toutes deux, & particulierement la Damoiselle Raffin qui avoit plus tort que l'autre, que nous la fîmes consentir à venir chez la Damoiselle Pommeraye lui faire excuse, & lui demander son amitié. Dés que nous l'eûmes réduite à ce point-là, je laissai le Pere Breton avec elle, & je retournai chez la Demoiselle la Pommeraye, à qui je dis que la Damoiselle Raffin étoit bien fâchée de tout ce qui s'étoit passé entr'elles, qu'elle étoit resoluë de lui en venir faire ses excuses aussi-tôt que je l'envoyerois avertir qu'elle pouvoit venir, & qu'elle seroit bien reçuë; elle me remercia beaucoup de la peine que je m'étois donnée, & me dit que quoiqu'elle fut l'offensée, & plus vieille que la Damoiselle Raffin, qui par tous ces endroits devoit faire les premieres démarches, elle vouloit lui donner des marques de sa satisfaction & de la bonne intelligence qu'elle vouloit renoüer en allant la trouver chez elle; & aussi-tôt appellant son fils & une de ses filles pour l'accompagner, elle me pria d'y venir aussi sans envoyer mon Negre pour l'avertir. J'y consentis avec joye; mais quand nous eûmes fait quelques pas, je fis signe à mon Negre d'y aller. Cet avis fit aussi-tôt partir la Damoiselle Raffin avec un de ses enfans & le Pere Breton. Nous nous rencontrâmes bien-tôt. Ces deux femmes firent plus que nous ne souhaitions d'elles. Après s'être embrassées, la Damoiselle Raffin se jetta aux pieds de l'autre pour lui demander pardon, la Damoiselle la Pomeraye se mit aussi à genoux, en cette posture elles se demanderent pardon, & se promirent une amitié éternelle. Le sieur Gabriel Raffin nous ayant joint dans ces entrefaites, pria Mademoiselle la Pomeraye de dîner chez lui, nous fûmes de la partie; & le lendemain nous fûmes priez chez Mademoiselle de la Pomeraye avec le sieur Raffin & toute sa famille, & Dieu a tellement beni cet accommodement qu'elles ont toûjours bien vécu ensemble.

Cette reconciliation fit grand bruit, le Pere Romanet fut assez mortifié de n'y avoir point eu de part ; il ne laissa pourtant pas de nous en remercier.

Avant de m'en retourner à ma Paroisse, j'allai faire quelque visite dans le quartier, & entre autres à Monsieur Lacquant, il avoit été Capitaine du quartier de sainte Marie, il étoit un des plus riches de la Cabesterre. Sa femme me fit present de quelques abricots de S. Domingue, & de quelques Avocats, je les fis porter au Macouba afin d'en planter les noyaux dans mon jardin.

Abricots de S. Domingue.

Les François ont donné le nom d'Abricot à un fruit que les Espagnols appellent, Mamet. Ce nom François ne lui convient que pour la couleur de sa chair, car pour tout le reste il ne lui ressemble point du tout.

L'arbre qui le porte vient grand, & il est un des plus beaux arbres que l'on puisse voir. Son bois est blanchâtre, ses fibres assez grosses, liantes ; son écorce est grise ordinairement, assez unie ; ses feüilles longues de six à sept pouces en maniere d'élipse, un peu pointuës par un bout, sont d'un très-beau verd, & presque de l'épaisseur d'une piece de quinze sols ; comme ses branches sont assez égales, grandes & fort garnies de feüilles, il fait un ombrage charmant. Son fruit est presque rond, quelquefois de la figure d'un cœur dont la pointe est émoussée, il a depuis trois pouces jusqu'à sept pouces de diametre, il est couvert d'une écorce grisâtre de l'épaisseur d'un écu, & même davantage, forte & liante comme du cuir. Après qu'on a fait une ou deux incisions à cette écorce de toute la hauteur du fruit, on la leve comme si on écorchoit le fruit; on trouve sous cette écorce une pellicule jaunâtre assez forte, quoique mince, & adherante à la chair ; après qu'on l'a enlevée on trouve la chair du fruit qui est jaune, ferme comme celle d'une citroüille, & d'une odeur aromatique qui fait plaisir.

Quand on le mange crû, il laisse dans la bouche une fort bonne odeur, mais un peu amere & gomeuse. La maniere ordinaire de le manger est de le couper par tranches assez minces que l'on met pendant une heure dans un plat avec du vin & du sucre, cela lui ôte son amertume & sa gomme, il est excellent pour la poitrine, très-sain & fort nourrissant ; on trouve dans son milieu un, deux, & souvent trois noyaux gros comme des œufs de pigeons, & même plus selon la

Maniere de se servir du fruit.

grosseur du fruit, ils sont plats d'un côté, raboteux & fort durs, ils renferment une amande blanche & assez amere que l'on prétend être bonne pour resserer.

Cet arbre est mâle & femelle, le mâle ne porte que très rarement, ou pour parler juste il se contente de fleurir sans rien rapporter. La femelle rapporte beaucoup, & deux fois l'année comme tous les autres arbres de l'Amerique. Quand on ne trouve qu'un noyau dans un fruit c'est immanquablement un arbre femelle qui en proviendra. Lorsqu'il s'en trouve davantage cela est casuel. On est assuré par beaucoup d'experiences, qu'il est autant d'années à rapporter du fruit qu'il a été de mois en terre avant de lever. On se sert de ce fruit pour faire de la marmelade ou des pâtes qui se conservent long-tems, elles sont fort pectorales & astreingentes, agreables au goût & d'une très-bonne odeur. Les Espagnols le font aussi entrer dans la composition d'une marmelade, où ils mêlent du gingembre, des épiceries & des odeurs dont ils remplissent des Oranges qu'ils font confire & qu'ils tirent au sec. Ils usent beaucoup de ces sortes d'oranges, sur tout le matin &

Avocat.

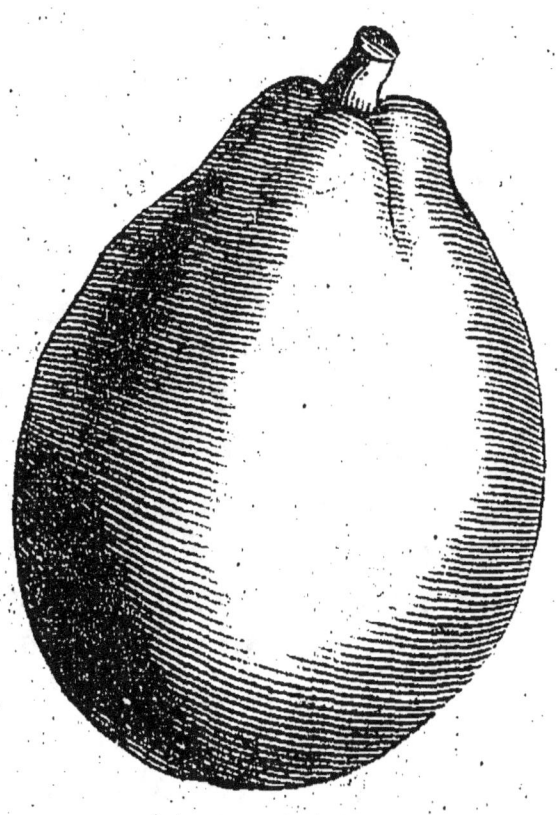

après le repas, ils prétendent que cela les soûtient, & leur aide beaucoup à la digestion. C'est une très-bonne confiture.

L'Avocat que les Espagnols appellent *Pera d'Avocato*, est un fruit assez semblable pour la forme & la grosseur à la poire de Boncrétien. La qualité de sa chair qui se fond d'elle-même dans la bouche, le pourroit faire regarder comme une espece de pesche. L'écorce qui le couvre est assez mince, quoique forte & liante, elle est fort unie & d'un beau verd qui ne jaunit que quand le fruit a atteint toute sa maturité. La chair de ce fruit est d'un verd pâle, & n'a presque point de consistence, quand il est bien meur, de sorte qu'on le peut manger avec une cuillier, comme si c'étoit de la gelée & de la marmelade, le goût qu'il a dans cet état approche assez de celui d'une tourte de moüelle de bœuf. Il y en a qui le mettent sur une assiette avec du sucre & un peu d'eau-rose, & de fleurs d'oranges.

Quand on le ceuille avant qu'il soit tout-à-fait meur, on le coupe par tranche, & on le mange avec le poivre & le sel comme des artichaux à la poivrade, dont il a pour lors le goût. De quelque maniere qu'on en ufe, il eſt très-bon pour l'eſtomach, chaud & fort nourriſſant. Les bourgeons de ſes branches mis dans les ptiſannes des Pianiſtes, c'eſt-à-dire de ceux qui ont la verole, les ſoulagent beaucoup. Si on fait boire leur infuſion à ceux qui par quelques coups, ou quelques chûtes ſont bleſſez à l'eſtomach, & qu'ils en uſent le matin à jeun, il eſt certain qu'elle leur fait rejetter le ſang caillé. L'uſage de ce fruit arrête les cours de ventre & les diſſenteries ; mais comme il échauffe beaucoup, il provoque auſſi les appetits veneriens.

On trouve dans ſon milieu un noyau preſque rond un peu rabotteux, qui ne renferme aucune amande, & qui n'a pas plus de dureté qu'un maron dépoüillé de ſa peau. Une heure après qu'il eſt ſeparé du fruit il ſe partage en deux ou trois morceaux; ſi on le plante en cet état, il ne leve point parce que ſon germe eſt rompu & gâté ; de ſorte que quand on le veut planter il faut le mettre en terre dans l'inſtant qu'il eſt tiré du fruit ; il demeure en terre huit ou dix jours avant que de rien pouſſer dehors, il produit un aſſez bel arbre quoiqu'il n'approche pas de la beauté de l'abricotier, ſon bois est grisâtre de même que son écorce, sa feüille est longue, pointuë, peu épaisse, & d'un assez beau verd. Les fleurs qu'il porte sont par pelottons ou bouquets, dont les fleurons assez semblables à des étoiles, ont six petites feüilles d'un blanc sale ou jaunâtre dont le milieu renferme neuf étamines, six de ces étamines sont panchées de divers côtez, & les trois autres qui sont toutes droites accolent des boutons jaunes dont la queüe est courte, qui sont l'origine du fruit. Cette fleur a une odeur assez agreable & qui se répand assez loin. L'arbre commence à porter du fruit à deux ans & demi ou trois ans au plûtard, il porte deux fois l'année.

Il y a quantité de ces deux sortes d'arbres dans toutes les terres des Espagnols, qui sont infiniment plus soigneux que les François & les autres Nations de planter des arbres ou de les conserver, car il est rare qu'un Espagnol mange un fruit dans un bois ou dans une terre sans en mettre en terre les noyaux ou les pepins, aussi trouve-t-on par toutes leurs terres une infinité d'arbres fruitiers de toutes espèces, au lieu que l'on ne trouve rien dans les quartiers des François.

On trouve peu d'arbres fruitiers dans les terres des François, & beaucoup chez les Espagnols.

Il y a un quartier dans l'Isle S. Domingue où entre autres arbres fruitiers on trouve une infinité de ces avocats & abricotiers d'une grosseur & d'une hauteur merveilleuse. Les Sangliers qu'on appelle Cochons Marons, s'y rendent de tous les environs quand ces fruits sont meurs & qu'ils tombent des arbres, ou par leur maturité, ou parce qu'ils sont secouez par le vent. Alors ces animaux s'engraissent merveilleusement, & leur chair en contracte un goût excellent.

CHAPITRE XV.

De la Vigne qui vient aux Isles.

LE Dimanche 9. Mai, Monsieur Jacques du Roy arriva au Maçouba, il me vint voir aussi-tôt. Je le priai à souper, & nous commençâmes dès lors à lier une amitié qui a duré jusqu'à sa mort. Il me pria le lendemain matin de marquer moi-même le terrein que je voulois prendre. Je m'en deffendis long-tems, mais enfin je fus contraint de ceder, & de marquer avec quatre piquets ce que je croiois

Françoises de l'Amerique. 347

1694.

pouvoir en avoir besoin. Il eut l'honnêteté d'augmenter ce que j'avois marqué, & de me dire que si dans la suite j'en voulois davantage j'en serois toûjours le maître.

J'écrivis en même tems à Monsieur Michel pour le prier de commander les Negres que les habitans avoient promis de me fournir pour aider aux Charpentiers à transporter ma maison où je la voulois mettre. Il eut l'honnêteté de venir le jour suivant avec un bon nombre de Negres. Les Charpentiers mirent ma maison sur des roulleaux, & à force de bras on la posa dans le lieu que j'avois marqué ; & comme le terrein étoit assez en pente, les Massons firent un mur sous les soles afin de l'élever, & lui donner une assiete plus belle & plus seure. Cependant je fis planter mes palissades pour clore le terrein que je voulois mettre en jardin. Je lui donnai cent cinquante pieds de long sur cent vingt pieds de large. Ma cour avoit trente-quatre pieds de long sur toute la largeur ci-dessus ; de sorte que tout mon enclos avoit deux cens pieds de long sur cent vingt pieds de large. Ma cuisine avec le poulaillier qui y étoit joint, fermoit un des bouts de

L'Auteur fait transporter sa maison & fait un jardin.

P vj

la cour, & en remplissoit toute la largeur par sa longueur ; au bout opposé je fis faire une case dont une partie servoit pour retirer mon cheval pendant la nuit, & l'autre pour loger les Negres de nos Peres quand ils couchoient chez moi. Je fis abattre tous les arbres qui étoient sur le bord de la falaise qui m'ôtoient la vûe de la mer. La face de la maison étoit au Nord Nord-est. Je voyois l'isle de la Dominique & toute l'étenduë de la mer. Et en attendant que les ouvriers eussent disposé les bois necessaires pour l'agrandissement de ma maison, je travaillai à mettre à niveau le terrein de mon jardin, à tracer les allées, & planter les noyaux d'abricots, d'avocats & d'autres fruits qu'on m'avoit donnez. Je plantai de la vigne afin de faire une treille qui me servît de cabinet. J'en fis un autre de jasmin rouge & blanc. Un troisiéme de pommes de liannes qui portent des fleurs qu'on appelle fleurs de la passion, & un quatriéme de differentes sortes de pois. J'achetai d'un Negre deux pieds de bois d'Inde. J'eus du jardin de Monsieur Pocquet des franchipannes rouges & blanches, des grenadiers nains, de l'ozeille de Guinée, des figuiers, & differentes sortes de fleurs, herbages & légumes, de sorte qu'en moins de six semaines ou deux mois, mon jardin se trouva fourni de tout ce qu'on pouvoit souhaitter. Je le partageai en quatre grands quarrez par des allées qui se croisoient & qui terminoient à d'autres allées qui regnoient autour de l'enclos. Les bordures des plates-bandes étoient de thin, de lavande, de serpolet, de petites sauges, d'hysope & d'autres herbes fines & odoriferantes. Je destinai les plates-bandes pour les arbrisseaux & les fleurs, & le dedans des quarrez partagé en plusieurs planches servoit pour les herbes potageres. J'avois placé ma vigne au bout de ma maison qui étoit à l'Ouest-nord ouest afin qu'elle fut à couvert des vents alisez qui me l'auroient gâtée. Entre l'autre bout de ma maison & la palissade de l'enclos, j'avois fait les planches pour les pois verds, les concombres & les melons.

On s'étonnera peut-être que n'ayant pour tout domestique qu'un seul Negre, j'eusse entrepris de faire & d'entretenir un si grand jardin, mais cela ne m'a jamais donné la moindre peine; car comme mon jardin étoit pour

1694.

ainsi dire commun à tous mes Paroissiens, que j'avois convié d'y prendre tout ce dont ils auroient besoin ; aussi me donnoient-ils fort genereusement leurs Negres pour y travailler toutes les fois que je leur témoignois en avoir besoin ; outre qu'il m'arrivoit très-souvent d'avoir des Negres marons, c'est-à-dire fugitifs, qui venoient me prier de les ramener chez leur maître & d'obtenir leur pardon ; je les faisois travailler à mon jardin une demie journée, après quoi je les ramenois à leurs maîtres ; bien seur qu'ils leur pardonneroient à ma consideration. La vigne que l'on a plantée aux Isles venant directement de France, a eu bien de la peine à se naturaliser au pays, & même jusqu'à present les raisins ne meurissent pas parfaitement. Ce n'est ni le défaut de chaleur ni de la nourriture, mais c'est parce que le climat étant chaud & humide les grains meurissent trop tôt, & les uns avant les autres, desorte que dans une même grappe on trouve des grains meurs, d'autres en verjus, & d'autres qui sont presqu'encore en fleur. Le muscat qui est venu de Madere & des Canaries est exempt de ce défaut, & il meurit parfaitement bien.

Les seps de vigne venus de France ont peine à se naturaliser aux Isles.

Françoises de l'Amerique. 351

Cependant j'ai remarqué qu'à mesure que les seps vieillissoient ce défaut se corrigeoit. Ce que la vigne a d'admirable dans ce pays, c'est qu'elle porte du fruit deux fois par an, & quelquefois trois fois en quatorze mois, selon la saison seche ou pluvieuse où elle est coupée & le sep taillé.

1694.
La vigne donne du fruit au moins deux fois par an.

Les seps que je plantai dans mon jardin ont porté du fruit sept mois après avoir été mis en terre. Aussi-bien que les Figuiers qui viennent de bouture & qui portent toute l'année, pourvû qu'on ait soin de mettre du fumier au pied, & de les bien arroser dans le tems de la secheresse.

La regle qu'on doit observer quand on veut transporter des arbres, des plantes ou des graines d'un pays froid dans un pays chaud; c'est de les prendre dans les pays les plus voisins, & qui sont d'une température plus approchante du pays où on les veut porter. Comme, par exemple, de les prendre en Provence ou à la côte d'Espagne, ou bien & encore mieux aux Isles de Madere ou de Canaries. A l'égard des graines il faut toûjours les apporter dans leurs épis, cosses ou siliques, & avec tout cela il ne faut pas s'attendre

Ce qu'il faut observer pour transporter des graines ou des plantes d'Europe en Amerique.

352 *Nouveaux Voyages aux Isles*

1694. que les premieres récoltes soient abondantes, elles seront très-médiocres. Il faut que les graines se naturalisent au pays, & quand cela est fait, elles produisent à merveille. J'ai experimenté qu'ayant semé des pois qui venoient de France, ils rapportoient très-peu, ceux-cy rapportoient davantage, mais les troisiémes produisoient d'une maniere extraordinaire pour le nombre, la grosseur & la bonté. On peut avoir des pois verds toute l'année, il ne faut qu'en semer toutes les Lunes. C'est à quoi je ne manquois pas ; en trois mois ils sont bons à manger.

Froment semé à la Martinique. Un habitant de ma Paroisse nommé Sellier, sema du froment qui étoit venu de France, il vint très-bien en herbes, mais la plûpart des épis étoient vuides, & les autres avoient très-peu de grains, mais ceux-cy nez dans le pays étant semez pousserent à merveilles, & produisirent les plus beaux épis & les mieux fournis qu'on puisse s'imaginer. On en pila dans un mortier dont on fit de la farine & du pain, que cet habitant presenta à l'Eglise que je benis, & qui fut distribué au peuple.

J'avois crû pendant long-tems qu'il étoit défendu aux habitans des Isles de semer du bled & de cultiver des vignes, & que la raison de cette défense étoit le préjudice que cela causeroit au commerce, puisqu'il est certain que le fond principal des cargaisons des vaisseaux qui viennent aux Isles est le vin & la farine de froment. Mais j'ai appris depuis très-certainement qu'il n'y a jamais eu de pareilles défenses, & j'ai connu par experience, que la culture du bled & de la vigne étoit inutile, & comme impossible aux Isles, particulierement celle du bled. Je la regarde comme inutile, parce que très-peu de gens mangent du pain de froment, les Negres, les engagez, les domestiques, les ouvriers ne mangent que de la farine de Manioc ou de la Cassave; presque tous les Créolles, ceux mêmes qui sont riches & qui font servir du pain sur leurs tables par grandeur ou pour les étrangers, mangent plus volontiers de la cassave & la préferent au pain. Il n'y a donc qu'un très-petit nombre de gens qui mangent du pain, & je ne croi pas avancer rien qui ne soit exactement vrai, quand je dis que de cent personnes il n'y en a tout au plus que cinq qui en mangent.

Il n'en est pas de même du vin, quoi-

Raisons pour lesquelles on ne seme point de bled aux Isles, & qu'on n'y fait point de vin.

que les Negres, les engagez, les domestiques & les ouvriers n'en boivent pas à leurs repas, il y a assez d'autres gens qui en font une très-grande consommation. Quelque quantité qu'on en apporte aux Isles, on n'a jamais entendu dire qu'il se soit gâté pour n'avoir pas été consommé. Mais il est impossible qu'on puisse s'appliquer à ces deux cultures, par rapport à la petitesse du terrein que possede chaque habitant, qui employé bien plus utilement celui qu'il a en cannes, cacao, cotton, roucou & autres marchandises, qu'en bled ou en vignes ; étant certain que le même terrein qu'on seroit obligé d'employer en bled & en vignes pour fournir le necessaire de ces deux choses à dix personnes, le fournira pour cinquante & même plus, étant employé en marchandises du pays : d'ailleurs que viendroient faire les vaisseaux d'Europe si les habitans employoient leurs terres en bled & en vin, de quoi se chargeroient-ils en Europe & que pourroient-ils esperer des Isles ?

Il est défendu aux Espagnols du Mexique & des On m'a assuré qu'il étoit défendu aux Espagnols du Mexique & de toute la nouvelle Espagne, du Jucatan, de la côte de Carac & de Carthagene, des

Isles de Couve, de Saint Domingue, Portvic & autres lieux aux environs du Golfe de Mexique, de cultiver la vigne & les oliviers, & qu'il n'y avoit que les seuls Jesuites qui eussent permission de faire certaine quantité de vin pour dire la Messe. Les gallions n'auroient pas de quoi se charger, & ces deux denrées qui sont très-abondantes en Espagne y demeureroient inutiles & sans debit.

<small>1694. grandes Isles de faire du vin & de l'huile.</small>

Les Etats du Perou & du Chili ne sont pas sujets à cette défense. On y fait du vin en quantité qui est bon ; à l'égard du bled il vient par tout en abondance ; on en fait deux récoltes par an dans le Mexique & la nouvelle Espagne. Je croi qu'on le pourroit cultiver avec un pareil succès dans les endroits qui sont aux environs du Golfe de Mexique ; cependant soit par paresse ou pour quelqu'autre raison, les habitans de la côte de Carac, de Carthagene & des grandes Isles ne sement point de bled, & aiment mieux acheter des farines des François & autres étrangers qui leur en portent, & qui les leur vendent bien cher.

Un habitant de Marie-galante nommé le Tellier, recueilloit tous les ans

<small>Vin recueilli à Marie-Galante.</small>

sa provision de vin qui croissoit sur son habitation. Ceux qui en ont bû m'ont assuré qu'il étoit très bon ; le seul défaut qu'il avoit, étoit qu'il ne pouvoit pas se conserver toute l'année, mais peu à peu on auroit trouvé remede à ce mal. D'ailleurs quelle necessité de le garder si long-tems puisqu'on fait deux recoltes chaque année.

Jasmins des quatre sortes. Nous avons aux Isles quatre sortes de Jasmins, le commun comme celui de France qui n'a que cinq feuilles, & le double qui en a dix. Ces deux especes sont blanches, le Jasmin commun d'Arabie est rouge, il n'a que cinq feuilles, le double en a dix.

La quantité de Jasmins blancs qu'on trouve par toute la Martinique, & même dans les endroits des forêts où il n'y a point d'apparence que les Caraïbes les soient allez planter, me fait soupçonner que cette plante est naturelle au pays. La description que j'en vais faire donnera lieu aux connoisseurs de juger si celui des Isles est de même que celui d'Europe.

Le Jasmin que nous avons aux Isles est une plante qui devient en arbrisseau qui pousse quantité de tiges, rameaux ou branches tout droits, qui s'entrelaſſent aiſément, qui ſe fortifient & multiplient à merveille ſi on a ſoin de les tailler une ou deux fois l'année, au commencement & à la fin de la ſaiſon des pluyes. Le pied de l'arbriſſeau eſt couvert de deux écorces, l'interieure que l'on pourroit prendre pour le bois même eſt verte, liſſe & ſi adherente, qu'il eſt très-difficile de la ſeparer du bois. Elle eſt couverte d'une autre écorce mince, friable qui ſe détache d'elle-même & qui ſe roule, qui eſt de couleur griſe. Le dedans du bois eſt mêlé de gris & d'un verd pâle; il eſt aſſez tendre, caſſant, leger & rempli d'une moüelle qui n'a pas beaucoup d'humidité. Les tiges qu'il pouſſe en quantité ſont unies, liantes, d'un verd foncé, & aſſez chargées de feuilles; elles ſont d'un très-beau verd, pointuës par les deux bouts, beaucoup plus longues qu'elles ne le devroient être par rapport à leur largeur; elles tiennent aux tiges ou branches par une queuë courte, & ſont toûjours accouplées. C'eſt à l'extrémité de ſes branches que naiſſent les fleurs. Elles viennent toûjours par bouquets; il eſt auſſi rare qu'elles ſoient ſeules que d'en voir autre part qu'aux extrémitez des branches. Ces fleurs commencent par un bouton longuet, dont le bout est de couleur de pourpre ; il s'ouvre & se partage en cinq feuilles, dont le fond fait un petit calice au milieu duquel s'éleve une petite colone ou pistil, qui porte dans sa maturité une gousse qui renferme deux petites graines à côté l'une de l'autre, applaties du côté qu'elles se touchent, & rondes du côté opposé. C'est la semence de la plante ; mais comme elle vient beaucoup mieux & plus vîte de bouture, il est très-rare qu'on s'amuse de mettre ces semences en terre, il n'y a que les curieux qui l'ont fait pour s'éclaircir si ces petites graines étoient veritablement la semence de l'arbrisseau.

Les Jasmins doubles, rouges & blancs ne different des simples que par le nombre de leurs feuilles ; l'odeur des uns & des autres est douce, & ne laisse pas de s'étendre assez loin, sur tout le soir & le matin, car quand le soleil est haut, la chaleur qu'il répand dissipe beaucoup les odeurs de toutes sortes de fleurs.

Pommes de Liannes, & fleur de la Passió ou granadille.

Les Pommes de Liannes sont les fruits de certains oziers, ou comme on dit aux Isles, de certaines liannes qui courent & qui multiplient beaucoup. La feuille est d'un très-beau verd, assez mince, divisée ou échancrée en quatre endroits ; elle approche de la vigne folle, la queuë qui l'attache à la tige est assez courte, elle est garnie à sa naissance de deux petites feuilles ovales & d'un filet assez long & tortillé, par lequel la tige se soutient en s'attachant à tout ce qu'elle rencontre ; les feuilles sont en grand nombre, & font par conséquent un bel ombrage. Cette lianne porte des fleurs violettes à leurs extrémitez, faites à peu près comme des clochettes d'un pouce de diamettre, & d'environ autant de hauteur, composées de filets assez gros, dont les extrémitez sont de couleur de pourpre ; ils sortent d'un fond jaune, au milieu duquel s'éleve un pistil de même couleur, qui a un peu la figure d'un marteau, qui est chargé de trois petits boutons qui ont celle d'un cloud ; c'est ce qui a fait donner à cette fleur le nom de fleur de la Passion. Les fruits qui succedent à ces fleurs sont de la grosseur d'un œuf, & de la même figure, excepté qu'ils sont également pointus par les deux bouts. Leur écorce qui est verte au commencement, devient jaune quand le fruit est mur ; elle n'a pas plus d'épaisseur qu'un écu., ni plus de consistance qu'un parchemin. Elle est remplie d'une liqueur grisâtre, épaisse comme de la gomme détrempée & remplie de petites semences, grises, assez dures & fort gluantes. Pour manger ce fruit on fait avec la dent & le couteau une petite ouverture à un des bouts, & on succe par-là tout ce qu'il contient, qui semble une gelée sucrée dans laquelle on auroit mis du suc de grenade.

Ce fruit est fort bon pour la poitrine, il est rafraichissant & de bonne odeur. On en donne aux malades.

Les rats en sont extrêmement friands, ils ne manquent jamais de se trouver sous cette plante, sur tout quand le fruit est mur, & d'y attirer par conséquent les serpens : ces deux incommoditez m'obligerent bien tôt à me défaire de ces liannes. J'en ai vû de semblables à Civita-vechia dans la vigne du sieur Santini ; il est vrai que les feuilles, les fleurs & les fruits sont bien plus petits qu'aux Isles, & que les fruits ne meurissent pas bien.

La plûpart des légumes à qui on donne dans les Isles le nom de Pois, se devroit appeller des Feves, puisqu'elles en ont veritablement la figure. Les
Pois

Pois que je plantai pour couvrir un des cabinets de mon jardin, s'appellent Pois blancs ; ils sont plats, ronds, grands comme un liard & épais de deux à trois lignes. Leurs tiges couvent, montent tant qu'on veut, & s'attachent par tout ; leurs feuilles sont assez grandes & presque rondes en grande quantité. Ils fleurissent & portent toute l'année, & peuvent durer un an, & même plus sans être replantez ; ils cuisent facilement, sont tendres, & ils font un boüillon de couleur de gris de perle qui est de fort bon goût.

Les Pois d'Angole sont originaires du Royaume de ce nom sur la côte d'Afrique, d'où ils ont été apportez aux Isles par les vaisseaux qui vont chercher les Negres en ces quartiers là. Ils ressemblent assez à nos petites feves, excepté pour la couleur ; car ils sont bruns, aussi viennent ils de la côte des Negres ; ils forment un petit arbrisseau fort agreable qui dure sept ou huit ans, & quelquefois plus selon la bonté du terrein ; il fleurit & porte du fruit pendant presque toute l'année ; l'écorce de l'arbrisseau est verte & fort mince, il est assez branchu, ses feuilles sont longues, étroites, minces, & d'un verd un peu brun....... Je parlerai des autres espèces à mesure que l'occasion s'en presentera.

Le bois d'Inde vient ordinairement fort grand & fort gros. Son bois est rougeâtre, dur, roide & pesant ; son écorce est jaunâtre & assez vive ; ses feuilles sont semblables pour la forme à celle de nos Lauriers, à la verité un peu plus petites & plus minces, mais d'une odeur plus forte & plus aromatique. Il porte deux fois l'année de petites fleurs blanches qui rougissent un peu vers leur extrémité ; elles sont par bouquets, ausquels succedent de petites graines grosses comme la sixiéme partie d'une noix muscade & de la même consistence, dont l'odeur & le goût est semblable à celui que produiroient le cloud de gerofle, la canelle & la muscade s'ils étoient pilez ensemble. Les ramiers, les tourdres ou grives, les perdrix & les perroquets recherchent ces graines & les mangent avec une avidité surprenante : ils s'en engraissent extraordinairement, & leur chair contracte en même-tems le goût de ces trois épiceries. On s'en sert communément dans les sauces, mais sur tout quand on sale du cochon. On saupoudre de sel &

Bois d'Inde ou Laurier.

ces graines bien pilées toutes les couches de viande à mesure qu'on les arrange dans les jarres ou dans les barils, & on les couvre de feuilles seches du même arbre, comme on fait en Europe des feuilles de laurier. La viande ainsi accommodée contracte un goût & une odeur admirable.

Je n'ai pas de peine à croire qu'il est défendu de transporter de ces sortes de graines en France ; car il est certain qu'elles suppléeroient aux autres épiceries qui demeureroient ainsi sans debit.

Cet arbre est long-tems à croître, comme il arrive à tous les bois extrêmement durs comme il est. Des deux petits que j'avois achetez un fut rompu par accident. J'ai laissé l'autre de plus de dix pieds de haut quand je suis parti des Isles, mais il n'avoit encore porté ni fleurs ni fruits, quoiqu'il eût plus de douze ans. Il est vrai qu'il étoit planté dans un endroit assez exposé au vent. Cet arbre vient ordinairement dans des terres seches & arides. Je croi pourtant qu'il viendroit encore mieux dans de bonne terre, cependant on le trouve rarement dans de bon terrein. Il y en a quantité dans l'Isle de Sainte Croix, à la grande terre de la Guadaloupe, à la

Grenade, aux Grenadins, à Marie-Galante, dans les montagnes du vieux Fort de la même Isle, au gros Morne de la Martinique au quartier de la Tartane, & vers le dernier cul de sac des Salines. On se sert de ce bois pour faire des rouleaux de moulin, des dents de balancier, des rais de rouë & autres ouvrages. On pourroit en faire de belles planches, car il se polit fort bien, mais comme il est dur, les ouvriers le négligent & ne manquent pas de mauvaises raisons pour couvrir leur paresse. C'est ainsi qu'ils en usent à l'égard de plusieurs autres arbres dont je parlerai dans la suite qui n'ont point d'autres défauts que d'être durs, & par conséquent difficiles à travailler.

Les Franchipannes rouges & blanches viennent sur un rabrisseau qui n'a rien de beau que ses fleurs. Le pied vient assez gros & jette quantité de branches, mais mal faites & encore plus mal disposées. Le bois est blanchâtre, l'écorce est d'un verd pâle; il est tendre, spongieux & rempli d'une moüelle blanche comme le sureau; ses feuilles sont longues & plus larges à leur extrémité qu'au bout qui les joint à la branche. Les fleurs naissent par gros bouquets dans le milieu des feuilles 1694. qui ne viennent pour l'ordinaire qu'au bout des branches ; elles reſſemblent aſſez aux Lis, excepté qu'elles ſont plus longues, en plus grande quantité, plus étroites, plus ſouples & moins épaiſſes. Leur odeur eſt douce & agréable ; les bouquets que ces fleurs font naturellement, ſont attachez à une queuë qui ſort de deux pouces du milieu des feuilles. Cet arbriſſeau porte des fleurs toute l'année. Il vient de bouture fort facilement. Il faut obſerver de fermer avec de la cire noire, dont je parlerai dans un autre lieu, le bout coupé que l'on met en terre, & faire deux ou trois petites inciſions dans la partie qui eſt enterrée pour déterminer la ſeve de la branche à s'écouler doucement par-là, & y produire des racines ; en moins de quatre mois il eſt repris, pouſſe des feuilles & des branches & porte des fleurs.

Franchi-
panne.

Les Grenadiers communs viennent fort bien & ſont toûjours couverts de feuilles, de fleurs & de fruits. Il y a comme en Europe des Grenades douces & aigres, mais les Grenadiers nains ſont les plus beaux arbuſtes que l'on puiſſe voir. On les peut retenir à la

Grena-
diers de
deux eſ-
peces.

Q iij

hauteur de dix à douze pouces. On en peut faire des bordures & les tailler à peu près comme le buis, sans que cela les empêche de produire des fleurs & des fruits, qui par rapport à leur petitesse & à la délicatesse de leurs branches, ne sembleroient en être jamais sortis, si on ne les y avoit vûs attachez, car ils sont de la grosseur ordinaire des Grenades, & d'un goût bien plus agréable & plus savoureux. On a soin de mettre des morceaux de planches ou de thuiles sous les fruits, sans quoi ils périroient sur la terre où ils sont, l'arbre ne les pouvant soutenir.

Ozeille de Guinée.

L'Ozeille de Guinée est un arbrisseau d'un bois assez tendre, dont l'écorce est verte & mince. Il vient de sept à huit pieds de hauteur ; ses branches sont en grand nombre & fort déliées ; ses feuilles sont partagées en trois parties inégales, par deux coupures qui vont presque jusqu'à la principale nervure ; elles sont dentelées, & leurs nervures sont de couleur de chair ; elles ont le goût & font le même effet que l'ozeille de nos jardins, quoiqu'elles ne lui ressemblent point. Il porte deux fois l'année des fleurs qui sont en même tems son fruit & sa semence. Elles res-

semblent à des Tulipes qui ne seroient 1694.
pas bien ouvertes, elles sont plus petites, les feuilles qui les composent sont de l'épaisseur d'une piece de quinze sols, roides & d'un rouge foncé. Elles renferment dans leur fond un bouton verd qui contient quelques petites graines brunes ; c'est ce bouton qu'on met en terre & qui produit en moins de trois mois l'arbrisseau & les fleurs. Quand ces especes de Tulipes sont meures, ce qu'on connoît à une petite noirceur qui paroît au bout de leurs feuilles, on les cueille, on ne s'en sert qu'en confitures, pour cet effet, on coupe le fond de la fleur avec le bouton que l'on jette comme inutile, le reste des feuilles ou fleurs rouges se met boüillir à grande eau pendant un *Miserere*, après quoi on les tire, & quand elles sont égoutées, on les met boüillir dans le sucre avec quelques clouds de gerofle & un peu de canelle.

Lorsqu'on en veut faire de la gelée, on fait boüillir ces feuilles avec autant d'eau seulement qu'il en faut pour les couvrir dans la bassine, & on leur donne une entiere cuisson, puis on les presse fortement dans un gros linge pour en exprimer tout le suc, que l'on met

Confiture d'Ozeille de Guinée.

Q iiij

dans le sucre clarifié où on le fait boüillir quelques momens. C'est une excellente gelée, on s'en sert pour boire en la battant dans l'eau comme la gelée de groseilles, dont elle a la couleur & le goût. Elle est fort rafraichissante, on en donne aux malades, à qui la tisanne ordinaire donne du dégoût ; elle les réjoüit, les desaltere & les rafraichit sans aucun danger & avec plaisir.

Tubereuses. Les Tubereuses viennent sans peine, il semble que les Isles soient leur pays natal. Il suffit d'en avoir planté quelques oignons dans un jardin pour l'en voir bien-tôt rempli, car elles multiplient prodigieusement, & portent dès la premiere année, sans qu'on se donne la peine de les transplanter, à moins que ce ne soit pour en faire des bordures.

On trouve la même facilité dans la culture des herbes ordinaires potageres. *Ozeille ordinaire.* Deux ou trois plantes d'Ozeilles suffisent pour en faire une très-grande planche. On les partage en petites portions que l'on met en terre assez éloignées les unes des autres ; elles reprennent très-vite, croissent & s'élargissent si bien en cinq ou six semaines de tems, qu'elles couvrent tout le terrein. Quand on veut conserver l'Ozeille dans sa beauté & sa grandeur, il faut tous les deux ans la changer de place afin de pouvoir fumer le terrein, qui autrement deviendroit trop maigre. Plus on coupe cette plante, sur tout dans le tems des pluyes, plus elle croît & s'élargit.

La graine d'Oignons venant de France & generalement de toute l'Europe, ne produit que des ciboules qui viennent très-bien & par grosses touffes. Quand on en arrache une il faut avoir soin de remettre dans le trou une ou deux ciboules de la touffe arrachée, c'est le moyen de n'en jamais manquer; car en moins de deux mois on en trouve la même quantité qu'on en avoit ôté.

Oignons.

Les Echalottes y viennent en perfection, tant pour la grosseur que pour le goût. Quand on les plante il faut avoir soin de les espasser comme on fait la Chicorée; on n'en met qu'une dans chaque trou, dès qu'elles ont repris & qu'elles commencent à pousser, il faut ôter la terre qui les couvroit & ne laisser que la chevelure enterrée, autrement elles croissent comme des ciboules & ne produisent que des feuilles; mais au contraire plus on a soin de les déchausser, plus elles multiplient &

Echalottes, maniere de les cultiver.

grossissent ; de sorte qu'une Echalotte en produira douze ou quinze & quelquefois vingt dans une seule touffe ; on les leve quand la tige est tout à fait fanée. C'est la marque qu'elles ont atteint toute leur grosseur & leur maturité.

On cultive de la même maniere l'ail & les oignons qui sont venus de Madere avec le même succès. Comme il y avoit peu de tems qu'on avoit commencé de cultiver les oignons de Madere quand je suis parti, je ne sçai si on aura tenté de faire la même chose pour ceux de France. Si on reussit on ôtera un profit considerable aux matelots qui ne manquent jamais d'en apporter une bonne quantité, étant seurs de les vendre deux ou trois écus le cent & quelquefois davantage.

Herbes potageres. Le Cerfeüil, la Pimprenelle & le Persil y viennent très-vite & très-bien. Il faut seulement avoir soin de les couper souvent de crainte qu'ils ne montent en graine.

Le Pourpier vient naturellement dans le pays ; on en trouve par tout dans les bois, sans jamais y avoir été semé. J'ai observé plusieurs fois que la premiere herbe qui est venuë dans des terres qu'on venoit de défricher, & qui constamment ne l'avoient jamais été, étoit le pourpier ; il y en a du commun & du doré.

Les Raves les Panais, les Carottes, les Cercifis & le Bette-raves y viennent en perfection, sur tout quand on seme de la graine creolle, c'est à dire, née dans le pays. J'ai eu dans mon jardin des Carottes dont la graine étoit venuë de la nouvelle Angleterre, qui ont pesé jusqu'à quatre livres & demie la piece ; quand on les laisse dans la marmite autant que la viande, elles se fondent entierement & font un potage épais, jaune comme de la purée & d'un trés-bon goût, principalement quand on y joint quelques racines de persil. On peut faire un autre mets des mêmes Carottes : il faut pour cela les retirer du pot quand elles sont cuittes suffisamment, les laisser égouter & les couper en rouelles ou en tranches, & après cela les faire frire comme des bignets, ou les accommoder sur le rechaud avec une sauce blanche ou avec la moutarde.

Les Poreaux se cultivent de la même maniere que j'ai marqué qu'on cultivoit les ciboules. A l'égard des Melons de France & d'Espagne, des Citroüilles ou Giraumons, des Concombres, de la Laituë, de la Chicorée & des Pois verds, j'avois soin de n'en pas manquer.

Melons de France & d'Espagne.

On sçait la difficulté qu'il y a en France de trouver de bons Melons, & le péril où l'on s'expose pour peu qu'on en fasse d'excès. Rien de semblable n'arrive aux Isles ; on les seme en quelque tems que ce soit, toute sorte de terre y est propre. Un petit trou fait avec un bâton ou un coup de houë suffit pour ouvrir la terre, & recevoir quatre ou cinq grains de semence qu'on y laisse tomber. On arrose si le tems est sec, & voila toute la culture ; & cependant il est aussi rare entre cent melons d'en trouver un mauvais, que d'en trouver un bon entre cinquante en France. Ils ont une odeur charmante, un goût délicat & fin, une chair ferme, une couleur qui réjoüit ;

Remarque sur leur bonté.

& ce que j'estime infiniment, c'est qu'on en peut manger tant qu'on veut de jour & de nuit, seuls ou avec d'autres viandes, en beuvant de l'eau ou du vin, sans que jusqu'à present on ait oui dire que quelqu'un en ait été incommodé. On appelle Melons de France ceux dont la chair est rouge, & Melons d'Espagne ceux dont la chair est blanchâtre tirant sur le verd. Ce sont ces derniers qu'on appelle en Italie, Melons d'hyver, parce qu'on les conserve dans du son pendant presque tout l'hyver. Cette précaution est inutile aux Isles, on en a toute l'année pourvû qu'on ait soin d'en semer tous les mois aussi-bien que les pois verds.

Les Choux pommez viennent en perfection. Il suffit d'en avoir un seul pour peupler en peu de tems tout un jardin, parce que quand il est coupé, sa tige pousse beaucoup de rejettons. On les arrache l'un après l'autre en déchirant un peu l'écorce de la tige, on les met en terre, & en quatre mois ils produisent un très-beau choux & bien pommé. La tige de ceux-cy en produit d'autres sans qu'il soit jamais besoin d'en semer. J'en avois bordé tout le tour de mon jardin. Je ne sçai si je me trompe, mais du moins en cela je ne suis pas seul, je les ai trouvé meilleurs & plus tendres qu'en France.

Quoique mon jardin fut petit, je ménageois tellement mon terrein & la culture de mes plantes, que j'avois

1694.

Choux pommez: leur culture.

toûjours en abondance tout ce qu'on peut souhaitter en matiere de jardinage ; j'en donnois à tous venans, quoique j'en consommasse beaucoup, aimant naturellement les fruits & les herbages plus que la viande & le poisson.

Bien qu'on ne puisse pas souhaitter une facilité pour faire des jardins plus grande que celle que l'on trouve aux Isles ; il y a cependant très-peu d'habitans qui s'en mettent en peine. Ils s'attachent uniquement au travail de leur habitation, & comptent sur les herbages que les Negres cultivent sur les lizieres des bois ou dans quelques petits coins de terre qu'on leur laisse, ils portent ce qu'ils cultivent à leurs maîtres & à ceux qui en veulent acheter.

J'ai parlé jusqu'à present des herbes potageres qui sont venuës d'Europe, en voici trois especes qui sont originaires de l'Amerique & de l'Afrique.

La premiere est le Guingambo, elle croît d'ordinaire de la hauteur de cinq à six pieds; ses feüilles qui sont grandes, ridées, rudes & découpées, ressemblent assez à celle de la guimauve.

Sa fleur est d'un blanc tirant un peu sur le jaune & sans odeur particuliere ; c'est une espece de cloche composée de cinq feüilles rondes à l'extrêmité, de couleur rougeâtre qui renferme un pistil en forme de cloud, avec de petites barbes ou étamines de couleur jaune.

Ce pistil se change en un fruit de la grosseur d'un œuf moyen qui est composé de plusieurs côtes. Il renferme quantité de graines grisâtres de la grosseur des petits pois de France. On fait cuire ce fruit avec la viande ; il est assez bon quand il est jeune, parce que pour lors il est tendre, mol, se cuit aisément, & donne du goût au boüillon, mais à mesure qu'il meurit il devient dur, & si fort qu'il n'est plus supportable. A quelque âge qu'on le prenne, il n'y a gueres que des Negres, des engagez & de pauvres gens qui en usent, ausquels il faut joindre nos filles & femmes creolles qui mettent dans un ragoût qui leur est particulier & qu'on appelle Callarou, toutes sortes d'herbes, & sur tout les plus mauvaises & les plus dégoutantes. Je parlerai dans un autre endroit de ce ragoût creolle.

Il y a deux especes de Guingambo distinguées seulement par leur fruit. La premiere est celle que je viens de décrire. Quant à la seconde, elle porte des fruits plus petits, plus ronds & plus longs, & dont la pointe est recourbée comme celle des cornichons.

La seconde herbe potagere est appellée Moussembey; sa tige qui est fort branchuë est chargée de deux sortes de feüilles; les unes qui sont fort petites sont attachées trois à trois à une queüe assez courte. Les autres qui sont beaucoup plus grandes & divisées par quatre coupûres en cinq parties inégales, sont soutenuës par une queüe ronde & veloutée. Sa fleur se forme d'un bouton ovale qui se partage en quatre parties, du milieu desquelles sort un petit pied qui porte quatre feüilles blanches ovales longues. C'est ce pied qui soutient le fruit qui n'est autre chose qu'une silique qui renferme beaucoup de petites semences ou graines grisâtres qui ont à peu prés la figure d'un rognon applati. Ces siliques ont quatre à cinq pouces de long sur cinq à six lignes de large.

On voit assez par cette description, que ce fruit n'est pas d'un grand usage, & qu'on ne se sert que de ses feüilles. Ceux qui les emploient sont à peu près les mêmes qui se servent du Guingambo.

La troisiéme espece d'herbe potagere, dont il me reste à parler, & que je mis dans mon jardin, moins pour l'usage que j'en voulois faire que pour faire honneur au païs, & avoir dequoi contenter mes Paroissiens, à qui, comme j'ai dit, mon jardin étoit toûjours ouvert, est le Sacramalon. Voici un nom bien long pour exprimer peu de chose. Cette plante quand on la laisse croître peut s'élever à la hauteur de cinq pieds. Il est rare qu'on en trouve de plus grande. Sa feüille qui est la seule partie bonne à manger en la metrant dans le potage avec d'autres herbes, est longue de six pouces & quelquefois davantage, elle est peu chargée de nervûres, assez épaisse, fort verte & bien nourrie. La tige n'excede gueres la grosseur du doigt, elle se charge de plusieurs grappes comme des panaches de petites fleurs, où le verd, le rouge, le violet & le pourpre sont agreablement meslez ensemble, qui se convertissent en de petits fruits de la grosseur d'un pois, d'un violet tirant sur le pourpre, qui renferme dans une peau mince & unie comme celle du raisin, une substance molle, aqueuse, d'une odeur desagreable, au milieu de laquelle est une espece d'amande assez seche qui est la semence de la plante.

Quelques habitans de l'Isle de saint Christophle qui s'étoient retirez à la Martinique après leur déroute, & qui avoient affermé de petites habitations au dessus du fort S. Pierre & du Moüillage, se mirent à y faire des jardins dont ils envoyoient vendre les fruits, les herbes & les fleurs dans le Bourg. J'en connoissois un dont le jardin n'étoit gueres plus grand que le mien, qui ne laissoit pas de vendre tous les jours pour cinq ou six francs de ces bagatelles. On peut juger que j'aurois profité de cet exemple si j'avois été à portée du Bourg, avec d'autant moins de scrupule, que des Communautez Religieuses bien riches vendent leurs herbages, & jusques à leurs oranges.

Mon Pensionnaire & mon Negre se mirent en tête de faire couver les poules qui le demandoient, je les laissai faire, & je trouvai que j'avois bien fait, car en peu de tems je me vis une legion de poulets. Mon Negre apprit à les chaponner aux dépens de la vie de quelques-uns. Mais il n'y a rien de perdu en ménage.

CHAPITRE XVI.
Du Manioc.

J'Ay dit en quelques endroits cy-devant que la Cassave & la farine de Manioc servent de pain à la plûpart des habitans blancs, noirs & rouges des Isles, c'est à dire aux Europeens, aux Negres & aux Sauvages. Je croi qu'il est à propos d'expliquer ici ce que c'est que Cassave & farine de Manioc, après que j'aurai décrit l'arbre ou arbrisseau qui les produit, & la maniere dont on le cultive.

Le Manioc est un arbrisseau dont l'écorce est grise, rouge ou violette selon les differentes especes de bois qu'elle couvre. L'écorce de toutes les especes est fort mince. Il croît jusqu'à la hauteur de sept ou huit pieds. A cette hauteur le tronc est gros comme le bras. Le tronc & les branches sont remplis de nœuds assez près les uns des autres, avec de petites excrescences qui marquent les endroits où étoient les feüilles qui sont tombées ; car à mesure que l'arbre croît, les feüilles quittent le bas des rameaux, & il ne s'en trouve qu'aux parties les plus hautes. Ce bois est mol & cassant, il vient de bouture mieux que de graines, du moins on est seur de n'avoir que peu de racine bonne à manger si on seme la graine qu'il porte. Sa feüille est comme un trefle allongé, ou plûtôt comme une moyenne feüille de vigne que l'on auroit fenduë le long de ses nervûres, & à qui on auroit laissé de chaque côté qu'un demi doigt de large. Sa principale racine en pousse trois ou quatre autour d'elle, & jusqu'à six ou sept de differentes grosseurs & longueurs selon l'âge de l'arbre & la bonté du terrein. J'en ai vû de grosses comme la cuisse, mais cela est extraordinaire. Communément elles sont de la grosseur des plus grosses bette-raves. L'écorce des racines est de la couleur de celle de l'arbre, c'est à dire qu'elle est grise quand le bois est gris, rouge quand il est rouge, mais le dedans est toûjours blanc, & de

Differentes especes de Manioc.

de la consistence des navets, il y a des racines qui sont meures à huit mois. On appelle l'arbre ou le manioc qui les produit, Manioc blanc ou d'ozier. Les autres especes comme le manioc à grandes feüilles, le manioc rouge & les au-

Françoises de l'Amérique. 381

tres especes, ont besoin de quatorze & même de dix-huit mois pour avoir toute leur grandeur & leur maturité.

On sçait déja que cet arbrisseau vient de bouture, toute la façon qu'il y a pour le planter, est de faire une fosse d'un pied & demi de long ou environ, & de cinq à six pouces de profondeur, dans laquelle on couche deux morceaux de ce bois de quinze à dix-huit pouces de long, dont on laisse un des bouts un peu hors de terre, après quoi on les couvre avec la terre qui est sortie du trou où on les a mis. Suivant la bonté du terrein on éloigne les fosses les unes des autres, pour l'ordinaire on laisse deux pieds & demi de distance entre elles. On a soin de sarcler les herbes qui viennent autour de crainte qu'elles ne suffoquent les nouvelles plantes.

Quand on juge que les racines ont atteint toute la grosseur & la maturité qu'elles peuvent avoir suivant la qualité du manioc qui les a produites, on les arrache de terre à mesure qu'on en a besoin, ce qui se fait en arrachant l'arbre tout entier avec lequel les racines ne manquent pas de venir, & en cas que quelqu'une s'en sepáre, ce qui est aisé de remarquer, on la foüille avec

1694.

Culture du Manioc.

Maniere d'arracher le Manioc.

la houë. Il ne faut pas une grande force pour arracher ces sortes d'arbres, car outre que les terres ne sont pas extrêmement fortes, les racines ne sont pas bien avant dans la terre. Quand ces racines sont arrachées, les Negres destinez à cet ouvrage, en gratent ou ratissent l'écorce avec un méchant couteau comme on fait aux navets, & les jettent dans un canot plein d'eau où on les lave bien, après quoi on les grage, c'est à-dire qu'on les réduit en une espece de farine fort humide qui ressemble à de la grosse scieure de bois, ce qui se fait en passant fortement la racine sur une rappe de cuivre, comme on passe le sucre. Ces rappes de cuivre qu'on appelle grages, & le travail que l'on fait par leur moyen, grager, ont quinze à dix-huit pouces de longueur sur dix à douze pouces de largeur. On les attache avec de petits clouds sur une planche de trois pieds & demi de long & d'un pied de large, non pas de toute l'étenduë de leur largeur, mais en ceintre. Le Negre qui grage met un bout de la planche où la grage est attachée dans un canot ou auge de bois, & appuye l'autre bout contre son estomach, il y a à côté de lui un panier où sont les racines bien gratées & bien lavées, il en prend une à chaque main, & la paſſe & repaſſe ſur la grage en l'y appuyant fortement, juſqu'à ce qu'il l'ait réduite en farine.

Après qu'on a gratté tout ce qu'on a arraché de racines, on prend la farine qui eſt dans le canot, & on la porte à la preſſe pour exprimer tout le ſuc dont elle eſt remplie. On regarde ce ſuc comme un poiſon, non ſeulement pour les hommes, mais auſſi pour les animaux qui en boivent ou qui mangent de ces racines avant que le ſuc en ſoit exprimé. Le Pere du Tertre & les autres qui ont parlé de ce ſuc diſent qu'il n'eſt pas un poiſon mal faiſant quoiqu'il cauſe la mort ; mais qu'ayant trop de ſubſtance, l'eſtomach des animaux ne le peut digerer, & qu'ils en ſont étouffez. Ce qui paroît en ce que les animaux qui en meurent n'ont point du tout les parties nobles alterées, mais ſeulement la poitrine enflée.

Les differentes experiences que j'ai faites de ce ſuc m'ont convaincu, qu'outre cette abondance de ſubſtance nourriſſante, une partie de ſa malignité conſiſte dans ſa froideur qui arrête la circulation du ſang, engourdit les eſprits, & cauſe enfin la mort ſans offenſer les

Franço̧iſes de l'Amerique. 383

1694.

Maniere de preſſer la farine.

Sentiment du Pere du Tertre ſur le Manioc.

parties nobles de l'animal : la raison sur laquelle je me fonde, est que le meilleur remede qu'on ait trouvé jusqu'à present pour sauver la vie aux animaux qui en ont bû, est d'exciter en eux de violens mouvemens en les faisant courir le plus vîte que l'on peut, les échauffant en leur faisant avaler de l'eau-de-vie la plus forte avec du Theriaque, après leur avoir fait avaler de l'huile pour les exciter à rejetter ce qu'ils ont pris, en un mot en réveillant les esprits, & mettant le sang en mouvement.

Sentiment de l'Auteur & le remede contre le suc de Manioc.

Le Pere du Tertre donne trois remedes pour empêcher le mauvais effet du suc de manioc. Le premier de faire boire de l'huile d'olive avec de l'eau tiede, cela excite au vomissement, & ne peut pas manquer de donner du soulagement.

Le second, est de boire quantité de jus d'ananas avec quelques goutes de jus de citron.

Je sçai que le suc d'ananas est fort incisif & fort froid aussi-bien que celui de citron, & c'est ce qui me fait douter de la bonté de ce remede, quoiqu'il le donne pour infaillible.

Le troisiéme est le suc de l'herbe aux couleuvres. Je parlerai de cette plante

plante dans un autre endroit. En attendant je dois dire qu'il ne me paroît aucun rapport entre les vertus de cette plante & le mal dont il s'agit. D'ailleurs le Pere du Tertre ne dit pas comment on doit l'employer, ce qui me fait croire qu'il ne l'a jamais vû mettre en usage. Les animaux qui s'accoûtument au manioc peu à peu, n'en reçoivent aucune incommodité, au contraire ils s'engraissent de même que nous voyons les Turcs ne recevoir aucune incommodité de l'opium, quoiqu'il s'en trouve qui en prennent plus qu'il n'en faudroit pour faire mourir deux ou trois autres personnes qui n'y seroient pas accoûtumées comme eux. Ce qui me fortifie dans ma pensée est que le suc perd toute sa malignité dès qu'on l'a mis sur le feu, ce qui ne peut provenir d'autre chose sinon que la chaleur a mis ses parties en mouvement. Nos Sauvages qui en mettent dans toutes leurs sauces n'en sont jamais incommodez parce qu'ils ne s'en servent jamais que quand il a boüilli.

On se sert de ce suc pour faire de l'amidon en le faisant dessécher au soleil, où il devient blanc comme la nége, pour lors on l'appelle Mouchache, comme qui diroit enfant de Manioc, car le mot

Mouchache qui est Espagnol, signifie un enfant. Ce suc a un petit goût aigre qui se perd à mesure qu'il vieillit. On se sert de la mouchache pour faire des gâteaux qui sont aussi délicats que s'ils étoient faits de la plus fine fleur de farine de froment. Si quelqu'un en veut voir j'ai de quoi contenter sa curiosité.

Il y a trois manieres de presser le manioc pour en exprimer le suc. Deux sont ordinaires aux Europeens, la troisiéme est particuliere aux Sauvages.

Premiere maniere de presser la farine.

La premiere, est de mettre la farine aussi-tôt qu'elle est gragée, dans un canot ou auge de bois, dont le fond & les côtez sont percez de trous de tarriere, dans laquelle on a étendu une natte de roseaux refendus afin d'envelopper la farine & l'empêcher de s'écouler par les trous de l'auge ; & quand l'auge est pleine, on remplie par dessus ce qui reste de la natte que l'on couvre avec une planche de la grandeur de l'ouverture du canot. On appuye pour l'ordinaire le canot contre un arbre ou du moins contre un poteau bien enfoncé en terre, où il y a une mortaise où l'on fait entrer le bout d'une piece de bois de huit à dix pieds de long, qui passe à angles droits

Françoises de l'Amerique. 387

sur le milieu du canot; on met sur la planche qui le couvre quelques morceaux de bois, afin que le bout de la piece de bois opposé à celui qui est dans la mortaise, soit beaucoup plus élevé. Ce bout est accommodé & élargi avec quelques petites planches qu'on y a clouées, qui le rendent propres à recevoir de grosses pierres dont on le charge, afin que par leur poids on fasse enfoncer la planche qui couvre le canot, & qu'ainsi on comprime la farine qui y est renfermée. Cette piece de bois ainsi chargée faisant l'effet d'un levier.

La farine demeure douze ou quinze heures à se décharger de son suc, & même beaucoup moins si l'instrument dont je viens de parler qu'on appelle une presse, est bien fait, & qu'on le puisse bien charger. On a soin de remuer une fois la farine pendant ce temps-là, afin qu'elle se presse également par tout, après quoi elle paroît comme une masse de pâte presque seche.

La seconde maniere, est de mettre le manioc gragé dans des sacs de grosse & forte toile que l'on met sous la presse sans se servir de canot, les separant les uns des autres par des planches. Cette maniere est plus expeditive,

Seconde maniere.

R ij

mais elle coûte trop, parce qu'elle consomme beaucoup de toille, qui est fort chere aux Isles, à moins que d'avoir des sacs de latanier, ou d'écorce de mahot, comme on en a dans les petites Isles où ces plantes sont en abondance, mais qui coûteroient autant que la toille si on les faisoit venir exprès de ces Isles-là.

Troisiéme maniere.

La maniere des Sauvages est de mettre leur manioc gragé dans une couleuvre de roseau refendu, ou de latanier, dont ils attachent un bout à une branche d'arbre, ou au faîte de leur carbet, & à l'autre ils y attachent une grosse pierre dont le poids tirant en bas la couleuvre la fait retreffir, & exprime tout le suc du manioc.

Description d'une couleuvre pour presser le Manioc.

La couleuvre est un cilindre de six à sept pieds de long quand il est vuide, & de quatre à cinq pouces de diamettre; il est composé de roseaux refendus, ou de latanier, nattés ou tressés à peu près comme seroient des bas de coton. On foule, on presse le manioc à mesure qu'on le fait entrer dans la couleuvre, ce qui augmente beaucoup son diamettre en même tems que sa longueur diminuë; mais le poids qu'on attache à son extrêmité la fait allonger en diminuant son diamettre, ce qui ne peut arriver qu'en comprimant ce qui est dedans, & en exprimant le suc. On peut se convaincre de cette experience par l'exemple d'un bas de chausse dont on augmenteroit considerablement le diamettre en l'emplissant de beaucoup de pâte ou d'autre matiere semblable, & dont on diminueroit en même tems la longueur, mais à qui on restitueroit toute sa longueur en diminuant son diamettre, si en le suspendant en l'air on attachoit un poids à son extrêmité, parce que la pesanteur du poids comprimeroit la matiere qui y seroit renfermée, & la réduiroit en un moindre volume.

C'est de la racine de manioc ainsi gragée & pressée, qu'on fait la cassave & la farine du manioc, qui servent de pain à presque toute l'Amerique.

Pour mettre cette farine en cassave, il faut avoir une platine de fer fondu, ronde, épaisse d'un bon demi pouce, & large d'environ deux pieds. On la pose sur un trépied ou sur des pierres, & on fait du feu dessous. Lors que la platine est échauffée à n'y pas pouvoir souffrir le doigt, on y met de ce manioc gragé & pressé que l'on a fait passer par un hebichet, c'est-à-dire par

Maniere de faire la Cassave.

une espece de crible fait de roseaux découpez, ou de queües de latanier dont les trous quarrez ont, environ deux lignes en tous sens, ce qui sert pour rompre les grumeaux dans lesquels la farine s'est réduite sous la presse, la purger de tous les morceaux qui n'auroient pas été bien gragez, & la subtiliser autant qu'il est necessaire. On met donc de cette farine ainsi passée environ l'épaisseur de trois doigts sur toute la platine; elle s'abaisse ou s'affaisse à mesure qu'elle cuit, toutes ses parties se prennent, se joignent, s'incorporent & se lient ensemble. Celui ou celle qui la travaille aide à procurer cette liaison & cette compression, en passant dessus & appuyant legerement une spatule de bois qu'il tient de la main droite. Quand il juge que le côté qui touche la platine est cuit, ce qu'on connoît à ce qu'il n'y est plus adherant, & que la couleur qui étoit au commencement fort blanche, devient rousse, il la tourne de l'autre côté, ce qu'il fait en passant la spatule toute entiere entre la platine & la cassave qu'il éleve assez pour y pouvoir passer la main gauche, & élevant ainsi la cassave toute entiere, il la fait retomber sur la platine, sur le côté qui n'a pas encore senti la chaleur. C'est en cette situation que la cassave acheve de se cuire ; quand elle est tirée de dessus la platine on l'expose au soleil pendant deux ou trois heures afin d'achever de dessecher l'humidité qui pourroit y être restée. La cassave ainsi cuite peut avoir trois à quatre lignes d'épaisseur dans ses bords, & un peu davantage dans son milieu, & peut peser deux livres quand elle a vingt-trois à vingt-quatre pouces de diametre. Le dedans demeure blanc comme la neige, & les deux côtez sont d'une couleur d'or pâle qui donne envie d'en manger. Elle peut se conserver sept ou huit mois, & même davantage, pourvû qu'on ait soin de la mettre dans un lieu sec, & de l'exposer quelquefois au soleil. J'en ai qui est faite depuis plus de quinze ans, & qui est aussi bonne que le premier jour & aussi tendre. C'est une très-bonne nourriture, de facile digestion qui ne charge point l'estomach, & que les Européens même aiment autant que le pain de froment, dés qu'ils y sont accoûtumez : il est vrai qu'elle paroît insipide au commencement, mais on s'y fait bien tôt, tout comme ceux qui n'ont jamais mangé de pain ou de ris cuit dans l'eau ne trouvent aucun goût ni à l'un ni à l'autre. La caſſave s'enfle à vûë d'œil quand on l'humecte avec du boüillon, ou qu'on la trempe ſimplement dans l'eau ; cela ſemble prouver qu'elle renferme beaucoup de ſubſtance.

Maniere de faire la farine de Manioc.

Lors qu'on veut conſerver en farine le manioc gragé & preſſé, ce qu'on fait dans toutes les habitations parce que cela eſt plus commode, ſoit pour le conſerver, ſoit pour le diſtribuer aux Negres, ſoit enfin pour le transporter d'un lieu à un autre, on doit avoir une poeſle de cuivre de trois à quatre pieds de diamettre, dont le fond ſoit plat, & les côtez ou bords de quatre à cinq pouces de hauteur ; on la monte ſur un fourneau de maçonnerie avec un bord de pierre de taille qui l'enchaſſe bien juſte, & qui augmente encore de cinq ou ſix pouces la hauteur du bord du cuivre. Quand la poeſle eſt un peu échauffée, on y met le manioc paſſé par l'hebichet, & la perſonne qui le travaille le remuë ſans ceſſe avec une eſpece de petit rabot de bois ſemblable à celui dont les maſſons ſe ſervent à Paris pour délayer la chaux & faire le mortier. Ce mouvement ſert à empêcher que la farine ne s'attache à la poeſle,

& ne se lie ensemble, de maniere qu'elle reste comme de gros sel roux quand elle est cuite, & bien seche. Cette maniere est bien plus expeditive que de faire de la cassave. Lors qu'elle est refroidie, on la met dans des bariques ou dans de grands coffres en maniere de soutes, où on la peut conserver les années entieres, pourvû qu'elle soit dans un lieu sec, ou qu'on la fasse passer par la poesle tous les six mois. On peut la manger toute seche comme on mangeroit du pain qui seroit émietté, ou comme les Turcs mangent leur ris quand il est cuit, & sans boüillon. Quand on l'humecte elle enfle extraordinairement, bien des gens prétendent qu'elle est plus nourrissante que la cassave. Je suis persuadé que c'est la même chose.

Une poesle de trois à quatre pieds de diamettre peut cuire trois barils de farine en dix ou douze heures, chaque baril contient cinquante pots mesure de Paris, & ces trois barils suffisent pour nourrir cinquante Negres pendant une semaine, en leur donnant à chacun trois pots, qui est tout ce qu'un homme peut manger. Ordinairement on n'employe à ce travail que deux Negresses, une qui soit forte parce que ce remuëment continuel pendant dix ou douze heures est rude & fatiguant, & une vieille ou quelque enfant de douze ou treize ans pour passer le manioc dans l'hebichet, ce qui est plûtôt un amusement qu'un travail.

Cōment les Caraïbes se servent du Manioc.

Les Sauvages ne font jamais de farine de manioc cuite, ils n'usent que de cassave qu'ils font cuire tous les jours, & souvent autant de fois qu'ils en ont besoin, parce qu'ils la mangent toute chaude, aussi est-elle en cet état plus délicate & plus apetissante.

Avant que les Européens leur eussent apporté des platines de fer, ils faisoient leur cassave sur de grandes pierres plates & minces qu'ils ajustoient pour cet usage en diminuant leur épaisseur. On trouve beaucoup de ces pierres au bord de la mer ; c'est une espece de grez ou de caillou couleur de fer, long pour l'ordinaire de deux à trois pieds, & ovale ; ils le faisoient chauffer pour en enlever plus facilement des éclats, & le réduire à la forme qu'ils lui vouloient donner. J'ai vû une de ces pierres en 1701. à la Caye saint Louis en l'Isle saint Domingue, chez un nommé Castras, Econome de l'habitation de la Compagnie de l'Isle à Vache. Elle

avoit vingt-deux pouces de longueur, 1694.
sur quatorze & demi de large, & trois
pouces d'épaisseur, elle étoit fort unie,
on auroit eu peine de la faire plus proprement avec des outils. Il l'avoit trouvée en faisant foüiller dans la terre,
avec quelques poteries & des figures
ou marmouzets de terre que l'on sup-
posoit être les Idoles des Indiens qui
habitoient cette Isle quand les Espagnols la découvrirent.

Les Sauvages qui n'avoient pas de *Instru-*
grages de cuivre avant l'arrivée des *ment des*
Européens, se servoient d'une planche *Caraïbes*
de racines ou de cuisses d'arbres, dans *pour gra-*
laquelle ils fichoient de petits éclats de *Manioc.*
cailloux fort aigus pour grager leur
manioc. Ils s'en servent encore à present quand les grages de cuivre leur
manquent.

Outre ces trois manieres ci-dessus d'ô- *Deux au-*
ter la mauvaise qualité du manioc en ex- *tres ma-*
primant son suc, il y en a deux autres *d'expri-*
que les Negres Marons pratiquent quand *mer le*
ils sont retirez dans les bois & autres *Manioc.*
lieux où ils se refugient. La premiere,
c'est de le couper par morceaux & de le
mettre tremper dans l'eau courante des
rivieres ou des ravines pendant sept ou
huit heures. Le mouvement de l'eau ou

R vj

vre les pores de la racine, & entraîne ce trop de substance. La seconde maniere est de le mettre cuire tout entier sous la braise. L'action du feu met ses parties en mouvement, & on le mange comme on fait des chataignes ou des patates sans aucune crainte.

Il y a une espece de manioc qui est exempt de cette qualité dangereuse. On appelle Camanioc, comme qui diroit, le chef de Maniocs. En effet, son bois, ses feüilles & ses racines sont plus grandes & plus grosses que les autres maniocs, on le mange sans danger & sans aucune précaution. Mais comme il est beaucoup plus long-tems à croître & à meurir, & que ses racines rendent beaucoup moins de farine parce qu'elles sont plus legeres & plus spongieuses que les autres, on le néglige, & peu de gens en plantent.

Les petits morceaux de manioc qui ont échappé à la grage, les grumeaux qui n'ont pû passer au travers de l'hebichet, & generalement tous les restes qu'on appelle les passures, ne sont pas inutiles ; on les fait bien secher dans la poesle après qu'on a achevé de faire la farine, & ensuite on les pile dans un mortier pour les réduire en une farine très-blanche dont on fait de la bouillie.

On s'en sert encore pour faire une espece de grosse cassave épaisse de trois ou quatre doigts, qu'on fait cuire jusqu'à ce qu'elle soit presque brûlée, dont on se sert pour faire une boisson, appellée Ouycou, dont je vais parler.

CHAPITRE XVII.

Des Boissons ordinaires des Isles.

APrès que nous avons parlé du pain du pays, il me paroît très juste de dire un mot des boissons dont on use communément.

L'Ouycou est la plus ordinaire dont usent ceux qui n'ont point de vin. Les Européens ont appris des Sauvages à la faire. On se sert pour cela de grands vases de terre grise que l'on fait dans le pays. Les Sauvages, & à leur imitation les Européens les appellent Canaris ; nom generique qui s'étend à tous les vaisseaux de terre grands & petits, & à quelque usage qu'ils soient destinez. Il y en a qui contiennent depuis une pinte jusqu'à soixante & quatre-

Canaris, vaisseaux de terre.

vingt pots. On se sert de ces grands pour faire le Ouycou, on les remplit d'eau jusqu'à cinq ou six pouces près du bord; on y jette deux de ces grosses cassaves rompuës, avec une douzaine de certaines pommes de terre, appellées patates, coupées par quartier, trois ou quatre pots de gros sirop de cannes, ou quand on en manque, une douzaine de cannes bien meures coupées en morceaux & écrasées avec autant de bananes bien meures & bien écrasées. Je donnerai dans un autre lieu la description des patates & des bananes. Tout ce mélange étant fait, on bouche bien l'ouverture du Canaris, & on le laisse fermenter durant deux ou trois jours, au bout desquels on leve le marc qui est venu au dessus & qui a formé une croute ; on se sert pour cela d'une écumoire ou d'une piece de calebasse d'arbre, dans laquelle on a fait de petits trous avec un fer chaud. La liqueur qui est dans les Canaris ressemble pour lors à de la bierre ; elle est rougeâtre, forte, nourissante, rafraichissante, & elle enyvre aisément. Nos François s'y accoutûment aussi facilement qu'à la bierre.

C'est la boisson favorite de nos Sauvages : ils en font qui est terriblement

Ouycou, boisson de l'Amerique, & comment elle se fait.

forte, sur tout quand ils veulent faire quelque festin ; c'est avec cela qu'ils s'enyvrent, & que se souvenant alors de leurs vieilles querelles, ils se massacrent. Les habitans, les ouvriers & autres qui n'ont pas de vin à leur repas, n'ont point d'autre boisson que du Ouycou, après quoi ils prennent un coup d'eau-de-vie de cannes, qu'on appelle Guildive ou Taffia.

Le Maby est une autre boisson, qui n'est gueres moins en usage que l'Ouycou. Elle se fait de cette maniere ; on met dans un canaris vingt ou trente pot d'eau avec deux pots de sirop clarifié, une douzaine de patates rouges, & autant d'oranges sures coupées par quartiers. Cette liqueur se fermente en moins de trente heures, & fait un vin clairet, aussi agreable que le meilleur poiré que l'on boive en Normandie. Il rafraichit extrêmement, du moins en apparence ; il est bien plus agreable pour la couleur & le goût que l'Ouycou, mais il est plus malfaisant, car outre qu'il enyvre plus facilement, il est venteux & donne la colique pour peu qu'on en fasse d'excès.

Maby, autre espece de boisson.

Les Negres des sucreries font une boisson qu'ils appellent de la Grappe ;

Grappe, troisième

c'est du vefoul ou jus de cannes qu'ils prennent, dans la feconde chaudiere où il a été paffé par le drap, ou du moins bien écumé ; ils y mettent le jus de deux ou trois citrons, & le boivent tout chaud. Il eft certain que cela eft parfaitement bon pour la poitrine, cela les foutient, & les defaltere, & leur fait le même effet que feroit un boüillon bien fucculent, à des perfonnes qui font accoutumez d'en prendre. J'ai bû affez fouvent de cette Grappe, & je m'en fuis toûjours bien trouvé.

Le Ouycou & le Maby font les boiffons les plus ordinaires, & dont la plus grande partie des habitans fe fervent dans les repas. Celles dont je vais parler ne fe font que pour le plaifir & peu fouvent.

Les pommes d'Acajou étant pilées, on en exprime le jus que l'on laiffe boüillir pendant deux jours dans un vaiffeau de terre ou de fayance bien propre. Il s'éclaircit & devient un petit vin clairet, agréable & piquant, qui donne furieufement à la tête.

Le fuc ou le jus des Ananas étant bien fermenté pendant une couple de jours, produit un vin des plus agreables. La couleur en eft belle ; il a une odeur ad-

Tome 1. page 401.

mirable, un goût délicieux : il rafraichit beaucoup au sentiment de ceux qui le boivent, il semble même les desalterer, mais il est terriblement fumeux ; il enyvre bien vîte, & il faut se donner bien de garde d'en faire excès ; car quoiqu'il ait fermenté, il ne quitte jamais une qualité caustique & mordicante, qui est si naturelle à son fruit, que si on laissoit le couteau dont on s'est servi pour le couper pendant quelques heures sans le bien essuyer, on trouveroit la lame du couteau toute rongée, comme si on y avoit mis de l'eau-forte.

Description de l'Ananas.

L'Ananas est cependant un des plus beaux fruits du monde, son goût & son odeur répondent à sa beauté. Il ressemble à une pomme de Pin, & c'est pour cela que les Espagnols l'appellent *Pinas*. Sa tête est couverte d'un bouquet de petites feuilles de même espece que celles de la tige qui l'a porté, mais plus petites & plus délicates. Celles qui sont dans le centre sont rouges, elles semblent former une couronne sur le fruit. Quand on coupe cette couronne & qu'on la met en terre, elle porte du fruit au bout de trois ans. Ce fruit vient sur une tige toute semblable à celle de l'artichaut, excepté que les feuilles ne font pas découpées dans leur longueur, mais tout d'une piece, longues, assez étroites, & garnies de pointes tout le long de leurs bords, & terminées par une pointe. Le dedans du fruit est composé d'une infinité de petites fibres très tendres, environnées d'une chair jaune ou blanche, selon l'espece du fruit, très-délicate, pleine d'un suc exquis. Je ne sçaurois mieux en representer le goût, qu'en disant qu'il tient du raisin muscat, de la pesche & de la poire de Boncrétien. Il y en a de plusieurs especes, la plus commune est de dix à douze pouces de hauteur sur six à sept de diametre. Il y en a dont la forme est pointuë comme un pain de sucre, on les appelle Ananas au pain de sucre. La troisiéme espece est l'Ananas de pite, il est le plus petit, mais le meilleur. Ces fruits de quelques especes qu'ils soient, sont très-délicats. Le premier a la chair blanche, les autres l'ont tirant un peu sur le jaune. On connoît qu'il est mur quand son écorce qui étoit verte commence à jaunir; on le mange crud; après l'avoir pelé on le coupe par tranches. Quand on le mange de cette façon, il fait souvent saigner les gen-

Differentes especes d'Ananas.

cives, sur tout s'il n'est pas tout à fait 1694.
meur. Ceux qui veulent éviter cet accident & n'avoir rien à craindre de sa qualité caustique, le coupent par tranches & le mettent pendant une heure dans un plat avec du vin & du sucre. On boit ce vin après avoir mangé le fruit ; il est extrêmement agréable, il semble qu'il nettoye & rejoüit le cœur.

Ananas confits.

On confit ce fruit tout entier avec sa couronne, & on en envoye quantité en Europe. Cela fait un très-bel effet pour terminer une piramide de confitures seches, mais son goût & son odeur restent en Amerique, car comme l'un & l'autre se trouve dans son suc, ce suc ne peut être alteré par le feu & par le sucre sans se dissiper & se perdre presque entierement. J'en ai apporté en France que j'avois fait faire à la Martinique avec tout le soin possible, mais qui ne me paroissoient plus que comme de la filasse sucrée, en comparaison de ce qu'ils étoient avant qu'ils fussent confits.

Remarque sur l'Ananas & sur son suc

Quand cette plante est dans une bonne terre, outre l'Ananas principal qu'elle porte sur sa maitresse tige, elle fait de petits rejettons bien plus petits à la verité que le principal, mais qui ne

1694. laissent pas de meurir. Le plus sûr est de les arracher en déchirant un peu la tige & de les mettre en terre ; ils reprennent aisément, grossissent & viennent en perfection en dix ou douze mois, au lieu que la couronne étant plantée ne porte du fruit qu'au bout de trois ans. La bonté de ce fruit ne doit pas empêcher d'user de précaution quand on le mange crud ; car puisqu'il fait saigner les gencives, & que son suc corrode le fer & l'acier à peu près comme l'eau-forte, on doit craindre qu'il ne produise les mêmes effets, quand il est mangé ; c'est la pensée de bien des gens : je n'ai pourtant rien éprouvé de semblable, quoique j'en aye mangé assez souvent de cette maniere ; je croi que le ferment qui aide ou qui fait la digestion des alimens émousse les acides répandus dans le suc de ce fruit, ou que la chaleur naturelle fait sur lui le même effet que le vin dans lequel on le met tremper comme j'ai remarqué cy devant.

Eau-de-vie de cannes estimée des Espagnols. L'eau-de-vie que l'on fait aux Isles avec les écumes & les sirops du sucre, n'est pas une des boissons la moins en usage, on l'appelle Guildine ou Taffia. Les Sauvages, les Negres, les petits habitans & les gens de métier n'en cherchent point d'autre, & leur intemperance fur cet article ne se peut dire; il leur fuffit que cette liqueur foit forte, violente & à bon marché; il leur importe peu qu'elle foit rude & defagreable. J'en parlerai amplement dans un autre endroit. On en porte quantité aux Espagnols de la côte de Carac, de Cartagene, des Hondures & des grandes Ifles; ils n'y mettent aucune différence d'avec celle qui est faite de vin, pourvû qu'elle foit dans des bouteilles de verre d'Angleterre bien bouchées & liées avec du fil d'archal, ou dans des cannevettes d'Hollande de dix ou douze flacons. Les Anglois en confomment aussi beaucoup, & ne font pas plus délicats que les Espagnols; ils ont inventé deux ou trois fortes de liqueurs, dont l'ufage & l'abus font passez chez nos François, toûjours très-ardens imitateurs de ce qu'ils voyent de mauvais chez nos Voifins.

La premiere s'appelle Sang-gris; elle est compofée de vin de Madere que l'on met dans une jatte de criftal ou de fayance avec du fucre, du jus de citron, un peu de canelle & de gérofle en poudre, beaucoup de mufcade & une crou-

Sang-gris, boiffon venuë des Anglois.

te de pain rotie, & même un peu brûlée. Lorsqu'on juge que la liqueur a pris le goût des choses qu'on y a mises, on la passe par un linge fin. Rien n'est plus agreable, le goût de citron la fait paroître rafraichissante, & ceux qui l'ont inventée le prétendent aussi ; mais il est aisé de voir par ce qui entre dans sa composition qu'elle est très-chaude, & qu'elle donne aisément à la tête.

Limonade à l'Angloise.

La seconde est la Limonade à l'Angloise. Elle se fait avec du vin de Canarie, dans lequel on met du sucre, du jus de citron, de la canelle, de la muscade, du gérofle & un peu d'essence d'ambre. Cette boisson est aussi délicieuse qu'elle est dangereuse.

Histoire sur ce sujet.

Me trouvant un jour à la campagne avec un de mes amis, j'entrai dans une maison où l'on avoit fait de cette Limonade, que l'on avoit fait rafraichir avec soin. On ne manqua pas de nous en presenter ; après que nous eûmes bû, je demandai à mon ami, qui ne connoissoit point cette liqueur, ce qu'il pensoit de cette Limonade, il me répondit qu'il avoit si grand soif, qu'il n'avoit pas goûté ce qu'on lui avoit presenté. On lui en porta sur le champ un autre verre qu'il but avec plaisir &

qu'il trouva admirable ; quelques momens après on lui en presenta un troisiéme qu'il prit encore, mais comme je vis que cela pouvoit continuer & avoir des suites, je pris congé de la compagnie, & nous montâmes à cheval. Ce ne fut pas sans peine que je le conduisis jusques chez moi, je le fis coucher ; il dormit sept ou huit heures, & se réveilla enfin avec un mal de tête épouvantable. Je ne croi pas qu'il lui ait jamais pris envie de se rafraichir avec de pareille Limonade.

La troisiéme boisson des Anglois est la Ponche, c'est leur boisson favorite ; elle est composée de deux parties d'eau-de-vie sur une d'eau. On y met les mêmes ingrédiens que dans le Sang-gris, excepté le citron, à la place duquel on met des jaunes d'œufs qui la rendent épaisse comme du broüet. Ils prétendent que c'est une chose excellente pour la poitrine & fort nourrissante. Souvent au lieu d'eau on y met du lait, & c'est la plus estimée. Comme il n'est pas permis de juger des goûts, chacun pourra porter tel jugement qu'il voudra de ce salmigondis. *Ponche, troisiéme espece de boisson Angloise.*

Quand les Sauvages veulent faire quelque voyage hors de leurs Isles, ils *Précaution des Caraïbes* font provision d'une pâte de bananes, qui dans le besoin leur sert de nourriture & de boisson. Pour cet effet ils prennent des bananes bien meures qu'ils écrasent & mettent en pâte, qu'ils font passer au travers d'un hebichet fin, à peu près comme les Apotiquaires passent la casse, après quoi ils en font de petits pains qu'ils font secher au soleil ou dans les cendres chaudes, après les avoir envelopez dans des feuilles de basilier. Lorsqu'ils veulent se servir de cette pâte, ils la délayent dans de l'eau, ce qui se fait très-facilement. Elle épaissit l'eau, & lui donne une petite pointe d'aigreur agréable qui réjoüit, qui defaltere beaucoup, & qui nourit en même tems.

Le Dimanche 23. Mai on m'écrivit du Fort Saint Pierre que Monsieur de la Heronniere, cet obligeant Capitaine, dans le vaisseau duquel j'étois venu de France, étoit attaqué du mal de Siam & fort en danger. Les obligations que je lui avois ne me permettoient pas de demeurer indifferent dans cette occasion; je résolus de l'aller voir & lui offrir mes services; je choisis deux douzaines de chapons & de poüardes

pour

pour lui en faire present ; je les fis porter chez Monsieur Michel où j'allai coucher, afin de profiter de son canot qui devoit aller le lendemain à la Basse-terre, par le retour duquel je devois faire apporter quelques meubles pour ma maison.

Je partis le Lundi trois heures avant le jour. J'arrivai de bonne heure au Fort Saint Pierre, & j'allai aussi-tôt chez Monsieur de la Heronniere. Je le trouvai encore fort mal, mais hors de danger, parce qu'il avoit eu une crise qui avoit décidé de son sort. Je demeurai plus d'une heure avec lui, après quoi j'allai au Couvent. Le Superieur ayant sçû d'où je venois me fit une grosse réprimande, & me blâma fort de m'être ainsi exposé à gagner cette maladie ; je le remerciai du soin qu'il prenoit de ma santé, & je l'assurai que je n'avois aucune crainte de ce mal, que ce n'étoit pas le premier malade que j'eusse vû, puisque j'en avois déja enterré dans ma Paroisse qui étoient morts de cette maladie, que j'avois assistez, & à qui j'avois administré les Sacremens. Il ne laissa pas de me donner une fiole d'Elixir de proprieté, & me dit de m'en froter les temples & les na-

1694.

Remarque sur la maladie de Siam.

rines avant d'entrer chez les malades, & même d'en prendre quelques goutes dans du vin, quand je le pourrois faire. Je lui promis tout ce qu'il voulut, & je l'oubliai aussi-tôt, car je n'ai jamais ajoûté beaucoup de foy aux remedes; & j'ai remarqué que ceux de nos Religieux qui ont été le plus sur leur garde, & qui étoient toûjours chargez d'Essences, d'Elixirs & autres semblables babioles, ont été les premiers attaquez, & la plûpart en ont été emportez.

Je trouvai deux de nos Peres qui venoient d'arriver de France. L'un étoit le Pere Charles que nous avions laissé malade à la Rochelle, qui mourut bien-tôt après; l'autre le Pere Deschanet qui avoit déja été aux Isles.

Je ne partis de la Basse-terre que le Mercredi après midi, dans un canot que Monsieur Michel avoit envoyé pour me prendre. Je vis tous les jours Monsieur de la Heronniere, dont la santé se rétablissoit à vûe d'œil. Il me remercia beaucoup des volailles que j'avois fait porter chez lui: Je le priai de venir prendre l'air chez moi dès qu'il seroit en état de pouvoir faire le voyage; il me le promit, mais ses affaires ne lui

permirent pas de me donner cette consolation.

J'arrivai si tard chez Monsieur Michel avec ces deux Religieux, que nous fûmes obligez d'y coucher ; le lendemain je m'en allai de grand matin dire la Messe à mon Eglise. Monsieur Michel y conduisit mes deux Compagnons. J'envoyai avertir le Pere Breton de leur arrivée, & le prier de venir leur tenir compagnie à dîner & à souper, aussi-bien que Monsieur Michel & Monsieur du Roy mon voisin. Je fus les conduire le Vendredi jusqu'à la Basse-pointe, où le Pere Breton nous donna à dîner; ils continuerent ensuite leur voyage jusqu'au Fond Saint Jacques sur des chevaux que je leur fis prêter.

Le Samedi veille de la Pentecôte, après les cérémonies ordinaires du jour, je baptisai dix-neuf Negres adultes de ma Paroisse, & presqu'autant que le Pere Breton m'envoya de la sienne.

Le Dimanche 30. Mai jour de la Pentecôte, je fis communier tous les enfans qui avoient fait leur premiere Communion à Pâques. Je retins à dîner chez moi dix ou douze des principaux du quartier, & ainsi j'eus du monde pour assister à Vêpres. Monsieur du

Roy nous donna à souper. Depuis qu'il étoit revenu sur son habitation, nous soupions tous les jours ensemble, un jour chez lui & un jour chez moi. Je pris ce moyen comme le plus propre pour m'insinuer dans son esprit, & le faire revenir peu à peu de la prévention où il étoit né, & où il avoit été élevé contre la Religion & ses Ministres. J'étois édifié de son exactitude à obliger ses esclaves à assister aux Prieres, à la Messe, au Catéchisme ; il les exhortoit souvent à s'approcher des Sacremens, & son habitation étoit sans contredit une des mieux reglées de toute ma Paroisse. Je la proposois fort souvent pour exemple aux autres, il venoit lui-même très-régulierement à la Prédication ; il assistoit aux Catéchismes que je faisois aux enfans ; & quand nous étions ensemble il me proposoit ses doutes que je lui éclaircissois autant que ma capacité le pouvoit permettre. Avec toutes ces bonnes dispositions, je n'ai pû avoir le plaisir de le voir Catholique ; il est vrai qu'il m'avoüoit quelquefois qu'il étoit ébranlé, qu'il entrevoyoit la verité, & qu'il esperoit que Dieu la lui découvriroit avant sa mort ; il n'a point été trompé, il me témoigna qu'il vouloit retourner en 1694. Languedoc & achever ses jours avec le reste de sa famille; il traitta de son habitation avec les sieurs Huc & Maraud, & étant arrivé à Bordeaux il tomba malade. Dès qu'il se sentit mal, il envoya chercher le Curé de la Paroisse, fit entre ses mains une nouvelle abjuration, se reconcilia à l'Eglise, reçût tous les Sacremens, & mourut avec les sentimens d'un veritable Enfant de l'Eglise. Ses amis qui sçavoient quelle part je prenois à tout ce qui le regardoit, me manderent sa mort & sa conversion : si j'appris la premiere de ces nouvelles avec douleur, la seconde me donna une joye infinie.

CHAPITRE XVIII.

Des Scorpions, Serpens, Vers de Palmistes; du bois à ennyvrer; des differentes especes de Palmistes & de leurs Choux.

LE Mercredi 2. Juin les Charpentiers démolirent la vieille Eglise, pour employer les materiaux à l'agrandissement qu'on avoit projetté à une

1694.
La piqueure du Scorpió n'est point dangereuse aux Isles.

maison, un d'eux fut piqué par un Scorpion ; cela me fit peur, parce que je croyois qu'ils étoient aussi dangereux aux Isles qu'ils le sont en Europe, mais on m'assura le contraire, & j'en vis l'experience, car le bras du charpentier qui avoit été piqué n'enfla pas tant que s'il avoit été piqué d'une Guespe ; on se contenta d'y mettre une compresse avec de l'eau-de-vie, cela ne l'empêcha point du tout de travailler ; il m'assura que la douleur qu'il sentoit étoit fort médiocre, & le soir il me fit voir son bras tout à fait desenflé & sans douleur.

Ce fut dans la même semaine qu'on trouva un Serpent de six à sept pieds de long dans mon poulaillier ; mon Negre y étant entré au point du jour pour tafter les poules, en vit une qui étoit morte avec les aîles étenduës, & remarqua qu'il manquoit quelques poulets ; il vint aussi-tôt m'en avertir, ajoutant qu'infailliblement il y avoit un Serpent dans le poulaillier, parce que les volailles en étoient sorties toutes épouventées, & avec un empressement qui ne leur étoit pas ordinaire. Quand le soleil fut levé on vit le Serpent qui étoit louvé, c'est-à-dire, plié & roulé en un

coin avec la tête levée. Je le faluai d'un coup de fufil qui lui mit la tête en morceaux, après quoi mon Negre le tira dans la cour, je lui fis ouvrir le ventre, on y trouva quatre petits poulets qu'il avoit avalez. Ces oifeaux fe fentant piquez ouvrent les ailes en expirant, & fe roidiffent en cette fituation, de forte qu'il feroit impoffible au Serpent de les avaller, s'il attendoit qu'ils fe fuffent refroidis en cet état. Les poulets qui étoient tous jeunes & prefque fans force, n'avoient pû faire la même chofe. Le Serpent ne mâche ni ne coupe point ce qu'il mange, il l'avalle tout entier, s'il peut en venir à bout. Quand il a tué un animal avec fon venin, il le prend par la tête & le fucce jufqu'à ce qu'il l'ait englouti. Il ne paroît pas qu'il digere ce qu'il a dans le ventre, il y demeure tant qu'il fe foit entierement corrompu & putrifié, & pendant ce tems-là le Serpent refte endormi.

On eut toutes les peines du monde le foir à faire rentrer les volailles dans le poulaillier, elles venoient jufqu'à la porte, regardoient dedans, & puis fe retiroient toutes effrayées, comme fi elles euffent encore vû le Serpent qui y avoit été la nuit précédente: Je ne pou-

Remarque fur les Serpens.

vois comprendre par où cette bête étoit entrée, eu égard à sa grosseur, car elle étoit grosse comme le bas de la jambe. On soupçonna enfin qu'elle étoit entrée par une petite ouverture qui se fermoit avec une planche où il y avoit une charniere. Cette ouverture servoit à faire entrer les volailles, les unes après les autres, quand on les compte le soir.

Quoique la tête fut toute brisée, mon Negre ne laissa pas d'achever de la couper & de l'enterrer fort avant en terre, de crainte que quelqu'un venant à marcher dessus, ne se picquât & ne se mit en danger d'y trouver encore du venin.

Graisse de Serpent admirable pour les douleurs froides.

Un de mes charpentiers tira la graisse qui étoit dans le corps du Serpent en assez bonne quantité, & m'enseigna à la conserver dans un flacon bien bouché, & m'assura qu'il n'y avoit rien de meilleur pour les douleurs froides, la siatique & autres semblables incommoditez; on la fait fondre sur une assiette, après quoi on y mesle de l'esprit de vin ou de bonne eau-de-vie; ensuite on frotte la partie affligée avec des linges chaux pour ouvrir les pores, & on l'oint avec cette graisse ainsi dissoute. J'ai éprouvé ce remede sur moi-même & sur d'autres, & toûjours avec un heureux succès. Cette graisse est blanche, ferme & n'a aucune mauvaise odeur; elle se conserve aussi sans se corrompre, sans qu'on y apporte aucune précaution.

Le Jeudi 10. Juin je portai le saint Sacrement en Procession autour de la savanne où l'Eglise est située ; la Compagnie d'Infanterie du quartier sous les armes marchoit à la tête, les Officiers & le drapeau étant en leurs postes, le tambour battant. Les habitans qui étoient dans la cavalerie marchoient autour du saint Sacrement. Nous trouvâmes trois Reposoirs très-propres. Quoique Monsieur du Roy ne fut pas Catholique, il ne laissa pas d'en faire faire un devant sa porte, fort bien éclairé, & de faire tirer des boëtes. Je fus fort satisfait de la devotion de mes Paroissiens qui communierent en grand nombre. Je donnai à dîner aux principaux. Après Vêpres j'allai souper chez Monsieur Michel, avec presque tous ceux qui avoient dîné chez moi ; nous y couchâmes.

Le lendemain nous fîmes ennyvrer la grande riviere, à près de mille pas au dessus de son embouchure. Nous y prîmes quantité de beaux poissons, &

1694.

Bois qui qui sert à ennyvrer les poissons dans les rivieres.

sur tout de très-grosses Anguilles. On se sert pour ennyvrer les rivieres des racines & des feuilles d'un arbre qui n'a point d'autre nom que celui de bois à ennyvrer. Je n'en ai point vû qui passât dix pieds de hauteur ; ordinairement il n'en a que six. C'est un bois mal fait & tors, quoiqu'il soit assez dur ; il n'est bon qu'à brusler, encore les Negres ne veulent-ils pas s'en servir à cause de la qualité qu'il a d'ennyvrer les poissons. Son écorce est rude, brune & épaisse ; il est assez branchu, & fort chargé de feuilles approchantes pour la figure de celles des pois communs ; elles tiennent trois à trois attachées à la même queuë ; elles sont épaisses, cottonnées & d'un verd foncé. On prend l'écorce de ses racines, qui est fort épaisse, & même celle du tronc & des branches ; on la pile avec les feuilles, & la mesle avec de la chaux vive. Pendant qu'on est occupé à piler ces drogues, on barre le lit de la riviere en divers endroits avec des pierres & des broussailles, & on jette cette composition dans la riviere trois ou quatre cens pas au dessus du premier endroit que l'on a barré. Tout le poisson qui se trouve dans cet espace boit cette eau, s'ennyvre, vient sur l'eau, se jette à terre, heurte contre les pierres & vient s'arrêter à la barre, en faisant des sauts, des gambades & des postures comme des gens qui sont yvres. Les Anguilles sont plus difficiles à ennyvrer que les autres ; nous ne laissâmes pas d'en prendre beaucoup & de très grosses ; elles sont fort grasses & fort délicates. Nous mangeâmes nôtre pêche sur le bord de la riviere, où nous dinâmes ; c'est une partie de plaisir qu'on fait assez souvent dans les Isles, & qui a ses agrémens.

On me fit manger des vers de Palmistes. C'est un insecte qui se produit dans le cœur de cet arbre, quand il est abatu. Ces vers sont de la grosseur du doigt, & d'environ deux pouces de longueur : je ne puis mieux les comparer qu'à un pelotton de graisse de chapon, enveloppé dans une pellicule fort tendre & fort transparente. On ne remarque dans le corps de l'animal aucune partie noble, ni entrailles, ni intestins, du moins à la vûë, car on voit autre chose avec une loupe de cristal, quand on a fendu l'animal en deux parties ; la tête est noire & attachée au corps, sans aucune distinction de col.

La maniere de les apprêter est de les

Vers de Palmiste, maniere de les apprêter.

enfiler dans une brochette de bois pour les tourner devant le feu : quand ils commencent à s'échauffer, on les saupoudre avec de la croute de pain rapée, mêlée avec du sel, un peu de poivre & de muscade ; cette poudre retient toute la graisse qui s'y imbibe ; quand ils sont cuits on les sert avec un jus d'orange ou de citron. C'est un très-bon manger & très-délicat ; quand on a une fois vaincu la répugnance qu'on a pour l'ordinaire de manger des vers, sur tout quand on les a vûs vivans. Il y a encore une autre maniere de les accommoder, c'est de les mettre dans une casserole ou dans un petit canaris avec du vin, des épiceries, un bouquet d'herbes fines, quelques feuilles de bois d'Inde, & des écorces d'orange.

Huile de vers de Palmiste. Quand on expose ces vers quelque tems au soleil, ils rendent une huile qui est admirable pour les douleurs froides, & sur tout pour les hémoroïdes. Il faut en oindre la partie malade, & appliquer dessus un linge chaud, observant de ne jamais chauffer l'huile, parce que le feu dissipe ses esprits & les fait évaporer.

Le Palmiste franc. Le Palmiste est un arbre fort commun dans toute l'Amerique ; il vient droit comme une fleche, & haut aſſez ſouvent de plus de trente pieds, n'ayant qu'une racine de médiocre groſſeur, qui s'enfonce en terre, qui ne ſeroit pas capable de le ſoûtenir ſi elle n'étoit pas aidée par une infinité d'autres petites racines rondes, ſouples, entremêlées les unes dans les autres qui font une groſſe motte autour du pied de l'arbre à ras de terre, qui le ſoûtiennent merveilleuſement, & aident à lui fournir la nourriture neceſſaire. Ses feüilles ou ſes branches viennent comme une gerbe à ſa cime, & le couronnent; elles ſont longues de ſept à huit pieds, & même plus; il eſt difficile de décider ſi on les doit appeller branches ou feüilles : car ce ſont de longues côtes, des deux côtez deſquelles ſont attachées ces eſpeces de feüilles, longues d'un pied & demi, & larges d'environ deux pouces dans leur naiſſance, & qui diminuent à meſure qu'elles s'approchent de l'extrémité; elles n'ont qu'une nervûre dans leur milieu, elles ſont aſſez fortes & maniables, d'un verd clair au deſſus & plus pâle au deſſous. Cet arbre eſt de deux eſpeces, le franc qui eſt celui dont je viens de parler, & l'épineux ainſi appellé parce que

1694

Le Palmiſte épineux.

1694. son tronc & ses feüilles sont tout couverts d'épines. Le cœur ou la moële de cet arbre est jaunâtre, celle du palmiste franc est blanche, celui-ci ne porte aucun fruit ; l'épineux porte des bouquets de petites noix comme des chateignes qui sont remplies d'une substance blanche & oleagineuse, que les enfans mangent avec plaisir. J'en ai fait faire de l'huile qui étoit bonne à manger étant fraîche, mais qui devient rance en peu de tems ; elle est bonne à brûler. On employe ces arbres à trois sortes d'usages. On s'en sert pour se nourrir, pour se loger, & pour faire des cordes, des corbeilles, des nattes, des lits & autres necessitez d'un ménage.

Chou de Palmiste, & la maniere de l'apprêter.
Quand le palmiste est abbattu, on coupe sa tête à deux pieds ou deux pieds & demi au dessous de l'endroit où les feüilles prennent naissance, & après qu'on a ôté l'exterieur on trouve le cœur de l'arbre, ou pour mieux dire, des feüilles qui ne sont pas encore écloses, pliées comme une éventail, & serrées les unes contre les autres, blanches, tendres, délicates, & d'un goût approchant de celui des culs d'artichaux. On les appelle en cet état Choux Palmistes. On les met dans l'eau fraîche, & on les mange avec le poi-

vre & le sel comme les jeunes artichaux, 1694.
ou bien on les fait boüillir dans l'eau
avec du sel ; & après qu'ils sont égoûtez,
on les met dans une saulce blanche comme les cardons d'Espagne ou les cercifis avec de la muscade. On les accommode encore comme des bignets en les
trempant dans une pâte fine, & les passant à la poësle, avec l'huile ou le beure;
ou bien encore on les fait frire comme
du poisson, après les avoir passé par la
farine. On les met dans la soupe, ils
lui donnent un très bon goût ; enfin on
les mange en salade après qu'on a développé toutes les feüilles : de quelque
maniere qu'on s'en serve, elles sont
très-bonnes & très-délicates, c'est une
nourriture legere & de facile digestion,
de sorte qu'on la peut appeller une véritable manne pour le païs.

Lors que le palmiste est abattu, & qu'on n'a pas besoin de son tronc, on y fait avec la serpe ou la hache plusieurs entailles le long du tronc, afin que certaines grosses mouches qui produisent les vers dont je viens de parler, puissent entrer dans le cœur de l'arbre, en manger la moële, & y laisser leurs œufs qui s'éclosent & forment ces vers. Il faut avoir soin d'aller au

Cõment les vers naissent dans les palmistes.

bout de six semaines voir l'arbre qu'on a entaillé. On le fend dans toute sa longueur, & on trouve ces vers dans sa moële. Quand on néglige d'y aller environ ce tems-là, on ne trouve plus de vers, il faut qu'ils ayent changé de figure comme les vers à soye, & qu'ils soient devenus des mouches.

Je n'ai vû de ces vers qu'à la Martinique, quoiqu'il y ait des palmistes à choux dans toutes les autres Isles ; j'en ai fait entailler à la Guadeloupe pour tâcher d'y attirer des vers, mais je n'ai pû réussir. Il est vrai que je n'y ai point vû de cette espece de mouches.

Le Chou des palmistes épineux, est plus tendre & plus délicat que le blanc.

Les arbres qui portent les noix d'Indes que l'on appelle Cocos, & les dattiers, ont des choux. J'ai mangé des uns & des autres, ils sont fort bons, leur goût approche toûjours un peu de celui de leur fruit.

On se sert des Palmistes pour faire entierement une maison.

Le second usage auquel on employe les palmistes, est pour bâtir des maisons & les couvrir. Pour cet effet on coupe le tronc par tronçons de la longueur qu'on veut donner aux grandes & aux petites fourches que l'on met en terre d'une profondeur proportionnée à leur hauteur & à la qualité du terrein. On a 1694. soin d'en faire brûler la partie que l'on veut mettre en terre, parce qu'autrement elle se pouriroit bien-tôt. On le fend en deux pour faire les sablieres, les soles, le faîtage, & les chevrons, & en huit ou dix pour faire les lattes & la palissade qui regne autour de la maison, & qui lui sert de mur ou de planche. On attache toutes ces pieces avec des chevilles du même bois, après quoi on étend les cosses ou branches de toute leur longueur avec leurs feüilles sur les lattes; on les y attache avec les mêmes feüilles, & ensuite on tresse ou natte les feüilles d'un côté d'une cosse avec celle d'une cosse qui est auprès d'elle; on les met ainsi par étage les unes sur les autres jusqu'au faite, où on les plie les unes sur les autres. Cette espece de couverture est bien meilleure que celle que l'on fait avec des têtes de cannes ou de roseaux, & peut durer huit ou dix ans. Les pieces de palmistes dont on se sert pour palissader le tour de la maison, après avoir été coupées de la hauteur necessaire, c'est-à-dire depuis la sole jusqu'à la sabliere, doivent être fenduës en sept ou huit parties selon la grosseur de l'arbre, pour en faire comme de petites douves de quatre, cinq ou six pouces de large, on dole le dedans qui est mol, & on laisse le dessus qui est dur. On arrange ces douves les unes auprès des autres le plus serré que l'on peut, on en met quelques unes plus longues que les autres en travers pour soûtenir celles qui sont debout, que l'on cheville dans les poteaux comme on clouë les autres sur les soles & les sablieres. La plûpart des maisons, jusqu'aux magasins, l'hôpital & même l'Eglise du Cap François de S. Domingue, étoient bâtis de cette maniere en 1701. comme je le dirai en son lieu.

Troisiéme usage qu'on fait du Palmiste.

Le troisiéme usage qu'on fait du palmiste, est d'employer le dedans qui est comme un tissu de gros filets & assez durs à faire de l'étoupe pour calfater, & même des cordages ; on le bat bien pour dépoüiller les filets & les rendre plus souples & plus maniables. Nos Flibustiers & nos Forbans qui ont couru la mer du Sud & d'autres lieux aux environs des deux Ameriques, entendent à merveille ce travail. On se sert des feüilles pour faire des corbeilles, des balais, des hamacs en forme de rets, des nattes, des sacs, & mille autres ustenciles de ménage. On les passe auparavant sur le feu pour les amortir, & suivant l'ouvrage qu'on veut faire, on les tille. Les Sauvages sont fort adroits pour tous ces ouvrages.

Outre ces deux especes de palmistes, il y a deux autres arbres à qui on donne le même nom, du moins à la Martinique. Ce sont deux arbres excellens pour les bâtimens ; ils viennent très-grands, très-gros & très-forts. Il a plû à nos ouvriers de les distinguer en mâle & femelle : en effet, on remarque quelque difference dans la couleur de leur bois, le mâle est assez rouge, on l'appelle aussi Angelin. La femelle est plus blanche & conserve son nom. Je parlerai de ces deux arbres dans un autre endroit.

Grenoüilles ou Crapauds de la Martinique ; leur chasse.

On trouve à la Martinique & en quelques autres Isles, les plus belles Grenoüilles du monde, on les appelle Crapauds parce qu'elles sont vêtues comme les crapauds d'Europe, c'est-à-dire de gris avec des taches ou rayes jaunes & noires ; elles ne se tiennent pas dans l'eau, mais dans les bois où elles croassent très-fort, sur tout la nuit. J'en ai vû dont le corps avoit plus d'un pied de long, sans compter les cuisses qui étoient grosses & fort charnuës; leur chair est blanche, tendre & délicate, on ne jette que la tête, tout le reste est fort charnu; on les accommode comme une fricassée de poulets; & ceux qui arrivent aux Isles y sont souvent trompez, s'imaginant qu'on leur sert de la viande, quand on leur donne une fricassée de grenoüilles ou de lezards. Les Negres vont la nuit à cette chasse dans les bois avec des flambeaux de bagaces, c'est à-dire de cannes seches après qu'elles ont passé au moulin, ou de bois de chandelle. Ils imitent le croassement des grenoüilles auquel elles ne manquent pas de répondre, & de s'approcher de la lumiere du flambeau. Quand elles sont à portée, le chasseur leur donne un coup de bâton sur le corps qui les empêche d'aller plus loin. Comme les Negres sçavoient que j'aimois cette viande, & que je les payois bien, ils m'en apportoient souvent. Les Serpens & les Couleuvres leur font une guerre continuelle, aussi bien qu'aux Rats & aux Piloris; ces derniers sont une espece de rats de bois deux ou trois fois plus gros que les rats ordinaires; ils sont presque blancs, leur queüe est fort courte, & ils sentent le musc

Piloris, espece de Rats de bois.

extraordinairement. Les Negres les cherchent & les mangent avec plaisir, car ils sont gras; mais ils sont obligez de les faire boüillir en grande eau, avec des feüilles & des oranges coupées par quartiers pour leur ôter cette odeur qui est si forte qu'elle fait mal à la tête, leur peau étant seche la garde encore.

Etant un jour dans le bois, j'entendis une grenoüille qui crioit de toutes ses forces; les Negres que j'avois avec moi me dirent qu'assûrement elle étoit poursuivie par un serpent. Comme la voix & le bruit que ces animaux faisoient sur les broussailles s'approchoit toûjours de nous, je préparai mon fusil pour tuer le serpent; mais nous reconnûmes un instant après que c'étoit une couleuvre qui poursuivoit la grenoüille, qui la prit à six ou sept pas de nous. Je n'eus garde de tirer sur la couleuvre, outre qu'elle n'a point de venin, elle est ennemie du serpent, lui fait la guerre, & le mange, & pour cette raison on ne lui fait jamais de mal. Pour peu qu'on soit fait au pays on distingue aisément la couleuvre d'avec le serpent, parce que la couleuvre a la tête longue & ronde comme une anguille, & que le serpent l'a plate,

Difference du Serpent & de la Couleuvre.

& presque triangulaire. C'est une erreur de croire que ces animaux frayent quelquefois ensemble, cela n'arrive jamais. Quand ils frayent chacun dans son espece, ils se lient & s'entrelassent ensemble comme un cable ; ils sont dangereux dans cet état. Les couleuvres sont méchantes quand on leur jette des pierres & qu'on leur fait manquer les animaux qu'elles poursuivent, elles viennent sur ceux qui les inquietent, & quand elles peuvent elles se jettent sur eux, & mordent comme des chiens. Elles n'ont point de crocs comme les viperes, mais seulement des dents assez longues, fortes & aiguës ; cependant elles ne mâchent pas ce qu'elles avalent, elles ne font que le succer & l'engloutissent si elles peuvent tout entier. Quand on en est mordu on pense la playe comme une morsure de chien, avec cependant quelque précaution contre le venin qui pourroit y être, comme seroit celui d'un animal enragé.

La couleuvre dont je viens de parler paroissoit avoir plus de dix pieds de long ; elle étoit grosse comme le gras de la jambe d'un homme, sa peau tachetée & ondée de diverses couleurs, étoit très-belle. J'étois surpris de la vitesse avec laquelle elle couroit, elle auroit sans difficulté atteint un homme courant de toutes ses forces, & plusieurs personnes auroient fait une triste experience de la vitesse de ces animaux s'ils n'avoient pas sçû le secret de les laisser bien-tôt derriere eux, qui consiste à courir en zigzag ; car l'impetuosité de leur mouvement est si grande, qu'elles ne peuvent pas se détourner aussi promptement que celui qu'elles poursuivent, & finissent ainsi inutilement une carriere, pendant qu'il en a fait une autre, & s'est par consequent considerablement éloigné d'elles. Elle avoit toûjours la tête élevée de prés de deux pieds de terre. Elle avala la grenoüille tout d'un coup sans la mordre ni la mâcher, de maniere qu'on voyoit distinctement tous les mouvemens de la grenoüille à mesure qu'elle entroit dans le corps de la couleuvre. Quand la couleuvre & le serpent se battent, ils ne visent à autre chose qu'à se prendre la tête l'un à l'autre, car celui qui peut gober ou engloutir la tête de son ennemi l'étouffe dans le moment, & acheve de l'avaler en le suçant. Il arrive souvent que le serpent donne

De quelle maniere le Serpent & la Couleuvre se battent.

quelque coup de croc à la couleuvre qui va aussi-tôt se frotter à une herbe qu'on appelle la mal-nommée, herbe fine, pointuë, assez douce au toucher, mais fort âpre au goût, on en trouve presque partout. Cet attouchement la guerit, & la fait revenir sur le champ au combat. Cette herbe entre dans la composition du remede dont on se sert pour la morsure du serpent, & je crois que c'est la principale.

Serpent appellé Tête de Chien.

Il y a à la Dominique une espece de serpens qui n'ont point de venin. On les appelle, Têtes de chien, parce qu'ils ont la tête fort grosse & courte, & qu'ils mordent comme des chiens. Ils font une guerre continuelle aux rats & aux poules.

Remede pour la goutte.

La graisse de ce serpent est admirable pour les douleurs froides, foulures de nerfs, & même pour la paralisie : une infinité de gens s'en sont servis avec un succés merveilleux pour la goutte de quelque qualité qu'elle puisse être ; car on dit qu'il y en a de froide & de chaude. Quand je dis qu'on s'en est servi avec un succés merveilleux, je ne prétends pas qu'on croye que cette graisse guérit la goutte radicalement, je tromperois ceux qui liront ces Memoires,

res, & j'exposerois l'espece des Têtes de chien à être entierement détruite, elle ne fait que dissiper la fluxion en ouvrant assez les pores pour la faire transpirer, & cela très promptement; ensorte qu'en moins de six heures le goutteux qui ne pouvoit appuyer ses pieds à terre, marche aisément, n'a plus de douleur, & est aussi long-tems à se ressentir d'une nouvelle attaque de goutte, qu'il auroit été s'il avoit attendu patiemment ou impatiemment dans son lit que la fluxion se fut dissipée; ce qui demande souvent bien du temps.

La maniere de s'en servir est de faire chauffer cette graisse, & d'en oindre la partie affligée, & de mettre dessus un plumasseau imbibé de la même graisse.

Je suis convaincu de la bonté de ce remede par bien des experiences faites aux Isles. C'est aux goutteux de France à l'éprouver en se mettant pour cet effet dans des chambres bien chaudes, & réïterant une ou deux fois cette onction si la premiere n'a pas operé entierement. Si on l'employe pour des rhumatismes, douleurs froides, foulures ou paralisies, on y mêlera de l'esprit de vin quand elle sera suffisamment chaude, même pour la goutte.

Ces trois especes de serpens montent sur les arbres pour manger les petits oiseaux dans le nid, ou pour se mettre au sec dans le tems de pluye. Quand les oiseaux voyent un serpent dans l'arbre où ils ont leur nid, ils volent autour de lui, ils crient comme des desesperez, & si quelque personne passe auprès de l'arbre, bien loin de s'effaroucher, ils viennent autour d'elle, ils s'approchent, ils crient, & semblent demander du secours contre leur ennemi. On ne manque gueres de leur rendre service en cette occasion, en tuant le serpent. C'est un vrai plaisir de voir la joye de ces petits animaux quand ils voyent le serpent étendu par terre, ils voltigent autour de lui, crient, lui donnent des coups de bec, s'approchent de ceux qui les ont délivrez de leur ennemi, comme s'ils les vouloient remercier. J'ai eu plusieurs fois ce divertissement.

CHAPITRE XIX.

L'Auteur est attaqué du mal de Siam. Comment il en guerit. Maniere de porter les orangers en Europe, & de les conserver.

LE Jeudi 17. Juin jour de l'Octave du S. Sacrement, je fis la Procession comme le Jeudi precedent avec les mêmes cérémonies. A la fin de la Messe je me sentis tout d'un coup attaqué d'un violent mal de tête comme si j'y eusse reçû un coup de marteau; j'achevai ce qui restoit de la Messe avec bien de la peine; en me deshabillant il me prit une si grande douleur de reins, qu'on fut obligé de me porter à la maison, & de me deshabiller. Ces deux maux s'étant trouvez accompagnez d'une fiévre horrible, qui étoient les simptomes les plus ordinaires du mal de Siam, on y apporta sur le champ les remedes convenables, dont le premier fut de me saigner au pied, pour empêcher le transport au cerveau. Messieurs Michel, du Roy, Dauville & autres, eurent un soin tout particulier de moi. Mesdemoisel-

L'Auteur est attaqué du mal de Siam.

T ij

les Michel & Dauville ne sortirent point de ma maison tant que je fus en danger; elles avoient leurs servantes avec elles, j'étois servi comme un Prince. Après Dieu je leur dois la vie, & au sieur Sigaloni, Enseigne de la Compagnie de Milice du quartier; il avoit exercé autrefois la Chirurgie, mais étant devenu riche il ne la pratiquoit plus que pour ses amis. Le Chirurgien de la Basse pointe nommé la Serre, ne me quitta pas un moment pendant cinq jours. Celui que nous avions au Macouba m'auroit bien rendu les mêmes services, mais je l'avois enterré depuis quelques jours; il étoit mort d'une morsure de serpent au talon, qu'il avoit negligée, la prenant pour une piqueure d'épines. Comme il étoit avare à l'excès il alloit nuds pieds, il portoit ses souliers sur son épaule, & ne s'en servoit que le Dimanche pour aller à l'Eglise, ou quand il étoit obligé de faire quelques visites de consequence.

Le Vendredi matin je fus saigné du bras, on m'appliqua des pigeons aux plantes des pieds & sur le cœur. Cela me fit du bien, mais ma fiévre ne diminua point. Je commençai le soir à rendre beaucoup de sang par la bouche.

Le Samedi on commença à remarquer des marques noires, rouges & vertes sur ma peau. Quoique tous les signes ne donnassent aucun lieu de craindre pour moi, & que mes deux Chirurgiens assurassent que ma maladie n'auroit point de méchante suite, je ne laissai pas d'envoyer chercher le Pere Breton, & de me confesser; je demandai la Communion, mais mon vomissement étoit trop continuel, & quand même il l'auroit été moins, les Chirurgiens ne jugeoient pas à propos de me la faire donner.

Le Dimanche sur le soir j'eus une crise qui décida de mon sort, elle dura près de six heures; elle emporta avec elle mon mal de tête, mon mal de reins & une partie de ma fiévre, mais elle m'abatit tellement que je ne pouvois ouvrir ni les yeux ni la bouche. On m'avoit encore saigné du pied le matin.

Le Lundi la fiévre me quitta tout-à-fait, & je commençai à dormir. On me fit prendre sur le soir une potion cordiale & sudorifique qui acheva de me faire rendre le reste du venin par des sueurs qui durerent presque toute la nuit, & qui donnerent bien de l'exercice à ceux qui avoient soin de moi, il me resta cependant une envie de vomir qu'on aida avec un peu d'émétique qu'on me fit prendre le Mardi matin, qui fit un effet merveilleux quoiqu'il m'abbattît beaucoup, mais il me laissa un grand appetit.

Le Jeudi jour de S. Jean-Baptiste mon Patron, je me levai contre le sentiment de mes Chirurgiens, & je dis la Messe; il est vrai que je me trouvai si foible quand elle fut achevée, qu'on fut obligé de me reporter chez moi. Je me remis tout-à-fait les deux jours suivans sans qu'il me restât de ma maladie que les grandes marques du venin, & une foiblesse qui étoit extrême.

Le Dimanche 27. après la Messe, Monsieur Michel me fit porter chez lui dans un hamac afin de me faire changer d'air, & me fortifier. J'y demeurai jusqu'au Samedi suivant. Pendant tout ce tems-là il n'oublia rien de tout ce qui pouvoit contribuer à me divertir. Nous eûmes compagnie tous les jours. Le Pere Cumels Superieur general de nos Missions, & le Pere Cabasson Superieur de nôtre Mission de la Martinique, me vinrent voir; ils furent charmez des bontez qu'on avoit pour moi; ils couchérent chez Monsieur Michel ; ils avoient vû en passant ma maison & mon jardin dont ils me parurent très-contents.

Le Samedi 3. Juillet, je retournai chez moi après dîner ; je me trouvai si bien remis, que je chantai la Messe le lendemain, & je prêchai. Tous mes Paroissiens me vinrent feliciter sur le retour de ma santé ; je retins les principaux à dîner.

Le lendemain & les jours suivans je fus remercier tous ceux qui m'avoient visité pendant ma maladie ; c'est-à-dire que je fis tout le tour de ma Paroisse, & d'une grande partie de celle de la Basse-pointe, & entre les autres Monsieur Sigaloni qui avoit eu soin de moi, & m'avoit fourni les remedes. Je lui presentai une bourse, & le pressai de prendre ce qu'il voudroit, mais il me fut impossible de lui faire accepter la moindre chose, ni pour ses peines, ni pour ses remedes. Le Chirurgien de la Basse-pointe eut la même honnêteté. J'ai dit que Monsieur Sigaloni ne pratiquoit la Chirurgie que pour ses amis, il étoit très-habile ; il avoit appris son métier sous un de ses oncles fameux Operateur, avec lequel il avoit roulé toute l'Europe ; il avoit de beaux secrets, il se servoit beaucoup des simples, & les preferoit aux autres médicamens.

Le Lundi 12. Juillet je fus à la Basseterre dire adieu à Monsieur de la Heronniere qui s'en retournoit en France. Il me témoigna souhaitter quelques pieds d'orangers des plus gros. J'en demandai à nôtre Superieur qui me laissa maître d'en prendre tant que je voudrois. Je le mandai à Monsieur de la Heronniere qui vint en choisir une douzaine, entre lesquels il y en avoit quatre d'oranges de la Chine. Tous ces arbres étoient fort gros, le moindre avoit six pouces de diamettre. Je doutois qu'ils pussent lui être d'aucune utilité en France, mais il m'assura qu'un Jardinier du Roi avoit un secret pour les remettre en leur premier état, pour peu qu'ils eussent encore de vie quand on les lui remettoit entre les mains. Il lui avoit dit comment il falloit les arracher & les empaqueter pour les transporter. Voici comme on s'y prit. On scia toutes les branches à un pied & demi du tronc, & aussi-tôt qu'elles étoient sciées, on couvroit le bout avec un paquet de terre grasse que l'on couvroit de cire jaune, que l'on envelop-

Maniere de transporter les orangers des Isles en France.

poit dans un morceau de toile cirée ou gaudronnée. On déchauſſa enſuite l'arbre tout autour, ayant bien ſoin de ne rompre & de n'endommager aucunes racines. Quand il fut hors de terre on coupa toute la chevelure, & on replia doucement toutes les moyennes racines autour de la plus groſſe ; on enferma enſuite toutes ces racines dans de la terre même où l'arbre avoit été planté, que l'on avoit humectée avec de l'eau comme pour en faire du mortier, on couvrit cette maſſe avec de la terre graſſe, & on enveloppa le tout dans de la toile gaudronnée, obſervant de les tenir à l'air pendant le voyage, & ſur tout la nuit, & de les garantir de la chaleur du ſoleil qui auroit pû les ſecher. Ce fut en cet état que Monſieur de la Heronniere les fit porter à bord, dont il nous remercia beaucoup. Il partit le Jeudi ſur le ſoir, après avoir dîné chez nous avec le ſieur Kercoue qui retournoit en France avec des projets de courſe & de commerce qu'il avoit faits avec quelques perſonnes de la Martinique.

Le Vendredi 16. Juillet je retournai de grand matin à ma Paroiſſe. Mes Charpentiers ſe trouverent en état de monter l'agrandiſſement de ma maiſon

Description de la maison Curiale de l'Auteur.

qui se trouva ainsi de trente-deux pieds de long sur seize pieds de large. La salle que l'on trouvoit en entrant avoit seize pieds en quarré. Les deux portes opposées répondoient à celle de la cour & à l'allée du milieu de mon jardin. La porte qui entroit de la salle dans ma chambre étoit à main gauche, elle avoit la même grandeur que la salle, mais j'y avois fait un retranchement de cinq pieds de large sur toute la longueur qui me servoit à serrer mes provisions. J'avois ménagé dans ce même espace l'escalier pour monter au galletas qui étoit assez commode pour y placer plusieurs hamacs; c'étoit la chambre de mon Pensionnaire, où je me retirois aussi quand je donnois la mienne à quelque étranger. Je fis faire un perron de pierre de taille avec trois marches devant la porte de la salle, le reste du terrein alloit en pente douce pour donner lieu aux eaux de s'écouler.

Fête de Sainte Anne, Patrone de l'Eglise du Macouba.

Le Dimanche 25. Juillet le Pere Martelli vint coucher chez moi. Le lendemain jour de sainte Anne, Patrone de mon Eglise, les Peres Breton, Imbert, Chavagnac & Romanet, s'y rendirent. Je priai le Pere Breton, comme le plus ancien, d'officier. Le Pere Martelli fi

le Panegyrique de la Sainte : Et quoique 1694.
nous fussions tous occupez à confesser,
nous eûmes assez de peine à contenter
tout le monde tant il en étoit venu des
Paroisses voisines, & même du Fort S.
Pierre. Monsieur Dauville comme Marguillier de la Paroisse, invita les principaux à dîner, de sorte que nous nous
trouvâmes près de trente personnes chez
lui. Le Mardi je fis le Service solemnel
pour les défunts de la Paroisse. Monsieur
Michel comme Capitaine du quartier
donna à manger à toute la compagnie;
car c'étoit comme une regle dans la
Paroisse, du moins en ce tems-là, que
le Marguillier traitoit le jour de la Fête,
& le Capitaine le lendemain.

Le Mercredi après dîner je fus conduire nos Peres jusques à la Basse-pointe;
ils me dirent que dans l'Assemblée qui
s'étoit tenuë au fond S. Jacques le 25.
où je n'avois pû assister à cause de mon
bâtiment, on avoit voulu m'élire Syndic, mais que le Superieur General s'y
étoit opposé, & avoit dit qu'il m'avoit
destiné pour être Superieur de la Guadeloupe à son retour de Saint Domingue.

Le Jeudi 5. Aoust, je fus obligé d'aller à la Basse terre dire adieu à nôtre

Superieur qui partoit pour S. Domingue. Il s'embarqua le Samedi dans une Barque de S. Thomas qui devoit toucher à la Guadeloupe. Je fus le conduire à bord. Je partis l'après-dîner dans le Canot de Monsieur Michel. Le gros tems & la mer orageuse furent cause que nous arrivâmes si tard chez lui que je fus obligé d'y coucher.

Le Dimanche 8. je me rendis de grand matin à ma Paroisse. Je fis marché avec un Menuisier de la grande Ance, nommé Dubuisson, pour palissader l'augmentation de ma maison, c'est-à-dire, pour la clore de planches embouvetées, blanchies d'un côté à la varloppe, & clouées sur les pieces de charpente qui composoient le corps du bâtiment ; il devoit faire aussi les portes, fenêtres & contrevents avec quelques tables & armoires. C'étoit un creolle assez bon ouvrier, mais si glorieux & si fantasque qu'il n'y avoit pas moyen de le contenter. Il demeura chez moi un mois, & ce mois me parut une année.

On ne se servoit point encore de vitres dans nos Isles, on se contentoit de fermer les fenêtres avec des contre-vents & des balustres, ou quelquefois avec des chassis de toile claire. Les Anglois de la Barbade, Antigue & autres Isles de leur dépendance, ont leurs maisons vitrées, & cela fait un meilleur effet.

CHAPITRE XX.

Maladies des Negres & des Creolles. Etablissement d'une Paroisse au cul de sac Robert. Description de la Besune, des Galeres & de l'arbre de Manchenilier.

IL y avoit quelques mois que Monsieur Michel m'avoit fait present d'un petit Negre-mine, c'est-à-dire, originaire du Royaume de la Mine, sur la côte méridionale d'Affrique, âgé de douze à treize ans. Il est vrai qu'il étoit malade quand il me le donna, mais le soin que j'en avois fait prendre, l'avoit rétabli en parfaite santé. L'autre Negre qui me servoit s'aperçût un jour que ce petit garçon mangeoit de la terre ; il m'en avertit, je fis tout ce que je pus pour l'en empêcher, mais ce fut en vain ; il continua d'en manger, devint hidropique sans qu'on pût y remedier, parce qu'on ne pouvoit pas en ôter la cause, qui étoit une mélan-

Excés où se portent les Negres pour se faire mourir, & la raisō qu'ils croyent en avoir.

colie noire qui le portoit à cet excès.

Les Negres de la côte de la Mine y sont fort sujets ; ils se desesperent, se pendent, se coupent la gorge sans façon pour des sujets fort médiocres, le plus souvent pour faire de la peine à leurs maîtres, étant prévenus qu'après leur mort ils retournent dans leur païs ; & ils sont tellement frappez de cette folle imagination qu'il est impossible de la leur ôter de la tête.

Je ne sçûs le chagrin du mien que quand il ne fut plus tems d'y remedier. Il avoit un frere qui appartenoit à un de mes voisins ; comme on ne sçavoit pas qu'ils fussent freres, parce qu'ils n'en disoient rien, on ne pouvoit pas deviner que leur chagrin venoit de n'être pas ensemble chez le même maître, ce qui auroit été fort facile ; de sorte qu'ils prirent la résolution de se faire mourir afin de retourner dans leur pays & chez leurs parens. C'étoit pour l'éxecution de ce beau projet que ces deux freres se mirent à manger de la terre. Le mien mourut le premier, son frere le suivit peu de jours après. Quand je le reprenois de ce qu'il se faisoit ainsi mourir, il se mettoit à pleurer ; il disoit qu'il m'aimoit, mais qu'il vouloit

Françoises de l'Amerique. 447

retourner chez son pere. Je l'avois in- 1694.
struit & baptisé, mais je ne pûs jamais
lui ôter cette fantaisie.

Un Anglois habitant de l'Isle saint Histoire
Christophle, appellé le Major Crips, d'un An-
fut plus heureux que moi pour conser- S. Chri-
ver ses Negres, dont la plûpart étoient stophle
Mines. Comme cet homme leur étoit sujet.
fort rude, ainsi que le sont generalement tous les Anglois, le nombre de
ses Esclaves diminuoit tous les jours;
ils se pendoient les uns après les autres.
Il fut enfin averti par un de ses engagez que tous ses Negres avoient résolu
de s'enfuir le jour suivant dans le bois,
& de s'y pendre tous de compagnie
pour retourner tous ensemble en leur
pays. Il vit bien que les paroles & les
châtimens ne feroient que differer de
quelques jours l'execution de leur résolution, & qu'il falloit un remede qui
eut du rapport à la maladie de leur imagination. Il instruisit ses domestiques
blancs de ce qu'ils avoient à faire, &
leur ordonna de charger sur des charettes des chaudieres à sucre & eau-de-
vie, avec les autres attirails d'une sucrerie & de le suivre. Il s'en alla dans
le bois, il y trouva ses Negres qui dis-
posoient leurs cordes pour se pendre :

il s'approcha d'eux tenant une corde à la main, leur dit de ne rien craindre, qu'il avoit sçû la résolution qu'ils avoient prise de retourner en leur pays, & qu'il vouloit les y accompagner, parce qu'il y avoit acheté une grande habitation où il vouloit établir une sucrerie, où ils seroient bien plus propres que des Negres qui n'avoient pas encore travaillé au sucre ; mais qu'il les avertissoit que n'ayant plus peur qu'ils pussent s'enfuir, il les feroit travailler jour & nuit sans leur donner ni le Samedi ni le Dimanche ; que l'Econome qu'il y avoit envoyé lui avoit mandé qu'il avoit fait reprendre ceux qui s'étoient pendus les premiers, & qu'en attendant ses ordres, ils les faisoit travailler les fers aux pieds. La dessus les charettes chargées ayant paru, les Negres ne douterent plus de la résolution de leur maître, d'autant plus qu'il les pressoit de se pendre, feignant qu'il n'attendoit que cela pour se pendre aussi & aller avec eux ; il avoit même choisi son arbre & attaché sa corde. Les Negres commencerent alors à parler entr'eux, la misere où étoient leurs compagnons les intimida aussi-bien que la résolution de leur maître ; ils vinrent se jetter à ses pieds, lui promirent de ne plus penser à retourner en leur pays, & le supplierent de faire revenir leurs camarades. Il fit le difficile pendant quelque temps, mais enfin ses domestiques blancs & ses engagez s'étant aussi mis à genoux pour lui demander la même grace, l'accommodement se fit, à condition que s'il s'en trouvoit un seul qui se pendît, tous les autres seroient pendus le lendemain pour aller travailler à la nouvelle sucrerie de Guinée. Ils le lui promirent avec serment. Ce serment se fait en prenant un peu de terre qu'ils mettent sur leur langue, après avoir levé les yeux & les mains au Ciel & frapé leur poitrine. Ils prétendent par cette ceremonie prier Dieu de les réduire en poussiere comme la terre qu'ils ont sur la langue, s'ils n'executent pas ce qu'ils promettent, ou s'ils ne disent pas la verité. Le Major Crips revint chez lui avec ses Negres fort content de la reussite de son stratagême. Les Negres lui tinrent parole & ne se pendirent plus ; je ne sçai si cette avanture ne l'aura pas rendu plus moderé.

Un autre habitant de la même Isle se servit d'une autre invention avec un

Maniere des Negres quand ils font quelque serment.

aussi heureux succés. Ce fut de faire couper la tête & les mains à ceux de ses Negres qui s'étoient pendus, & de les enfermer dans une cage de fer qu'il fit suspendre à un arbre qui étoit dans sa cour : car l'opinion des Negres est que quand ils sont enterrez, ils viennent la nuit prendre leurs corps & les emportent avec eux dans leur pays. Cet habitant nommé Bouriau, leur disoit qu'ils pouvoient se pendre tant qu'ils voudroient, mais qu'il auroit le plaisir de les rendre misérables pour toûjours, puisqu'ils se trouveroient sans tête & sans mains dans leur pays, & ainsi incapables de voir, d'entendre, de parler, de manger & de travailler : Les Negres se mocquoient de ces discours au commencement, & disoient que ceux qui étoient morts sçauroient bien venir la nuit reprendre leurs têtes & leurs mains, mais quand ils virent que ces têtes & ces mains demeuroient toûjours au même endroit ; ils se persuaderent enfin que leur maître étoit plus puissant qu'ils n'avoient crû, & cesserent de se pendre pour ne pas s'exposer au malheur où ils ne doutoient plus que leurs compagnons ne fussent tombez.

Ces remedes sont bizares, mais proportionnez à la portée de l'esprit des Negres, & à la prévention dont ils sont frapez.

Cette mélancolie noire qui porte les Negres à manger de la terre, des cendres, de la chaux & autres choses de cette nature, est ordinaire aux Sauvages ; je dirai dans un autre endroit mes conjectures sur cela. Elle est encore très-commune parmi nos Creoles, & sur tout aux filles qui ont du penchant pour le dernier Sacrement. Dans cet état elles mangent mille ordures. J'en ai connu qui auroient mangé plus de papier & de cire d'Espagne qu'on n'en auroit employé dans le Bureau d'un Secretaire d'Etat ; d'autres mangent des pipes, des charbons, de la toile, & sur tout certains petits cailloux blancs qu'on trouve dans les rivieres ; elles les font cuire dans le feu comme les roches à chaux, & les mangent comme la meilleure chose du monde, à peu près comme les femmes Espagnoles, mangent ces vases de terre rouge, legere & de bonne odeur qu'on apporte du Mexique, & qu'on appelle, quoique improprement, *de terre sigillée*. J'ai été quelquefois obligé de refuser les Sacremens à de grandes filles qui avoient ce goût

Les Caraïbes & sur tout les filles Creoles mangent de la terre, &c.

dépravé, après que je m'étois fatigué inutilement les mois entiers à les persuader du tort qu'elles se faisoient. C'est une chose qui fait pitié que de les voir dans cet état, elles deviennent jaunes, livides, le tour des yeux tout noir, maigres, chagrines, indolentes, insuportables aux autres & à elles-mêmes ; elles perdent absolument l'appetit pour toute sorte de bonne nourriture, & tombent enfin dans une hidropisie incurable. Le meilleur remede qu'on y peut apporter dès qu'on s'en apperçoit, est de les marier.

L'Auteur est envoyé pour établir une nouvelle Paroisse au cul-de-sac Robert.

Je reçûs le Dimanche matin vingt-neuf Aoust une lettre de Monsieur l'Intendant qui me prioit d'aller au cul-de-sac Robert avec le P. Martelli & Monsieur Joyeux, Capitaine de Cavalerie, pour chercher un lieu commode pour bâtir une Eglise & un Presbytere, & pour placer un Bourg dans ce quartier-là. Le Pere Cabasson nôtre Superieur m'écrivit aussi sur le même sujet, & me marqua de charger de sa part le Pere Breton du soin de ma Paroisse pendant que je serois absent. J'allai donc coucher chez le Pere Martelli à la Trinité. Nous en partîmes le lendemain une heure avant le jour. Nous laissâmes nos chevaux chez Monsieur Joyeux, dont l'habitation est à côté de la riviere des Galions ; il nous conduisit dans son canot' au cul-de-sac Robert, où nous dîmes la Messe dans une petite Chapelle dédiée à sainte Rose.

Le grand enfoncement ou baye qu'on appelle le cul-de-sac Robert, a près de deux lieuës de profondeur ; il est formé par deux pointes ou caps, dont celle qui est à l'Est s'appelle la Pointe à la Rose, & celle de l'Ouest la pointe des Galions. Son ouverture est couverte par un Islet d'environ une lieuë de tour, qui appartient à nôtre Mission, à qui il a été donné par les heritiers de feu Monsieur le General du Parquet, cy-devant Proprietaire de la Martinique ; & comme cet Islet faisoit une partie des reserves de ce Seigneur, on l'a toûjours appellé l'Islet de Monsieur. Il y a un autre Islet un peu plus avancé en mer que celui dont je viens de parler qui couvre sa pointe orientale, ne laissant entre eux qu'un canal, de maniere que ces deux Isles couvrent toute l'ouverture du cul-de-sac, brisent l'impétuosité de la mer, & rendent ce grand enfoncement un Port également seur & tranquille, dans lequel on ne peut entrer

1694.

Description du cul de sac Robert.

que par trois passes ou ouvertures, l'une entre les deux Islets qui est large de cinquante à soixante toises, profonde & sans aucuns dangers ; les deux autres entre les extremitez des Islets & les pointes de la terre ferme de l'Isle, mais où il ne peut passer que des barques ou de très-petits vaisseaux.

Ce cul-de-sac est un Port naturel des plus beaux qu'on se puisse imaginer, capable de retirer une armée navale, quelque nombreuse qu'elle puisse être, si commodément, que les plus gros vaisseaux peuvent moüiller en bien des endroits assez près de terre pour y mettre une planche. Nous visitâmes tous les environs de ce cul-de-sac pour fixer le lieu le plus propre pour l'établissement de la Paroisse & d'un Bourg, qui ne manqueroit pas de s'y former.

On peut croire qu'il ne manqua pas d'y avoir beaucoup de contestations ; tous les habitans souhaitoient d'avoir une Eglise & un Curé resident, mais le voisinage d'un Bourg les épouventoit, & ils avoient raison, car il en coute toûjours beaucoup à ceux dont les habitations sont à portée d'un Bourg & de ceux qui s'y assemblent.

Malgré tout ce qu'on nous pût dire,

Françoises de l'Amerique. 455

1694.

nôtre sentiment fut de placer l'Eglise & le Presbytere sur une pointe du côté de l'Ouest, qui avançoit assez dans la mer pour découvrir tout le cul-de-sac ; il y avoit une petite riviere à côté, le terrein étoit découvert, exposé au vent, & par conséquent plus sain que le reste; d'ailleurs il étoit exempt des Mousti- ques & des Maringoins qui sont en très- grand nombre & fort incommodes dans tous ces endroits-là. Cette pointe fai- soit partie de l'habitation de Monsieur Fevrier, alors Greffier en Chef du Con- seil Souverain. Comme il étoit ami in- time de nôtre Mission, j'étois fâché de le charger d'un pareil embaras, & il l'é- toit encore plus que moi. Je fis ensorte qu'on remit la déliberation au lende- main, & pendant ce delai il nous con- duisit dans un endroit plus spatieux que sa pointe, & où l'on pouvoit placer un Bourg plus aisément, mais qui à la ve- rité étoit moins commode pour le Curé. Nous y fîmes le nouvel établissement ; cet endroit étoit à l'extremité de la sa- vanne de Monsieur Monel, Conseiller honoraire au Conseil. Monsieur Monel étoit Picard, & il avoit conservé reli- gieusement l'accent & les manieres de ᵈuo jays, quoiqu'il en fut absent de-

M. Mo- nel, son origine & sa for- tune.

puis un grand nombre d'années ; il étoit frere d'un Pere Monel Religieux de la Mercy, fameux dans son Ordre. Il étoit Chirurgien quand il vint aux Isles ; sa fortune avoit commencé par l'achat qu'il fit de dix ou douze Negresses malades qu'un vaisseau Negrier lui laissa presque pour rien, parce qu'on ne croyoit pas qu'elles eussent quatre jours à vivre : cependant il eut assez d'habileté ou de bonheur pour les guérir, & elles se trouverent si fecondes, qu'elles lui ont produit une infinité d'enfans, de sorte que les trois sucreries qu'il avoit & quelques autres habitations, étoient toutes garnies de Negres Creoles les plus beaux de toute l'Isle. Il avoit plusieurs enfans ; l'aîné qui avoit fait ses études à Paris étoit Conseiller au Conseil, & sans contredit un des plus habiles. Il n'est pas croyable combien le pere & le fils firent joüer de ressorts pour empêcher que l'établissement de la nouvelle Eglise ne se fît sur leur terrein ; ce fût pourtant inutilement, le Gouverneur General & l'Intendant approuverent nôtre choix, & donnerent ordre qu'on travaillât incessamment aux bâtimens de l'Eglise & du Presbytere. On élût Monsieur Monel le pere pour premier Marguillier

Marguillier de cette nouvelle Eglise, & on lui fit si bien entendre raison, outre qu'il étoit fort sage & fort pieux, qu'il oublia bien-tôt le chagrin qu'il avoit eu de ce choix. Il entreprit le bâtiment de l'Eglise & du Presbytere, & s'affectionna tellement aux Religieux qui ont desservi cette Paroisse, qu'on pouvoit dire qu'il en étoit le pere. Il avoit soixante & douze ans dans ce tems-là, c'est-à-dire, en 1694. je l'ai laissé encore plein de vie & de santé en 1705. si fort & si dispos, qu'il montoit à cheval sans étriers, quoiqu'il ne vêquît presque que de chocolat avec du biscuit; quelquefois un peu de potage & de vin, sans viande ni autre chose. Cet exemple est une preuve de la bonté du chocolat quand il est pur, & qu'il n'est point mélangé avec des épiceries & des odeurs qui le gâtent en le rendant plus agreable au goût & à l'odorat. J'en parlerai plus amplement dans un autre endroit.

Le Mercredi après midi nous allâmes visiter nôtre Islet. Un habitant du cul-de-sac de la Trinité y vouloit mettre des cabrittes & des cochons, dont nous partagerions le profit. Nous y avions eu autrefois des Negres pour y cultiver du manioc & du mil, & y élever du menu bétail & des volailles; mais on avoit été obligé de les retirer, parce qu'étant trop éloignez de l'habitation, ils negligeoient le travail & qu'ils auroient pû être enlevez, soit par les Anglois avec qui on étoit en guerre, soit par les Forbans. J'en fis le tour, mais je n'osai pas entrer bien avant dans les terres, parce qu'il est tout rempli de serpens. La terre me parut bonne, & propre à tout ce qu'on y voudroit cultiver, quoiqu'il n'y ait ni ruisseaux ni fontaines : il est vrai qu'on peut remedier à cet inconvenient par des citernes & par des fosses pour conserver les eaux de pluye pour les bestiaux, peut-être même qu'on y pourroit creuser des puits avec succès.

Les cochons ne craignent point les serpens, au contraire ils les poursuivent & les mangent sans en recevoir de dommage. Le venin du serpent quand ils en sont mordus, ne leur fait presque point de mal, parce qu'il s'arrête & demeure dans leur lard ou graisse, sans pouvoir s'étendre plus loin ni faire autre chose que de corrompre les environs de la morsure qui pourissent, & font une escare qui tombe. C'est ce que

[marginalia: 1694. Islet de Monsieur. Les cochons ne craignét point les serpens.]

iai vû dans plusieurs cochons marons ou sauvages qu'on avoit tuez dans les bois, & même dans des cochons domestiques. La nature toute seule les guérit de cela & de bien d'autres maladies sans le secours des Medecins ; en cela mille fois plus heureux que les hommes, qui avec toute leur raison s'imaginent ne pouvoir s'en passer.

Nous partîmes du cul-de-sac Robert le Jeudi deuxiéme Septembre après midi ; nous allâmes coucher chez Monsieur Joyeux qui nous traitta avec beaucoup de generosité, & nous accompagna le lendemain au cul-de sac de la Trinité.

Nous avions passé la riviere des Gallions dans un canot quand nous étions venus, & nos chevaux déssellez l'avoient passée à la nage, mais au retour Monsieur Joyeux nous la fit passer à gué, en faisant un assez grand demi cercle dans la mer, en suivant un banc de sable qui est à son embouchure où les chevaux n'ont pas de l'eau jusqu'aux genoux quand la mer est basse, mais jusqu'à la selle & souvent par dessus quand elle est haute, ou qu'on se trouve dans les nouvelles ou pleines Lunes, ou dans les Equinoxes ; car c'est une erreur de

Riviere des Gallions.

croire qu'il n'y a ni flux ni reflux entre les deux Tropiques & dans la mer Mediterranée, ou du moins qu'il y est presque insensible. J'ai été assez credule pour le soutenir & l'enseigner quand j'étois Professeur de Philosophie ; mais j'ai connu par une experience de plus de douze années que j'ai demeuré & voïagé en differens endroits de l'Amerique entre les deux Tropiques, qu'il y a flux & reflux reglez comme en Europe, qui suivent les differentes situations de la Lune, & tellement sensibles, qu'ils vont à plus de trois pieds dans les Sizigies, & passent toûjours un pied & demi dans les Quadratures. J'ai fait les mêmes remarques à Civitavechia en Italie, où j'ai demeuré plus de six ans après mon retour des Isles. Mais ce n'est pas l'unique erreur dont on se charge l'esprit mal-à-propos quand on suit aveuglément les sentimens de certains écrivains.

Nous avons vû dans le huitiéme siecle que Vigilius Evêque de Salzbourg, ayant avancé qu'il y avoit des Antipodes, toute l'Allemagne s'éleva contre lui : il fut deferé au Pape Zacharie comme un Heretique dangereux, & malgré toutes ses raisons il fut declaré tel par l'Archevêque-Electeur de Mayence, & ensuite par la Cour de Rome. Nous voyons encore aujourd'hui que des Ecoles celebres soutiennent fort serieusement que la Zone Torride est inhabitable à cause des chaleurs continuelles & excessives qui y regnent. Cela étoit pardonnable avant les voïages de Christophle Colomb, d'Americ Vespuce, Sebastien Cano, François Drac, & une infinité d'autres qui ont demeuré dans la Zone Torride, & qui ont fait le tour du monde ; mais de le dire encore à present, il me semble qu'il y a de l'entêtement & du ridicule.

La Zone Torride n'est pas inhabitable. Refutation du sentiment opposé.

Je sçai que les deffenseurs de cette opinion disent, que la Zone Torride est absolument inhabitable par elle-même, *ex se*, quoique par accident elle puisse devenir habitable, c'est-à-dire, par le secours des vents qui s'y font sentir, qui la rafraichissent & temperent sa chaleur insuportable. Mais cette réponse n'est-elle pas pitoyable, car si les vents alisez qui regnent dans la Zone Torride n'y étoient que par accident, il s'ensuivroit qu'ils n'y seroient pas toûjours, comme en effet il y a souvent de très-longs calmes, & qu'ainsi leur absence ou leur défaut rendroit le pays inhabitable pendant ce tems-là, & qu'il faudroit que les hommes qui l'habitent mourussent ou allassent demeurer dans les Zones temperées, en attendant le retour de ces vents rafraichissans : mais ils se trompent lourdement. Premierement, ces vents ne sont point dans la Zone Torride par accident : En second lieu, quand ils y manqueroient, elle ne laisseroit pas d'être très-habitable.

Causes des vents alisez qui regnent entre les Tropiques. Je dis en premier lieu que les vents alisez ne sont point dans la Zone Torride par accident, parce que la cause qui les produit est très-necessaire, très-seure & très-continuelle, puisqu'ils viennent ou du mouvement de la terre autour du Soleil, ou du mouvement du Soleil autour de la terre. Que l'un ou l'autre de ces deux grands corps se meuvent, il est toûjours constant que la chaleur du Soleil fait rarefier très-considerablement la partie de l'air qui s'y trouve opposée, & que l'impression ou l'action de cette chaleur venant à diminuer par l'éloignement de la cause qui la produisoit, ce même air retourne à sa place, comme un ressort retourne à la sienne quand on cesse de le comprimer. Or cette compression & rarefaction de l'air est la cause du vent, c'est le vent même dont la cause ne sçauroit être plus necessaire, plus certaine, plus reglée, plus naturelle ; & par consequent les vents alisez qui sont dans la Zone Torride n'y sont pas par accident, ce n'est donc pas par accident qu'ils la rafraichissent, ni par accident qu'elle est habitable.

D'ailleurs quand ces vents n'y seroient pas, ne suffiroit-il pas pour la rendre habitable cette égalité continuelle des jours & des nuits qui fait que la terre quelque chaleur qu'elle ait contractée pendant que le Soleil étoit sur l'horison, a du tems de reste pour se rafraichir pendant qu'il se trouve sous l'horison ; car tout le monde doit convenir que la chaleur consiste dans le mouvement des parties, & la froideur dans leur repos, & c'est à la presence du soleil qu'on doit le mouvement, & le repos à son absence : Or ces deux tems étant égaux, n'est-il pas visible que la terre ne contracte jamais tant de chaleur en douze heures qu'elle est exposée au soleil, qu'elle ne s'en décharge en douze autres heures qu'elle lui est opposée.

C'est cette vicissitude qui produit ces rosées journalieres & abondantes qui l'humectent, la rafraichissent & la rendent si feconde. C'est de-là que vient un vent de terre que l'on ne manque jamais de sentir la nuit si froid & si piquant, sur tout deux ou trois heures avant le retour du soleil, qu'on est obligé de se couvrir sous peine de contracter de violens maux de poitrine; & c'est encore à cause de cela qu'on sent toûjours du frais dès qu'on est à l'ombre, où pour peu qu'on soit exposé au vent. Tous ces avantages me paroissent plus que suffisans pour prouver que la Zone Torride est habitable par elle-même, à quoi je dois ajouter qu'elle est encore plus agréable & plus feconde que les autres parties du monde. Il est plus aisé de se garantir du chaud quand il ne faut pour cela que se mettre à l'ombre & au vent, que de se préserver du froid à force d'habits, de maisons bien closes & de feu. Je sçai qu'on pourroit me faire quelques objections sur ce que je viens de dire, mais il est si facile d'y répondre, que je ne croi pas devoir quitter mon sujet pour cela quant à present, il se trouvera assez d'occasions de le faire dans la suite de ce Journal.

La riviere des Gallions de quelque maniere qu'on la passe, est toûjours très-dangereuse. Elle est large de trente à trente-cinq toises. Sa profondeur est considerable depuis le banc de sable qui est à son embouchure, jusqu'à un bon tiers de lieuë dans les terres, où elle diminuë & devient enfin un torrent comme les autres rivieres qui ont beaucoup de pente, & par conséquent peu d'eau, excepté dans les bassins ou creux qu'on trouve assez souvent dans leur cours. Ce qui rend son passage dangereux outre sa profondeur & le refoulement des eaux de la mer pendant le flux, ce sont les Requiens & les Becunes qui s'y trouvent très-fréquemment. J'ai parlé cy-devant du Requien.

1694.
La riviere des Gallions, son passage est dangereux.

Pour la Becune, c'est une espece de brochet de mer, vif, gourmand, vorace, hardi au-de-là de l'imagination. Les Espagnols l'appellent *Paricotas*; je croi que les Anglois lui donnent le même nom. On en a vû dans cette riviere de dix-huit à vingt pieds de longueur, & de la grosseur d'un cheval. Quand la Becune est de cette taille, elle a deux rangs de dents longues, fortes & tranchantes, & comme elle n'est point obligée de se tourner sur le côté comme le Requien, quand elle veut mordre, elle est infiniment plus dange-

Description du Poisson appelé Becune.

V v

reuse. Nos Sauvages qui attaquent & qui tuent à coups de couteau les Requiens & les Pantoufliers, n'osent se joüer aux Becunes; parce que passant avec une vitesse extraordinaire, elles emportent un bras, une jambe ou une tête, comme s'ils étoient coupez d'un coup de sabre. Il est arrivé plusieurs fois que des chevaux & autres animaux passans à la nage ont eu les jambes coupées, ou le ventre à moitié emporté.

<small>Qualitez de la Becune & les précautions qu'il faut prendre avant d'en manger.</small>

On prend beaucoup de Becunes à la senne & à la ligne, mais ce sont des petites, c'est-à-dire, depuis un pied & demi jusqu'à trois pieds de longueur. C'est un très bon poisson; sa chair est blanche, ferme, assez grasse, & de même goût à peu près que le Brochet, mais il n'en faut pas manger sans précaution, car il est sujet à s'empoisonner & à empoisonner ceux qui le mangent quand il est en cet état. Comme il est extrêmement vorace : il mange goulument tout ce qui se rencontre dedans & dessus l'eau, & il arrive très-souvent qu'il s'y rencontre des Galeres ou des Pommes de Mancenilier qui sont des poisons très-violens & très-caustiques. La Becune n'en meurt pas, quoiqu'elle en mange, mais sa chair contracte le venin & fait mourir ceux qui la mangent, comme s'ils avoient mangé de ces méchantes Pommes ou de ces Galeres.

Le moyen de connoître si on peut manger de ce poisson sans danger, est de visiter ses dents, car si elles sont noires, c'est une marque infaillible qu'il est empoisonné. Si ce signe est équivoque, comme il arrive quand elles ne sont pas tout à fait noires, ni aussi tout à fait blanches, il faut goûter le foye, & si on le trouve tant soit peu amer, il faut jetter le poisson comme empoisonné. Il y a d'autres poissons qui ont le même défaut, & à qui il faut apporter les mêmes précautions avant d'en manger. J'en parlerai quand l'occasion s'en presentera.

Voici une remarque qu'il est bon de ne pas renvoyer plus loin. On est assuré par plusieurs experiences que les poissons voraces comme le Requien, le Pantouflier ou Zigene & la Becune, attaquent plutôt un chien ou un cheval qu'un homme, & plutôt un Negre qu'un blanc; quand dans le renversement d'une barque ou d'un canot ils trouvent ces differentes especes d'animaux à la mer. Je laisse aux curieux

Remarque sur les poissons carnassiers.

d'en chercher la raison ; il suffit que le fait que je rapporte soit veritable & approuvé par tous ceux qui ont une veritable connoissance de l'Amerique, & des autres endroits où l'on trouve de ces poissons carnassiers. Mon sentiment est que les corps des chiens & des chevaux exhalent des corpuscules qui frapant ces poissons plus vivement, les attirent davantage. Comme nous voyons que les loups, les corbeaux & même les chiens viennent plûtôt à une charogne ou à un corps qui commence à se corrompre, qu'à un corps qui est recemment privé de la vie, ce qui à mon avis ne peut venir que des corpuscules qui s'exhalant pour lors en plus grande quantité, s'étendent aussi plus loin & frapent plus fortement les organes de ces animaux.

La Becune & le Requier prennent plûtôt un Anglois qu'un François.

Mais une chose assez surprenante, & qui est cependant de notorieté publique, est que les mêmes poissons attaquent plûtôt un Anglois qu'un François quand ils les trouvent ensemble à la mer. Seroit-ce que l'Anglois auroit les pores plus ouverts que le François, & que par une suite necessaire il exhaleroit plus de corpuscules propres à fraper les organes de ces poissons, & à les attiter: Mais pourquoi les auroit-il plus ouverts? Y auroit-il quelque différence notable entre les corpuscules du corps d'un François & d'un Anglois? J'ai entendu raisonner bien des gens sur ce fait sans qu'on soit arrivé à m'en donner une raison démonstrative & convainquante. Après y avoir bien pensé, il m'a semblé que cela pouvoit venir de la nourriture des Anglois & de leur temperamment. Il est certain qu'ils mangent beaucoup de viande, peu cuite, & presque point de pain; d'où est venu une espece de proverbe, du moins parmi les Irlandois: que le pain est la nourriture de la necessité. Or il est certain que la quantité de viande produit dans ceux qui la consomment une certaine odeur que ceux qui en mangent moins sentent aisément, quoiqu'elle ne soit pas sensible à ceux qui menent la même vie: & c'est ce que l'experience nous fait remarquer dans les Bouchers, je dis dans ceux mêmes qui sont les plus propres; comme ils sont toûjours au milieu de la viande, & que d'ordinaire ils en consument assez pour leur nourriture, l'odorat les distingue aisément sans qu'on les connoisse entre plusieurs personnes avec qui ils se

Conjecture de l'Auteur sur ce sujet.

rencontrent : Pourquoi ne pourra-t-on pas dire la même chose des Anglois ? &c.

D'ailleurs ils sont d'un temperamment délicat & gras, la plûpart d'un poil roux ou blond, qui dénote une chair molle, poreuse & comme spongieuse, d'où il suit qu'ils ont les pores plus ouverts, & par une seconde consequence, ils produisent une exhalation de corpuscules dont l'odeur est plus penetrante, se répand plus loin, & frappe davantage les organes de ces animaux.

Il n'y a pas jusques à nos Caraïbes qui ont, comme l'on sçait, goûté de la chair de tous les Européens qui sont venus les chasser de leur pays, qui n'avoüent que la chair des Anglois est plus délicate & plus apetissante que celle des François & des Espagnols, & qui ne distinguent mieux à l'odorat les vestiges ou traces où un Anglois ou un Negre ont passé que pas une autre Nation : car c'est une chose merveilleuse de voir avec quelle justesse & quelle certitude ils démêlent dans un bois les routes qu'un homme a tenu, le suivent pas à pas en flairant la terre, & distinguent si c'est un Blanc ou un Negre, un François ou un Anglois. Sur ce principe qui est très certain, pourquoi ne pourra-t-on pas croire que les poiſſons ont l'odorat aſſez fin pour connoître ce qui leur convient davantage, & pour le chercher avec plus d'empreſſement. Je ne donne pourtant ceci que comme une conjecture qui m'eſt venuë dans l'eſprit, laiſſant à tout le monde la liberté d'en juger comme il le trouvera à propos, & me ſoumettant à corriger le mien dès qu'on m'aura fait voir quelque choſe qui approchera davantage de la verité.

J'ai dit cy-devant que la Becune s'empoiſonnoit en avalant des galeres ; il eſt juſte de dire ce que c'eſt que ce poiſſon.

La Galere ne paroît ſur la ſurface de la mer que comme un amas d'écume tranſparente, remplie de vent comme une veſſie peinte de pluſieurs couleurs, où le bleu, le rouge, & le violet dominent. C'eſt pourtant un poiſſon plein de vie, dont le corps compoſé de cartilages & d'une peau très-mince, ſe remplit d'air qui le ſoûtient ſur l'eau & le fait flotter au gré du vent & des lames qui le jettent ſouvent ſur le rivage où il demeure échoüé ſans ſe pouvoir remuer, juſqu'à ce qu'une autre lame, onde ou vague comme on vou-

Deſcription de la Galere.

dra l'appeller, le reporte dans l'eau. Il a huit especes de jambes comme des lanieres ou couroyes, d'une partie desquelles il se sert pour nager, & de l'autre qu'il éleve en l'air pour prendre le vent & se soûtenir mieux sur l'eau. Il s'attache à ce qu'il rencontre par le moyen de ses jambes qui sont comme gluantes. Je n'en ai jamais pû remarquer le mouvement quand j'en ai trouvé sur le rivage, quoique je fisse tout mon possible pour obliger le poisson à se remuer, je voyois seulement qu'il embrassoit fortement les morceaux de bois ou les pierres sur lesquels je le posois en le prenant avec un bâton, & je trouvois de la résistance quand je le voulois détacher, soit qu'elle vînt de l'effort qu'il faisoit pour ne pas abandonner ce qu'il tenoit, soit que ce fût l'effet de l'humeur gluante dont ses jambes paroissent être couvertes.

Effets du poison de la Galere. Le poison de cet animal est si caustique, si violent & si subtil, que s'il touche la chair de quelque animal que ce soit, il y cause une chaleur extraordinaire avec une inflammation & une douleur aussi penetrante que si cette partie avoit été arrosée d'huile boüillante. Ce que ce poison a de particulier, c'est que la douleur que cause son attouchement croît à mesure que le soleil monte sur l'horison jusqu'à ce qu'il arrive à son apogée, & qu'elle diminue à mesure qu'il descend ; en sorte qu'elle cesse tout-à-fait peu de momens après qu'il est couché. On ne manque pas de gens aux Isles qui indiquent des remedes contre cette douleur ; mais comme aucun de ceux qui s'en sont servis ne m'a assuré d'en avoir receu un prompt soulagement, je conseille à ceux que l'ignorance, le hazard ou la curiosité porteront à toucher des Galeres, de ne point appliquer d'autre remede que celui de la patience. Plusieurs personnes ont experimenté le mal & le remede que je propose ; & comme je les ai crû dignes de foi, j'ai crû pouvoir me dispenser d'en faire l'experience sur moi-même. Il y a pourtant des gens qui assurent que si on met sur la partie qui a touché la galere, de l'esprit de vin ou de l'eau-de-vie la plus forte, avec de l'huile qui sort de la coque de la noix d'Acajou lors qu'on la met sur le feu ; cette mixtion appaise la douleur dans le moment. Il me semble que c'est éteindre le feu en y jettant quantité d'huile. Peut-estre aussi que la chaleur

Remede à ce mal.

que l'attouchement de la galere cause est d'une espece toute autre que celle de ces deux liqueurs, & qu'un contraire en guerit un autre. Or si le simple attouchement de ce poisson est capable de causer tant de mal ; que ne peut-on pas juger de ce qu'il produit dans le corps d'un animal qui l'a avallé : ce qu'il y a de suprenant c'est qu'il corrompt & empoisonne la chair de ces poissons sans les faire mourir. On trouve des galeres dans toutes les côtes des Isles, & sur tout après les coups de vent & les grosses marées. J'en ai vû dans tous les endroits du golphe du Mexique où j'ai été.

Description du Mancenillier & de son fruit.

La pomme de Mancenille, ou de Macenilier est tout-à-fait semblable à la pomme Dapis pour la couleur, la grosseur & l'odeur. Pour le goût je n'en dirai rien, ma curiosité n'a pas été jusqu'à en faire l'experience. Ce qu'il y a de certain c'est que ce fruit est un caustique des plus puissans, auquel on ne peut apporter d'autre remede que de faire avaler promptement de l'huile en quantité aux animaux qui en ont mangé pour leur faire vomir le fruit, & oindre les visceres avant que le suc caustique y ait operé. L'arbre qui por-

Pomme de Mancenille.

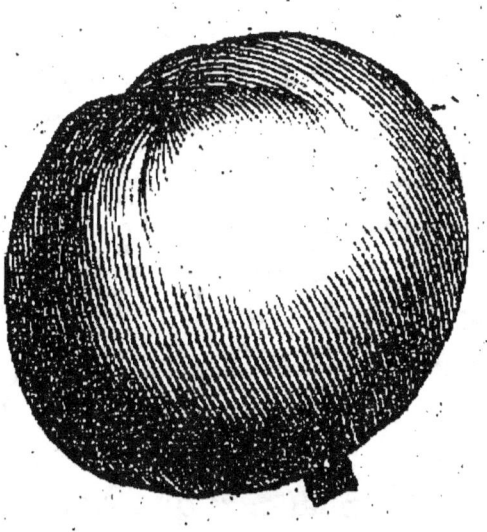

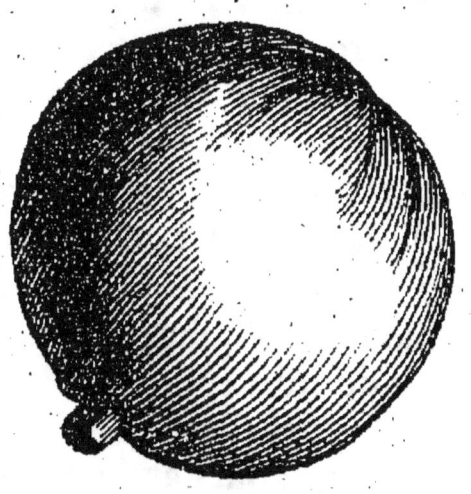

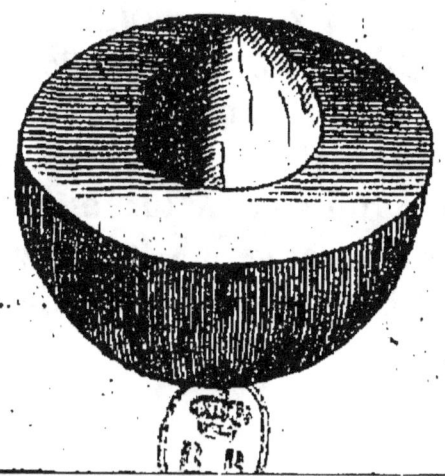

te ces dangereuses pommes ressemble
si fort au poirier, que les plus habiles
y seroient trompez. Sa feüille est la
même aussi-bien que son écorce, qui
n'a d'autre difference que d'être plus
épaisse & remplie d'un lait blanchâtre
visqueux & corrosif. Son bois sous l'aubier est grisâtre, mêlé de grandes & petites ondes de differentes teintes, chargé d'yeux de perdrix, infiniment plus
beaux & mieux nuancez que tout ce
que le noyer, le cœur & les racines d'olivier peuvent produire.

Sa qualité caustique & venimeuse
n'est pas seulement dans son fruit, elle
se trouve encore dans les feüilles, dans
le bois, dans le lait qui sort de son écorce quand on y fait une incision, dans
son ombre même lorsqu'on a le malheur de s'y endormir.

Effets du Mancenilier.

Cet arbre qui pour l'ordinaire vient
fort grand, croît toûjours au bord de la
mer ou des rivieres. Il est rare d'en
trouver dans des terres éloignées de
l'eau. Lorsqu'il pleut & qu'on passe sous
cet arbre, il faut prendre garde de recevoir sur ses mains ou autre partie
du corps, l'eau qui a coulé sur ses feüilles, car elle cause des vessies sur la chair
comme si c'étoit de l'huile boüillante

qui y fut tombée, & elle y excite une demangeaison très-douloureuse, & qui dure longtems. Elle est même capable de faire perdre la vûë si elle tombe dans les yeux, ou si par mégarde on se les frotte avec la main moüillée de cette eau, elle cause d'abord une enflure considerable, qui de rouge qu'elle étoit au commencement, devient livide & pleine de pus.

Précautions qu'on apporte pour se servir de cet arbre.

Le bois de cet arbre n'est pas moins dangereux à travailler, à moins qu'il ne soit entierement sec, & en cet état même sa poussiere est un poison dont il faut bien se garder. C'est un mistere quand il faut l'abattre. On amasse auparavant que d'y toucher du bois sec autour de son pied, on y met le feu, & on s'en éloigne à cause des accidens que la fumée pourroit causer. Lorsqu'on juge que le feu a consumé son humidité, on y met la hache, observant d'avoir le visage & les mains couvertes d'un linge de crainte que la poussiere qui en sort, le lait ou l'humidité qui peut y être restée, ne rejaillisse sur le visage, dans la bouche, dans les yeux ou sur les mains. Ceux qui le scient usent des mêmes précautions, aussi-bien que les Menuisiers & les Tourneurs qui l'employent, car sa beauté le fait rechercher pour faire des cabinets, des tables, des gueridons, & autres sortes de meubles.

Nos Caraïbes se servent du lait de cet arbre pour empoisonner leurs fleches ; ils font pour cela une fente dans l'écorce, & y mettent le bout des fleches qui s'imbibent de la liqueur qui en sort qui est blanche comme du lait, mais plus épaisse & plus gluante. Ils laissent secher les fleches ainsi imbibées, & lorsqu'elles font une playe elles l'empoisonnent en même tems.

Les Sauvages s'en servent pour empoisonner leurs fleches.

On n'a point trouvé jusqu'à present d'autre remede contre les playes faites par les fleches empoisonnées, que le suc d'une certaine plante qui a été enseignée aux François par un Sauvage. Les Caraibes l'appellent Toulola, & les François, Herbe aux fleches. Elle est assez semblable au Balisier, excepté que sa hauteur ne passe gueres quatre pieds. Sa fleur est blanche renfermée dans une peau verte, longue & pointuë, qui en s'ouvrant en trois montre une pellicule tendre, unie, veluë & creuse, au milieu de laquelle il y a un petit jet en maniere de volute. Le fruit qui succede à cette fleur est une espece de prisme à trois côtes, d'un rouge pâle & très-lisse,

Description de la plante Toulola, unique remede contre les fleches empoisonnées.

qui renferme une petite graine raboteuse.

La racine de cette plante est une substance bulbeuse, blanche, aqueuse, & neantmoins assez ferme, garnie de quantité de filets longs & secs. Elle est toute couverte de membranes filamenteuses, attachées les unes sur les autres comme plusieurs enveloppes qui cachent une peau polie & un peu luisante, à la reserve de quelques filets qui en sortent. Sa figure est ronde & presque conique.

Sa feüille est d'un verd clair attaché au tronc par une queüe longue & canelée ; elle est ronde par le bas, c'est-à-dire à sa naissance, quatre fois ou environ plus longue que large ; elle se termine en pointe à peu près comme le fer d'une pique. Elle est forte & ferme presque comme du parchemin, & se roule d'elle-même aussi-tôt qu'elle est cueillie.

On pile la racine & on la fait infuser pour en faire une ptisanne qu'on fait prendre à ceux qui ont été blessés de fleches empoisonnées. Elle a la vertu de chasser le venin, & de l'empêcher de gagner les parties nobles ; & cependant on applique la même racine pilée & broyée en maniere de cataplasme sur la playe dont elle attire le venin ; mais il faut que ce remede soit appliqué promptement : car pour peu qu'on tarde, ce poison travaille avec vitesse, il corrompt les environs de la blessure ; & quand il s'est une fois communiqué dans de grands vaisseaux, la blessure devient mortelle.

L'ombre du Mancenilier n'est gueres moins dangereuse pour ceux qui s'y endorment, que son lait & son fruit. Ils sont assurez de se trouver à leur réveil enflez extraordinairement, avec une migraine très-violente, & une fiévre très-dangereuse. C'est à force de jus de citron & de cordiaux qu'on chasse le venin qui s'étoit insinué dans le corps. En un mot cet arbre est aussi dangereux qu'il est beau ; & en matiere de bois on n'en peut pas trouver qui en approche.

L'ombre du Mancenilier dangereuse.

× Avant d'arriver au Bourg de la Trinité, nous allâmes à l'habitation de Monsieur du Buc l'Etang, à qui le Pere Martelli avoit à parler ; & comme il étoit à peu près l'heure de diner, on nous y convia, & nous l'acceptâmes. La maison du sieur du Buc est située sur le morne ou coline qui separe le cul de sal de la Trinité d'avec celui du Gallion, dans l'endroit où commence une longue pointe qui avance dans la mer près de deux lieuës, qu'on appelle la pointe de la Caravelle, qui jette une autre branche vers l'Est qu'on nomme la Tartanne; cette branche avec un morne qui est à l'Est de la riviere du Gallion, forment le cul de sac du Gallion, qui est partagé en deux par une pointe qui fait le grand & le petit cul de sac Gallion. J'étois charmé de la situation de cette maison dont la vûe s'étend sur ces deux culs de sacs, sur le Bourg, le Port & le Fort de la Trinité, & sur une partie de la Cabesterre. Monsieur du Buc l'Etang avoit un frere nommé Baltazard du Buc, marié à une des filles de Monsieur Monel. Ils sont enfans de Monsieur Pierre du Buc, dont l'habitation étoit au dessus du Bourg de la Trinité. C'étoit un des premiers habitans de la Martinique. Il étoit d'une bonne famille de Normandie. Dés l'âge de quatorze ans ses parens le firent servir dans le Regiment du grand Maître. Etant revenu en son païs après quelques campagnes, il eut querelle avec un homme de qualité appellé le Chevalier de Piancourt; ils se battirent, & le Chevalier étant demeuré mort sur la place,

place, le sieur du Buc qui n'avoit pas encore dix-huit ans, fut obligé de se sauver. Il trouva heureusement à la rade de Dieppe un Vaisseau qui mettoit à la voile pour les Isles ; il s'y jetta, & fut porté à S. Christophle. Sa bravoure l'y fit bientôt connoître, aussi fut-il choisi par Monsieur d'Esnambuc, Gouverneur & Fondateur de la Colonie de S. Christophle, pour accompagner Monsieur du Parquet son neveu lorsqu'il l'envoya gouverner la nouvelle Colonie qu'il venoit d'établir à la Martinique. Il fut un de ces braves qui chasserent les Sauvages de la Cabesterre de cette Isle, après un rude combat qu'il y eut entre les deux Nations à la case du Borgne, qu'on appelle aujourd'hui le Fort Sainte Marie ; d'où après qu'on les eut poussés jusques aux culs de sac les plus reculez du côté de l'Est, le sieur du Buc s'établit au cul de sac de la Trinité, dont on peut dire qu'il a été le premier habitant, qu'il y a fait la premiere Sucrerie, & que c'est à lui que ce quartier, à présent le plus considerable de l'Isle, est redevable de la culture du Cacao, dont ayant trouvé quelques arbres dans les bois, il en a multiplié l'espece, & enseigné à ses compatriotes la culture d'un arbre si utile, en lui faisant part de ses observations & des découvertes qu'il avoit faites sur ce fruit. Le soin de son bien ne l'a jamais empêché de se trouver par tout où il pouvoit acquerir de la gloire, & donner des preuves de son zele & de son courage. On l'a vû aux combats de S. Christophle, à la prise d'Antigues, de Nieves, de Monsarrat, de Tabac, de S. Eustache, de Corossol; il s'étoit distingué dans toutes ces occasions, & il y avoit reçû plusieurs blessures. Il aida encore à chasser les Anglois de la Guadeloupe en 1691. & à les repousser de devant le Fort S. Pierre de la Martinique qu'ils avoient attaqué en 1692. & on étoit si persuadé à la Cour de sa prudence & de sa valeur, que Monsieur le Chevalier de S. Laurent Lieutenant General des Isles, & Monsieur Begon, Intendant, eurent ordre de le mener avec eux lorsqu'ils allerent par Ordre du Roi, à S. Domingue, afin de se servir de ses conseils.

Son fils aîné Jean du Buc, que l'on appelloit du Buc l'Etang pour le distinguer de son pere, a marché fidelement sur ses traces. Après avoir servi quelques années sur les Vaisseaux du Roi, s'étant

retiré & marié à la Martinique, il s'est 1694.
distingué dans les Charges de Major,
de Capitaine de Grenadiers, & de Lieutenant Colonel des Milices de la Cabesterre. Quoique jeune il avoit toûjours accompagné son pere dans les entreprises que l'on avoit faites sur les ennemis, & y avoit acquis une juste réputation. Il fut blessé à la descente que les
Anglois firent à la Martinique. Il servit avec beaucoup de distinction à la
Guadeloupe en 1703. à la tête d'une
Compagnie de cent habitans de son
quartier, & il ne contribua pas peu à
forcer les Anglois de se retirer comme
je le dirai en écrivant l'attaque de la
Guadeloupe. Il acquit beaucoup de gloire à l'attaque de S. Christophle sous le
Comte de Chavagnac, & sous le sieur
Cassar, à la prise de Monsarrat : ce fut
lui qui se rendit maître du réduit de
cette Isle avec la troupe qu'il commandoit. Il voulut faire une seconde entreprise sur cette même Isle en 17   Il y fit
descente à la tête de cinq cens quatre-
vingt hommes, poussa les ennemis, & se
rendit maître de plus de la moitié de
l'Isle ; mais ses gens s'étant débandez
pour piller avant qu'il eut entierement
achevé sa conquête qui paroissoit infail-

X ij

lible, les Anglois se rallierent, & fondirent sur lui de toutes parts, & trouvant des gens chargez de butin, ou occupez à en amasser, il est certain qu'ils en auroient eu bon marché sans la prudence & la valeur du chef, qui avec une poignée de gens qu'il rassembla, fit tête aux ennemis, & se retirant en bon ordre, & toûjours en combattant, il donna lieu à ses gens de s'embarquer sans précipitation, & avec le butin qu'ils avoient fait. Il battit dans la même campagne un vaisseau de guerre Anglois de cinquante quatre canons, quoique celui qu'il montoit n'en eut que vingt-huit. On lui est redevable de la conservation de quantité de bâtimens François qui seroient tombez entre les mains des Anglois, si sa bonne conduite, sa valeur & son experience, suppleant au peu de forces qu'il avoit, il n'avoit obligé les Corsaires ennemis à s'éloigner des côtes & des croisieres de nos Isles. Enfin je lui dois cette justice qu'on lui est redevable de la conservation de la Colonie de la Martinique, & vrai semblablement de toutes celles des autres Isles, puisque dans le tumulte qui arriva au mois de Mai 1717. ayant été élû malgré lui chef de la

Colonie, il agit avec tant de prudence 1694. & de fermeté, qu'il conserva l'Isle au Roi, sans que dans une si horrible confusion il soit arrivé aucun desordre ni aucun meurtre. Cette affaire est trop de consequence, & fait trop d'honneur au sieur du Buc pour n'en parler qu'en passant comme je fais ici. Je la rapporterai tout au long dans une de mes Prefaces.

Son cadet Baltazard du Buc a toujours servi comme Officier dans la Milice de la Martinique, & n'a point dégeneré de la valeur de son pere & de son aîné, quoique son peu de santé l'eût empêché de se trouver dans les occasions où les autres ont été hors de la Martinique.

Le Roi pour reconnoître les services de cette famille, accorda des Lettres de Noblesse à Monsieur Pierre du Buc en 1701.

Il est mort en   âgé de soixante-huit ans, se voyant alors pere ou grand-pere de quarante-deux enfans, quoiqu'il n'y eust encore que ses deux aînez les sieurs Jean & Baltazard du Buc qui eussent été mariez.

Je parlerai des autres familles des Isles à mesure que l'occasion s'en presentera,

& je tâcherai de rendre à un chacun la justice qui lui est dûë. J'ai demeuré assez long-tems dans le païs pour être bien informé de tout, & pour ne pas ajoûter foi trop legerement aux memoires qu'on pourroit m'envoyer.

Nous descendîmes au Bourg de la Trinité après que nous eûmes dîné. Nous fûmes voir Monsieur de Mareuil Lieutenant de Roi de l'Isle Commandant à la Cabesterre, à qui nous dîmes ce que nous avions resolu. Il approuva beaucoup le choix que nous avions fait. Il connoissoit le terrein, & par consequent la commodité qu'il y auroit d'établir un Bourg auprès de la nouvelle Eglise ; ce qui n'auroit pas été si facile à la pointe du sieur Fevrier, quoique le lieu eût été bien plus commode pour le Curé. Il nous loua d'avoir preferé l'utilité publique à celle de nos Confreres.

Monsieur de Mareuil étoit d'Amiens, son nom est le Correur. Il avoit un frere aîné qui étoit établi à S. Christophle long-tems avant que le cadet vînt aux Isles. Celui-ci fut d'abord employé à conduire les travaux qu'on faisoit en cette Isle-là ; il monta de cet emploi à celui de Capitaine d'un détachement de la Marine, & devint enfin Lieutenant de Roi de la Martinique. Il avoit amassé du bien, & ne négligeoit rien pour l'augmenter. Il avoit épousé une des filles du sieur Piquet de la Calle, Commis principal & comme Intendant de la Compagnie de 1664. Monsieur de Mareuil prétendoit être Gentilhomme, & que son grand-pere avoit été annobli par Henry IV. pour les services qu'il avoit rendus à la reprise d'Amiens.

Je fus coucher au fond S. Jacques, & le lendemain matin je me rendis chez moi. Ce voyage m'avoit fait plaisir, outre les connoissances que j'acquis des lieux où je n'avois pas encore été, il m'avoit épargné le chagrin de voir les sottises & les impertinences de mon Menuisier, qui pendant mon absence avoit pensé désoler mon Pensionnaire, & le Negre que j'avois laissé à la maison. Il venoit d'achever son ouvrage ; c'est pourquoi j'envoyai chercher le Marguillier pour le payer, & m'en débarasser. Celui-ci qui avoit autant souffert que moi & mes gens de sa mauvaise humeur, au lieu de lui donner de l'argent comptant, le paya avec un de ses billets qu'il avoit trafiquez, pendant que je fis mettre ses outils hors de ma cour, lui laissant le soin de les porter lui-même comme il pourroit, parce que le Marguillier ne lui voulut donner personne pour lui rendre ce service.

Ma maison se trouvant ainsi achevée, je commençai à goûter le plaisir du repos. Mon jardin m'occupoit quelque tems le soir & le matin. Je m'appliquai à mettre en ordre les leçons de Mathématiques que j'avois enseignées à Nancy pour en faire un cours abregé. Cela avec la visite des malades, mes exercices spirituels, mon étude, l'instruction de mon Pensionnaire & de ma petite famille, & un peu de promenade le soir, partageoient tout mon tems, & me le faisoient passer le plus agreablement du monde.

CHAPITRE XXI.

Histoires de quelques Negres Sorciers.

CE fut environ ce tems-là qu'un Negre esclave d'un de mes Paroissiens appellé le sieur Philippes Mignac, me vint prier de lui rendre un certain petit sac que je lui avois ôté avant de le baptiser. J'avois été averti par son maître qu'il se mêloit d'être Sorcier, il faisoit retrouver les choses perduës ; il devinoit ; il predisoit l'arrivée des vaisseaux, & autres choses à venir, du moins autant que le diable le pouvoit connoître, & le lui réveloit. Mais comme je n'ai jamais ajoûté beaucoup de foi à ces sortes de choses, je crus que ce Negre étoit un charlatant qui en faisoit accroire aux simples pour attraper leur argent. Cependant l'ayant examiné avec soin, je reconnus en partie la verité de ce qu'on m'avoit dit, & cela m'obligea de differer de le baptiser jusqu'à la Pentecôte, quoique j'eusse resolu de le faire à Pâques, l'ayant trouvé bien instruit, & voyant qu'il demandoit le Baptême avec une ferveur extraordinaire. A la fin je m'étois laissé gagner, & je l'avois baptisé après l'avoir fait renoncer à tous ses pactes implicites & explicites qu'il pouvoit avoir fait avec le diable. Je chargeai son maître qui étoit aussi son parrein, de veiller soigneusement sur sa conduite. Pendant plus de trois mois j'en fus fort content ; il n'y en avoit point de plus exact que lui à la Messe & au Catéchisme ; il me

Negre sorcier.

preſſoit de le faire communier, & je commençois à y penſer, m'aſſurant que le Baptême avoit entierement effacé de ſon eſprit les idées de ſon ancien métier : quand un Dimanche matin je le trouvai à ma porte avec deux volailles à la main. Je crus qu'il les vouloit vendre, & lui en demandai le prix : il me répondit que c'étoit un preſent qu'il me vouloit faire, je le remerciai & refuſai de les recevoir à moins qu'il n'en prit le payement. Après quelques céremonies il me dit qu'il n'en vouloit point d'argent ; mais que ſi je lui voulois rendre ſon petit ſac, je lui ferois un fort grand plaiſir. Cette demande me fit de la peine, & je connus qu'il vouloit retourner à ſon vomiſſement. Cependant afin de connoître mieux ce qu'il avoit dans le cœur, je feignis de n'avoir pas grande difficulté à lui accorder ce qu'il me demandoit. Je l'interrogeai ſur l'uſage qu'il faiſoit des differentes pieces qui étoient dans ce ſac ; il m'en apprit tout ce que j'en voulois ſçavoir, & m'avoüa à la fin que depuis qu'il s'en étoit défait, il étoit devenu gueux & miſerable, au lieu qu'auparavant il étoit fort à ſon aiſe, parce que ceux qui le venoient

consulter le payoient grassement. Il
m'en dit plus qu'il n'en falloit pour
me faire connoître que son cœur étoit
perverti. Je changeai pour lors de ton,
& après lui avoir fait une reprimande
terrible, je le menaçai de le faire mettre entre les mains de la Justice qui ne
manqueroit pas de le faire brûler ; &
pour lui faire voir qu'il n'auroit jamais
son sac, je dis à mon Negre de l'aller
chercher , & de le faire brûler sur le
champ. On me l'apporta ; mais comme
mon petit Negre s'étoit diverti de ces
babioles il en manquoit quelques-unes,
entre autres un marmouzet de terre
cuite, qui étoit l'idole que ce Negre
consultoit , & qu'il assuroit lui rendre
réponse aux questions qu'il lui faisoit.
On la chercha tant qu'on la trouva ;
elle étoit déja rompuë, j'achevai de la
briser à coups de marteau ; aussi bien
qu'une petite calébasse qui renfermoit
un peloton de fil qui servoit à retrouver
les choses perduës, & quantité de semblables bagatelles. Je fis tout jetter
au feu devant lui, & le renvoyai chez
son maître à qui j'écrivis ce qui venoit d'arriver , afin qu'il veillât plus
soigneusement sur son Negre, & qu'il
le châtiast severement s'il s'apperce-

voit de la moindre chose. Cet habitant qui étoit un homme sage & craignant Dieu, aima mieux se priver de son Negre quelque utilité qu'il en pût retirer, que de garder chez lui un pareil ouvrier ; il le vendit bien-tôt après dans une autre Isle, & me débarassa ainsi de la peine qu'il m'auroit donné.

Je sçai qu'il y a bien des gens qui regardent comme de pures imaginations, & comme des contes ridicules ou des faussetez tout ce qu'on rapporte des Sorciers, & de leurs pactes avec le diable. J'ai été moi-même long-tems dans ces sentimens. Je sçay d'ailleurs qu'on exagere souvent dans ce qu'on en dit ; mais je croi qu'il faut convenir que tout ce qu'on dit n'est pas entierement faux, quoiqu'il ne soit peut-être pas entierement vrai. Mais je suis aussi persuadé qu'il y a des faits d'une verité très constante; en voici quelques-uns dont j'ai été témoin oculaire, & d'autres dont j'ai eu toute la certitude qu'on peut desirer pour s'assûrer de la verité d'un fait.

Un jeune Negre fait tomber de la pluie.

Un de nos Religieux de la Province de Toulouze, appellé le Pere Fraisse, avoit amené du Royaume de Juda en Guinée, à la Martinique, un petit Negre de neuf à dix ans. Quelques mois après que cet enfant fut arrivé il entendit nos Peres qui se plaignoient de la secheresse qui gâtoit tout leur jardin, & qui souhaittoient de la pluye. Cet enfant qui commençoit à parler François, leur demanda s'ils vouloient une grosse ou une petite pluye, les assurant qu'il la feroit venir sur le champ. Cette proposition étonna étrangement nos Peres, ils consulterent entre eux; & enfin la curiosité l'emportant sur la raison, ils consentirent que l'enfant qui n'étoit pas encore baptisé, fît venir une petite pluye sur leur jardin.

Cet enfant alla aussi-tôt cueillir trois oranges qu'il posa à terre un peu éloignées les unes des autres, il se prosterna devant chaque orange avec un respect & une attention qui étonnoit nos Religieux : il prit ensuite trois petites branches d'oranger, & après s'être prosterné de nouveau il les planta sur les trois oranges. Il recommença pour la troisiéme fois ses prosternations en disant quelques paroles avec beaucoup d'attention & de respect, puis s'étant levé avec une de ces petites branches à la main, il regarda de tous les côtez de l'horison jusqu'à ce qu'il apperçut un très-petit nuage qui étoit fort éloigné & fort clair ; pour lors il étendit la main avec la branche du côté du nuage, qui produisit dans l'instant une pluye assez douce qui dura prés d'une heure. Il prit cependant les oranges & les branches & les enterra.

On peut juger de l'étonnement de nos Peres quand ils virent ce prodige, & qu'ils remarquerent après que la pluie fut cessée qu'il n'en étoit pas tombé une goute hors l'enceinte du jardin qui se trouva parfaitement bien arrosé. On demanda à l'enfant qui lui avoit apris ce secret, il dit que c'étoit des Negres de son païs qui le lui avoient enseigné dans la traversée, c'est-à-dire, pendant le voyage qu'ils avoient fait ensemble de Guinée jusqu'à la Martinique. Ce Negre fut nommé Amable au Baptême, il m'a servi quelque tems ; & comme je lui vis beaucoup d'esprit & de disposition pour aprendre un métier, je lui fis aprendre celui de Tailleur de pierre & de Maçon : il s'y rendit très-habile, & a fait de bons éleves. Je lui avois donné quelque commencement d'Architecture qu'il mettoit en pratique fort proprement. Il m'a avoüé plusieurs fois cette histoire, mais il avoit oublié une partie des paroles qu'il falloit dire en faisant les prosternations, parce qu'on n'avoit pas manqué de lui défendre de se servir jamais de ce secret. Les Peres Temple, Rosié, Bournot & Fraisse, Religieux de nôtre Ordre, étoient presens quand cette pluie tomba, & avoient vû toutes les ceremonies que je viens d'écrire. Les deux premiers sont encore vivans en cette année 1718. Le Pere Temple demeure au Couvent de Nîmes, & le Pere Rosié à la Martinique, aussi-bien que le Negre.

En 1698. j'ai été témoin oculaire du fait que je vais rapporter. J'étois pour lors Syndic de nôtre habitation du fond S. Jacques à la Martinique.

Il y avoit une de nos Negresses qui étoit attaquée depuis longtems d'une maladie que nos Chirurgiens ne connoissoient point, ou parce qu'elle étoit extraordinaire, ou parce qu'ils étoient des ignorans. Elle avoit été portée chez tous les Negres du païs qui se mêloient de traiter ces sortes de maux, sans en recevoir aucun soulagement. Je croi que ce sont des poisons lents dont ils sçavent la composition, & quelquefois le remede. A la fin je me lassai de tous ces voyages, & des dépenses

Une Negresse fait consulter le diable sur sa maladie.

inutiles que cela me caufoit. Je la fis rapporter à l'habitation, & je lui défendis de prendre aucun médicament des Negres, mais feulement du Chirurgien de la maifon à qui je la remis en lui recommandant d'en avoir un foin tout particulier.

Je fus averti une nuit qu'il y avoit dans fa cafe un Negre qui fe mêloit de Medecine. J'y fus auffi-tôt dans le deffein de le faire châtier, & de le chaffer. Mais étant proche de la porte je m'arrêtai pour voir au travers des fentes & des palmiftes dont la cafe étoit paliffadée, ce qu'on y faifoit. Je vis la malade étenduë à terre fur une natte. Un petit marmoufet de terre à peu près femblable à celui que j'avois brifé au Macouba, étoit fur un petit fiege au milieu de la cafe, & le Negre prétendu Medecin étoit à genoux devant le marmoufet, & fembloit prier avec beaucoup d'attention. Un peu après il prit un coüy, c'eft-à-dire une moitié de calebaffe où il y avoit du feu, il mit de la gomme deffus, & encenfa l'idole. Enfin après plufieurs encenfemens & profternations, il s'en approcha & lui demanda fi la Negreffe gueriroit ou non. J'entendis la demande, mais je n'entendis pas la réponse. La Negresse qui étoit la partie la plus interressée, & quelques Negres qui étoient plus voisins que moi, l'entendirent & se mirent aussi-tôt à pleurer & à crier. J'enfonçai la porte dans ce moment, & j'entrai, & comme j'avois avec moi le Raffineur de la maison, le Commandeur Negre, & cinq ou six autres qui avoient vû & entendu comme moi ce que je viens de dire, je fis saisir le sorcier, & quelques-uns des spectateurs qui n'étoient pas de nôtre habitation. Je pris le marmouset, l'encensoir, le sac & tout l'attirail, & je demandai à la Negresse pourquoi elle pleuroit; elle me répondit que le diable avoit dit qu'elle mouroit dans quatre jours, & qu'elle avoit entendu la voix qui étoit sortie de la petite figure. Les autres Negres affirmoient la même chose. Je leur dis pour les desabuser que c'étoit le Negre qui avoit parlé en contrefaisant sa voix, & qui si le diable eut été là present pour lui répondre, il l'auroit aussi averti que j'étois à la porte pour le prendre. Cependant je fis attacher le sorcier, & je lui fis distribuer environ trois cens coups de foüet qui l'écorcherent depuis les épaules jusques aux genoux. Il crioit comme un desesperé, & nos Negres me demandoient grace pour lui, mais je leur disois que les sorciers ne sentoient point de mal, & que ses cris étoient pour se moc-quer de moi. Je fis apporter un siege, j'y mis le marmouset devant lui, & lui dis de prier le diable de le délivrer de mes mains, ou d'emporter la figure ; & comme il ne faisoit ni l'un ni l'autre je le faisois toûjours foüetter à bon compte. Nos Negres qui s'étoient tous assemblez trembloient, & me disoient que le diable me feroit mourir, & ils étoient tellement prévenus de cette folle imagination, que je ne pouvois les en faire revenir, quelque chose que je pûsse leur dire. A la fin pour leur faire voir que je ne craignois ni le diable ni les sorciers, je crachai sur la figure & la rompis à coups de pied, quoique j'eusse fort envie de la garder, je brisai l'encensoir & tout le reste de l'équipage ; & ayant fait apporter du feu, je fis brûler toutes les guenilles du sorcier ; je fis piler les morceaux de la statuë, & fis jetter les cendres & la poussiere dans la riviere. Il me parut que cela rassura un peu nos Negres. Je fis mettre le sorcier aux fers après l'avoir fait laver avec une pimentade, c'est à-dire avec de la saumure dans laquelle on a écrasé du piment & des petits citrons. Cela cause une douleur horrible à ceux que le foüet a écorché, mais c'est un remede assuré contre la gangrenne qui ne manqueroit pas de venir aux playes. Je fis aussi étriller tous ceux qui s'étoient trouvez dans l'assemblée pour leur apprendre à n'être pas si curieux une autre fois ; & quand il fut jour, je fis conduire le Negre sorcier à son maître à qui j'écrivis ce qui s'étoit passé, le priant en même tems de lui défendre de venir dans nôtre habitation ; il me le promit, me remercia de la peine que je m'étois donnée, & fit encore foüeter son sorcier de la belle maniere.

Ce qu'il y eut de fâcheux dans cette avanture, fut que la Negresse mourut effectivement le quatriéme jour, soit que son imagination eût été frapée de la réponse du diable, soit que veritablement il eût connu que son infirmité la devoit emporter dans ce tems-là. A tout hazard j'avois eu soin de la faire confesser, & j'eus la consolation de la voir mourir en bonne Chrétienne, & fort repentante de la faute qu'elle avoit commise.

Je tiens le fait que je vais rapporter de Monsieur Vanbel, Directeur du

1694.

Comptoir de Dannemarc en l'Isle saint Thomas qui est une des Vierges, qui m'en fit le récit lorsque j'y passai au mois de Mars 1701. en venant de S. Domingue.

Negre sorcier brûlé vif à Saint Thomas.

Un Negre convaincu d'être sorcier, & de faire parler une petite figure de terre, fut condamné par la Justice de l'Isle à être brûlé vif. Monsieur Vanbel s'étant trouvé sur son chemin lorsqu'on le menoit au supplice, lui dit: *Hé bien* (tel) *tu ne feras plus parler ta petite figure, elle est rompuë.* Le Negre lui répondit: *Si vous voulez, Monsieur, je ferai parler la canne que vous tenez à la main.* Cette proposition étonna tout le monde ; Monsieur Vanbel pria le Juge qui étoit present de surceoir pour un moment l'execution, pour voir si le Negre viendroit à bout de ce qu'il promettoit ; & cela lui ayant été accordé, il donna sa canne au Negre, qui l'ayant planté en terre, & fait quelques ceremonies autour, demanda à Monsieur Vanbel ce qu'il vouloit sçavoir ; celui-ci lui ayant répondu qu'il vouloit sçavoir si un vaisseau qu'il attendoit étoit parti, quand il arriveroit, ceux qui étoient dedans, & ce qui leur étoit arrivé pendant le voyage. Le Negre recommença ses ceremonies, après quoi s'étant retiré il dit à Monsieur Vanbel de s'approcher de sa canne, & qu'il entendroit la réponse de ce qu'il vouloit sçavoir. En effet Monsieur Vanbel s'étant approché, il entendit une petite voix claire & distincte qui lui dit : *Le vaisseau que tu attens est parti d'Elseneur un tel jour, c'est un tel qui le commande, il a tels & tels passagers avec lui, tu seras content de sa cargaison, il a souffert un coup de vent en passant le tropique, qui lui a rompu son petit hunier, & emporté sa voile d'artimon, il mouillera ici avant trois jours.* Le Negre ne laissa pas d'être mené au supplice & executé, & trois jours après le vaisseau étant arrivé, on verifia à la lettre toute la prédiction.

Je ne finirois pas si je voulois rapporter tout ce que je sçai sur cette matiere. Il me semble que ces quatre faits suffisent pour prouver qu'il y a veritablement des gens qui ont commerce avec le diable, & qui se servent de lui en bien des choses.

Lettres Patentes du Roy pour l'établissement des Religieuses du Tiers-Ordre de Saint Dominique, à la Martinique.

LOUIS, par la grace de Dieu, Roi de France & de Navarre : A tous presens & à venir ; SALUT. Les miseres &

calamitez esquelles les guerres continuelles ont réduit la plûpart de nos sujets habitans és frontieres de nôtre Royaume, ayant contraint plusieurs Religieux & Religieuses d'abandonner leurs Monasteres & Couvents, & de se retirer de côté & d'autre, comme ont fait les Religieuses du Tiers-Ordre de S. Dominique de la Ville de Toul en nôtre païs de Loraine, refugiées, tant en nôtre Ville de Paris qu'ailleurs où ils restent. La presente Mere Marguerite de S. Joseph Religieuse Professe dudit Ordre, laquelle avec quelques autres de ses compagnes ayant pris résolution de s'en aller avec l'aide de Dieu dans l'Isle de la Martinique & autres circonvoisines pour s'y établir à dessein d'instruire les jeunes filles dans la Religion Catholique, Apostolique & Romaine, & à toutes choses honnêtes & vertueuses conformement à leur Institut, & en esprit de son Ordre, & la permission qu'elle a de son Superieur. A laquelle fin nôtre très-cher & très-amé frere le Duc d'Anjou ayant aumôné à ladite Exposante certaine somme de deniers pour lui aider & à ses compagnes à faire les frais de leur voyage, nous lui aurions fait expedier nôtre Passeport, avec lequel leur étant besoin d'avoir nôtre permission comme Roi & Souverain

Seigneur de ladite Isle Martinique, & autres circonvoisines, elle nous a très-humblement supplié de le lui vouloir accorder. A CES CAUSES, desirant contribuer en tout ce qui nous sera possible à une œuvre si louable, pleine de charité, & pour la gloire de Dieu, afin de participer à leurs prieres pour nôtre prosperité & de nôtre Etat. Avons à ladite Exposante permis, accordé & octroyé, & de nos graces speciales, pleine puissance & autorité Royale, permettons, accordons & octroyons, par ces Presentes signées de nôtre main, d'établir en ladite Isle de la Martinique, & autres circonvoisines, avec ses Compagnes, en tel lieu d'icelles qui lui pourra être donné, legué ou acquis, & en icelui faire construire & édifier un Monastere & Couvent propre pour y vivre selon les Regles & Constitutions de leur Ordre, faire leurs prieres & devotions, instruire & enseigner les jeunes filles à la connoissance de Dieu, Religion Catholique, Apostolique & Romaine, & à tous autres exercices honnêtes & vertueux ; accepter tous dons & donations qui lui pourront être faites pour aider à leur entretenement ; & qu'après le decès de l'Exposante les Religieuses dudit Monastere puissent élire autre Superieure des Religieuses d'icelui dans les formes

& solemnitez requises à leur Ordre, le tout sous l'autorité de leur Superieur. Ayant à cet effet ladite Exposante, ses Compagnes & Religieuses dudit Monastere, pris & mis en nôtre protection & sauvegarde speciale. SI DONNONS EN MANDEMENT aux Gouverneurs de ladite Isle Martinique & autres circonvoisines, & autres Magistrats par nous ordonnez & établis en icelles, de faire registrer ces Presentes où besoin sera, & du contenu, forme & teneur d'icelles, faire joüir ladite Exposante & ses Compagnes pleinement, paisiblement & perpetuellement, cessant & faisant cesser tous troubles & empêchemens au contraire : CAR tel est nôtre plaisir ; & afin que ce soit choses fermes & stables à toûjours, Nous avons fait mettre nôtre Scel à ces Presentes : sauf en autres choses nôtre droit & l'autrui en toutes. DONNÉ à Paris au mois de Décembre l'an de grace mil six cens cinquante-trois, & de nôtre Regne le onziéme. Signé, LOUIS. Sur le repli, Par le Roi, PHELYPEAUX, & scellées du grand sceau de cire verte en lacs de soye verte & rouge ; & sur le repli, *Visa* Molé. *Plus bas est écrit* : Collationné. Signé, VETIL, Greffier.

Fin de la premiere Partie.

TABLE

DES MATIERES
contenuës dans la premiere Partie.

A

Abricot de Saint Domingue. Description de l'arbre & du fruit ; ses qualitez, & les manieres de s'en servir, 340

Accident arrivé à un Vaisseau de la Flotte, ou l'Auteur étoit embarqué, 38

Acosta (Benjamin) Juif. Il est le premier qui cultive le Cacao à la Martinique, 92

Adresse des Habitans pour cacher leurs effets en tems de Guerre, 142

Ananas, fruit excellent, sa description, sa culture, ses qualitez, ses differentes especes, & ses usages, 401

Angennes (la Marquise) sa famille, son Habitation, 91

Appointemens de l'Etat Major des Isles

& autres, qui sont payez sur le Domaine du Roi, 242
Assiettes, Poissons. Leur description, 312
Avocat, arbre & fruit. Leur description, qualitez, especes & usages, 342
L'Auteur s'engage dans les Missions de l'Amerique. Il part de Paris, 2. Il tombe malade à la Rochelle, & ne laisse pas de s'embarquer. 20. il est attaqué du mal de Siam, il en guérit, 435

B

Baptême du Tropique. Sentimens de l'Auteur sur cette ceremonie, 34
Becune, Poisson dangereux. Sa description, maniere de connoître quand elle est empoisonnée, 465
Bêtes rouges, insectes fort incommodes, remede à leur piqueure, 354
Biet Prêtre, Auteur de la Relation de la France Equinoxiale, 235
Bois à enyvrer. Sa description, & la maniere de s'en servir, 418
Blenac (le Comte de) Gouverneur general des Isles, accüeil qu'il fait à l'Auteur, 197
Bois d'Inde ou Laurier aromatique. Sa description. Usage de ses feüilles & de ses fruits, 362

Boudor, Marchand Limosin Commissionnaire des Missions, 9
Bouline, courir la bouline, châtiment qu'on fait en mer, 44
Bourg ou Ville Saint Pierre avec un Fort. Leur description, 74
Boutiau, Officier Anglois, comment il empêche ses Negres de se pendre, 449
Breton (le Pere) Religieux Jacobin Curé du Quartier de la Bassepointe, 152
Braguez, Habitant de la Martinique. Histoire de son frere, 88
Bruneau, Juge Royal de la Martinique, 92

C

Cabasson (le Pere) Superieur de la Mission des Jacobins de la Martinique, 67
Calebasse, Montagne ou Morne ainsi appellée. Sa belle vûë, 97
Cacao, fruit. Maniere de le confire, 185
Caïlus, Ingenieur general des Isles & Terre-Ferme de l'Amerique, ses projets pour fortifier le Fort Royal, 199
Caouanne, espece de Tortuë, 308
Canaris, vaisseaux de terre. Leurs especes differentes, & leurs usages, 397
Capitaine, Poisson espece de Carpe de mer. Sa description, 311

Capucin, Aumônier de l'Opiniâtre. Il tombe malade. Embarras du Capitaine, 20

Capucins. Leur General a une conversation avec l'Auteur. Son entrée à Rochefort, 11

Capot, Riviere de ce nom, 100

Cassier ou Canificier, arbre qui porte la Casse. Sa description. Confiture qu'on fait de son fruit & de ses fleurs. Histoire sur ce fruit, 210

Caret, autre espece de Tortuë. Son écaille, proprietez de sa chair. Histoire sur ce sujet, 304

Caslave, pain de Manioc. Sa qualité, & la maniere de le faire, 389

Caumels (le Pere) Superieur general des Missions des Jacobins, 116

Ceremonies d'une premiere Communion, 324

Cerfeüil, Chicorée, Cercifix, Carottes, Citroüilles, Concombres, Choux, & autres herbes. Leur culture, 370

Chapelle. Ce que c'est que faire Chapelle, 49

Chaleur dans les Isles très-suportable, & le climat fort doux, 463

Choux palmistes, ce que c'est. Leur qualité, & leurs usages, 422

Chirurgiens, Poissons. Leur descri-

DES MATIERES. 509
ption, 312
Charité des Habitans de la Martinique pour ceux de Saint Christophle & autres Isles désolées par les Anglois, 184
Chasse-partie, ou conventions que font les Flibustiers avant d'aller en course, 222
Chemins de la Paroisse de Macouba. Leur description & leur difficulté, 151
Chique, insecte dangereux. Sa description, son remede, 156
Clocheterie (M. de la) Capitaine de Vaisseau du Roi. Son zele pour l'Eglise des Jacobins, 78
Combat de la Loire contre un Vaisseau de Guerre Anglois, 54
Cochons des Isles ne craignent point les serpens, les poursuivent, & les mangent, 458
Creolles. Ce que c'est, 243
Convent des Jacobins au Moüillage de la Martinique. Sa description, 97
Cabesterre & Bassterre. Explication de ces termes, 95
Croix du Pere Breton. Son Histoire, 94
Coyembouc. Ce que c'est, son usage, 143
Cruauté des Anglois à la prise de l'Isle de Marie Galante en 1691. 140
Cripts, Officier Anglois. Son industrie pour empêcher ses Negres de se pen-

Y iij

dre, 447

Couleuvre, instrument dont les Caraïbes se servent pour presser la farine de Manioc, 388

Cul-de-Sac Robert. Sa description, 453

Curiosité d'un Capucin au sujet des Chiques, 457

D

Dastez (le Pere) Religieux Jacobin, que l'Auteur engage dans les Missions, 5

Dauville, Capitaine de Milice, Marguillier du Macouba. Son histoire, 139

Different des Missionnaires avec les Religieux de leur Ordre à la Rochelle, 15

Domaine du Roi. En quoi il consiste aux Isles, 242

Dorade, Poisson. Sa description & sa pesche, 48

Du Buc, Gentilhomme de la Martinique. Son origine, sa famille & son Histoire, 479

Dubuisson, Menuisier fort impertinent, qui travaille pour l'Auteur, 444 & 487

Du Roi (Jacques) Habitant du Macouba. Son histoire & sa mort, 325. 312

Du Maitz de Goimpy, Intendant des

Isles, & Terre-Ferme de l'Amerique, 67

E

ECaille ou grand Ecaille, Poisson. Sa description & sa pesche, 311
Echalottes. Leur culture, 369
Ecrevisses. Leur pesche, & les manieres de les apprêter, 315
Eglise du Macouba. Sa description, 146
Eglise de la Bassepointe, 169
Etat des Paroisses des Isles. Par qui elles sont desservies, & les revenus fixes & casuels des Curez, 230
Eau-de-Vie de Cannes, aussi appellée Guildine, & Taffia, 404
Equipage que l'on donne aux Missionnaires pour leur voïage, 9

F

FArine de Manioc. Maniere de la faire, & de la conserver, 391
Février, Greffier du Conseil Superieur de la Martinique, 455
Fête des Rois celebrée en mer, 41
Fleurs de la Passion. Description de ces fleurs, & de leur fruit, 358
Flotte qui va aux Isles. Son départ de la Rochelle. Nombre des Vaisseaux qui

la composent, leurs forces, & leur destination, 22

Folle, Filet dont on se sert pour prendre les Tortuës, 301

Fond Saint-Jacques. Habitation des Jacobins à la Martinique. Sa description, 110

Force des Tortuës. Histoire, 303

Fort Royal. Sa description ancienne, & moderne, 193. Il est attaqué par l'Amiral de Hollande Ruyter. Histoire de cette attaque, 200

Franchipanes rouges & blanches. Description de ces fleurs, & leur culture, 364

G

Gabaret, Gouverneur de la Martinique, 67

Gagny, Officier dans les Troupes de la Marine. Son Histoire, 51

Galere, un des trois Quartiers de la Ville de Saint Pierre à la Martinique, 77

Galete (Loüis) Negre libre, passager du Fort Saint Pierre au Fort Royal, 195

Galere, Poisson. Sa description. Son venin, & le remede qu'on y apporte, 471

Gombault (le Pere) Superieur des Peres Jesuites de la Martinique, 67

DES MATIERES.

Gommiers arbres, 96
Grappe, espece de boisson, 399
Graisse de Tortuë. Ses vertus, 309
Grenadiers de deux especes. Leur description & leur culture, 365
Grenoüilles ou Crapaux. Leur description, leur chasse, & la maniere de les apprester, 427
Guingambo, herbe potagere. Sa culture, & son usage, 374
Guitaut (le Commandeur de) Gouverneur de Saint Christophle, & Lieutenant au Gouvernement general, 67

H

Holley (le Pere Charles) Jesuite. 21. 25.
Houdin, Juge Royal de la Martinique. Son Histoire, 85

I

Jasmin ordinaire & d'Arabie, simple & double. Sa culture, 356
Jesuites. Ils ont seuls le privilege de cultiver les vignes, & faire du vin à la Nouvelle Espagne, 355
Imbert (le Pere) Prieur des Jacobins à la Rochelle, 4

Imbert (le Pere François) Jacobin Curé de la grande Ance à la Martinique. La mauvaise reception qu'il fait à l'Auteur & à son Compagnon, 101
Indigo, teinture bleüe 268. Cuves ou on le fait 269. Remede aux fentes qui se font aux Cuves 271. Lieux où croît l'Indigo 272. Refutation de Tavernier, & du Pere du Tertre, sur ce qu'ils en disent, *ibidem*. Reflexions de l'Auteur sur cette marchandise, & autres des Isles 275. Description de la plante 279. Sa culture 282. Accidens qui y peuvent arriver. Tromperies que l'on y peut faire, & moyens de les découvrir, 293
Instrumens des Sauvages, pour grager, presser, & cuire le Manioc, 394
Islet de Monsieur. Sa description, 457
Julienne (le Pere Loüis) Jacobin Compagnon de l'Auteur, 3

K

Kercoue Capitaine de Flibustiers. Son Histoire, 52

L

La Bruneliere, Directeur des Domaines du Roi aux Isles, 241

DES MATIERES.

La Chardonniere, Capitaine de Milice. Son Histoire, & celle de ses freres 120. Different de son épouse avec le Pere Martelli, 122

La Heronniere, Capitaine du Vaisseau la Loire, sur lequel l'Auteur s'embarque avec son Compagnon 18. Ses soins pour l'Auteur pendant qu'il est malade 23. Son Histoire 50. Son different avec le Comte de Blenac, 193

L'Archer (Frere Medard) Superieur des Religieux de la Charité, 69

Le Boucher, Habitant de la Martinique. Sa famille nombreuse, 86

Le Comte, Officier de Milice au Marigot de la Martinique. Sa civilité, 119

Le Merle (la veuve) une des anciennes Habitantes de la Martinique. Sa famille, 69

Le Quoy, Officier de Milice de la Martinique. Son Histoire, 129

Lezard des Isles. Sa description & sa chasse, 314

Limonade à l'Angloise, sa composition, ses qualitez, 406

Lettres Patentes du Roi, pour l'établissement des Religieuses de Saint-Dominique aux Isles de l'Amerique, 501

Loyer (le Pere Godefroy) Religieux Ja-

cobin, sa maladie, & ses avantures, 71
Lozol & la Boissiere, Habitans du Macouba. Leur Histoire, 159
Lune, Poisson. Sa description, 312

M

Maby, boisson de l'Amerique. Sa composition & ses qualitez, 399
Macouba, Paroisse à la Cabesterre de la Martinique, où l'Auteur a été Curé. Sa description, 134
Manioc, arbrisseau dont la racine sert de pain à une partie de l'Amerique 379. Ses differentes especes 380. Sa culture 381. Maniere de le préparer 382. Ses bonnes & mauvaises qualitez 383. Sentiment de l'Auteur sur le suc du Manioc, 384
Macouba ou Testard, poisson, 313
Mancenilier, arbre très-beau & très-dangereux. Sa description, & celle de son fruit. Ses mauvaises qualitez, & celles de son fruit, de son lait, de ses feüilles, de son ombre, 474
Mareüil, Lieutenant de Roi de la Martinique. Son origine, & son Histoire, 486
Maücler, Ordonnateur de la Marine à

DES MATIERES.

Rochefort. Son honnêteté pour l'Auteur, & pour les autres Missionnaires, 10

Massonnier (Guillaume) engagé au service de la Mission, 5

Melancolie des Creolles, des Negres, & des Caraïbes, qui les porte à manger de la terre, 458

Melons de differentes especes. Leur culture, & leurs bonnes qualitez, 87. 372

Michel (Adrien) Capitaine de Milice du Macouba, 146

Missionnaires assemblez à la Rochelle, elisent l'Auteur pour leur Procureur, 7

Monel, Conseiller au Conseil Superieur de la Martinique. Sa famille & son Histoire, 455

Mort d'un Missionnaire, 26

Mouchache, fleur de la farine du Manioc, 385

Moüillage, un des trois Quartiers qui composent la Ville S. Pierre, 76

Moussembey, herbe potagere. Sa culture, & son usage, 376

Mal de Siam, espece de peste. Son origine, & ses simptomes, 72

Marons. Negres marons, ce que c'est, & leurs châtimens, 132

Morne de la Calebasse, 97

Mignar (Philippe) Habitant du Ma-
 couba, qui avoit un Negre sorcier, 488
Mulets ou Muges, poissons, 313
Maison Curiale du Macouba. 442

N

Negres marons. Leur châtiment, 132
 Negre mordu par un Serpent. Sa
 playe & sa cure, 161
Negres sont sujets à être malades par
 chagrin. Comment ils font un ser-
 ment, 149. 445
Negres, & sur tout ceux de la Mine en
 Afrique, sujets à se desesperer, 446
Negre sorcier, baptisé par l'Auteur. Son
 Histoire, 489
Negre qui fait pleuvoir, 492
Negresse qui fait consulter le diable sur
 sa maladie, 495
Negre sorcier, qui fait parler un bâ-
 ton, & est brûlé vif à Saint Tho-
 mas, 500

O

Oignons. Leurs differentes especes, &
 leur culture, 369
Orangers. Moyen de les conserver, pour
 les porter en Europe, 044

DES MATIERES. 519

Ordre que le Capitaine de la Loire faisoit observer dans son Bord, 29
Oiseaux. Leur instinct, pour demander du secours contre les serpens, 434
Orphy, poisson. Sa description, 312
Ozeille de Guinée. Sa description, sa culture, & son usage, 366
Ouycou, boisson ordinaire des Isles. Maniere de la faire, 398
L'Opiniâtre, Vaisseau de convoi, quitte la Flotte, 321
Offrande que les Curez reçoivent de leurs Paroissiens en de certains jours, 321

P.

PAlmiste, arbre. Sa description, ses especes, & ses differens usages, 420
Passagers, qui passerent avec l'Auteur dans la Loire, 29
Pate de Bananes dont se servent les Caraïbes, 407
Paroissiens du Macouba. Leur honnêteté pour l'Auteur, 147
Paul (le Pere Pierre) Religieux Jacobin, ses très-grandes aumônes, 114
Pensions des Curez des Isles & de Saint Domingue. Par qui elles sont payées, 243
Peste appellée mal de Siam. Son origine,

& ses simptomes, 72
Pinel, Capitaine de Milice & de Flibustiers. Ses bonnes manieres, 70. & 216.
Plumier (le Pere) Minime. Son erreur sur la fabrique de l'Indigo, 287
Pocquet, Conseiller & Capitaine de la Martinique. Son Histoire, 171
Pois de differentes especes. Leur bonté, & leur culture, 361
Pommes de Liannes. Description de la plante & du fruit. Son usage, 358
Ponche, boisson Angloise de differentes sortes. Sa composition, & sa qualité, 407
Plastron de Tortuë. Ce que c'est, & la maniere de l'accommoder, 182
Paroisses des Isles. Par qui elles sont desservies, 230
Prise de deux Vaisseaux Anglois par les Flibustiers, & comment, 219
Presses differentes dont on se sert pour exprimer le suc du Manioc, 386
Profit considerable que l'on peut tirer d'un jardin, 378
Platine pour faire la Cassave, 389
Privileges que la Congregation de la Propagande donne aux Missionnaires des Isles, 245
Piloris ou Rats musquez, 428
Poissons voraces, attaquent plûtôt un

DES MATIERES. 521
chien qu'un homme, & un Negre qu'un Blanc. Pensée de l'Auteur sur cela, 467
Paroisses de la Cabesterre. Comment elles furent données aux Jacobins, 94

R

Rallet ou Rollet, Sacristain de l'Eglise du Macouba, 325
Raffin (Gabriel) Habitant au Pain de Sucre de la Martinique, 131
Ravary, Officier de Marine. Son Histoire, 51
Refutation de ceux qui disent qu'il n'y a point de flux ni de reflux dans la Zone torride, & qu'elle est inhabitable, 460
Reduit de la Martinique. Sa situation, & sa description, 93
Remarques & conjectures de l'Auteur sur les poissons carnaciers, 467
Requien ou Requin, espece de chien de mer. Sa pesche & sa description, 45
Riviere des Gallions. Sa situation. Elle est dangereuse, & pourquoi, 459. 464
Roche (la Veuve) une des premieres Habitantes des Isles. Son Histoire, 190
Rocou ou Achiotte, teinture rouge.

Description de l'arbre qui le porte, & de tout ce qui regarde sa manufacture 253. Tromperie que l'on peut faire au Rocou, & moyen de la connoître, 265

Rocou des Caraïbes. Sa beauté & leur maniere de le faire, 267

Romanet (le Pere Jean-Jacques) Jacobin. Il passe à la Martinique dans le Vaisseau l'Opiniâtre. 20. Il va pour établir une Mission à Cayenne, & revient sans rien faire 236. Son Histoire au sujet d'une reconciliation de deux femmes, 329

Roy, Capitaine de Milice, 53

Roy, surnommé le petit Roi de la Martinique, Doyen des Conseillers & des Capitaines de l'Isle. Son Histoire, 227

S

SAcramalon herbe potagere. Sa description, & son usage, 377

Sang gris boisson Angloise. Sa composition, son usage, & ses qualitez, 405

Sainte Marie, Capitaine du Vaisseau du Roi l'Opiniâtre, 13. 17

Senne, filet dont on se sert pour pescher au bord de la mer, 310

Sentiment de l'Auteur sur le Chocolat,

DES MATIERES. 523
le Thé, & le Caffé, 176
Scorpions. Ils ne sont point dangereux aux Isles, 414
Serpens de la Martinique. Leur espece, leur morsure, & le remede qu'on y apporte 164. Vertus de leur graisse 416. Difference du Serpent & de la Couleuvre 429. Leur maniere de se battre, 431
Serpens de l'Isle de la Dominique appellez Têtes de chien. Vertus de leur graisse pour la goute, & autres maux, 432
Sigaloni, Officier de Milice, & habile Chirurgien. Ses soins pour l'Auteur & son Histoire, 436

T

Tempête qui disperse la Flotte où l'Auteur étoit embarqué, 27
Autre Tempête qui fait encore plus de mal, 38
Tranquille, Flute du Roi autrement appellée la Souris, 49
Trinité, Quartier de la Martinique. Description du Port, du Bourg, & du Fort de ce nom, 334
Tronchay (du) Gentilhomme près de Saumur, 3

Toulola, ou herbe aux fleches. Sa description, sa vertu, & son usage, 477
Tortuë de mer. Son Plastron est excellent. Maniere de l'accommoder 182. Differentes manieres de prendre les Tortuës 296. & les differentes especes de ce poisson, 304
Tubereuses. Facilité qu'il y a à les cultiver aux Isles, 368

V

Vaisseaux Corsaires de Salé, qui viennent reconnoître la Flotte, 27
Varre, instrument dont on se sert pour prendre les Tortuës, 297
Vaucourrois, Directeur des Domaines du Roi, & des Munitions, 215
Verrier, Habitant de la Bassepointe de la Martinique, 172
Vents alisez. Leur cause, leur utilité, lieux où ils se trouvent, 461
Vers de Palmistes. Leur naissance, leur bonté, maniere de les apprester, 419
Vigne. Sa culture, son rapport, avec des remarques sur les plantes qu'on transporte de l'Europe en Amerique, 350
Vin du Perou, du Chily, & de Marie Galante, 355

Vins d'Ananas, d'Acajou, & autres fruits. Comment on le fait. Leur qualité, 400

Vitres. Elles ne sont point en usage aux Isles Françoises. Les Anglois s'en servent dans les leurs, 444

Urcelines de la Martinique. Elles ont le Monastere des Religieuses Jacobines. Leur Histoire, 82

Z

Zone Torride. Elle n'est point inhabitable. Refutation de ce sentiment, 468

Fin de la Table des Matieres de la premiere Partie.

www.ingramcontent.com/pod-product-compliance
Lightning Source LLC
Chambersburg PA
CBHW070408230426
43665CB00012B/1291